耕耘·成长

——东方绿舟校外教育教学论文汇编

吉　峰　主编

上海浦江教育出版社
Shanghai Pujiang Education Press

图书在版编目（CIP）数据

耕耘·成长：东方绿舟校外教育教学论文汇编 / 吉峰主编 . —上海：上海浦江教育出版社有限公司，2021.9

ISBN 978-7-81121-719-3

Ⅰ. ①耕…　Ⅱ. ①吉…　Ⅲ. ①青少年教育—校外教育—文集 Ⅳ. ① G775-53

中国版本图书馆 CIP 数据核字（2021）第 190795 号

GENGYUN · CHENGZHANG

——DONGFANG LÜZHOU XIAOWAI JIAOYU JIAOXUE LUNWEN HUIBIAN

耕耘 · 成长

——东方绿舟校外教育教学论文汇编

上海浦江教育出版社出版发行

社址：上海海港大道 1550 号上海海事大学校内　邮政编码：201306

电话：（021）38284912（发行）　38284923（总编室）　38284910（传真）

E-mail：cbs@shmtu.edu.cn　URL：http://www.pujiangpress.cn

上海商务联西印刷有限公司印装

幅面尺寸：185 mm × 260 mm　印张：20　字数：343 千字

2021 年 9 月第 1 版　2021 年 10 月第 1 次印刷

责任编辑：佟　金　　封面编辑：赵宏义

定价：68.00 元

编委会

主　　编：吉　峰

副 主 编：杨　昕　刘　伟　潘继征

编　　委（按姓氏拼音排序）：

蔡淑琴　陈海雷　房佳杰　黄一鸣

刘培琴　张俊丽　祝雪君

前　言

上海市青少年校外活动营地——东方绿舟是上海市教育委员会直属的事业单位，是“全国文明单位”，更是青少年学生学习生活知识、训练科学方法、提高综合素养的快乐营地。东方绿舟秉承“五育并举”的教育思想，聚焦教学质量和德育目标，对标全国示范营地、中国国际营地建设要求，立足中小学生社会实践教育定位，开展全方位建设。东方绿舟秉承“童趣、情趣、野趣”的建营理念，贯彻“处处有知识、时时受教育”的教育理念，为青少年搭建了国防教育、公共安全、研学实践、拓展培训、国际交流、环保科普等多种主题的社会实践和体验平台，以活动课程菜单化、主题活动模块化、活动组织科学化、教学评价标准化、研学线路网格化的课程特色，设计开展了 200 多项形式多样的主题活动与课程。

20 年来，东方绿舟致力于构建优秀校外活动展示平台，围绕长三角一体化国家战略，努力探索建立长三角营（基）地校外教育阵营，对标上海全球卓越城市定位和打响上海文化品牌的要求，将宣传、践行社会主义核心价值观和优秀中华传统文化作为教育主线，将集体主义、生命安全、环境保护、法治意识作为教育底色，积极发挥校外教育应有的价值，努力创建中国青少年大型综合实践的“绿舟方案”，使东方绿舟持续成为青少年的“知识殿堂”和“成长家园”。

本书主要由东方绿舟一线校外教育人员撰写，结合长期的校外教育岗位实践，对校外教育的活动策划与开展、课程开发与实施以及教育教学过程进行阐释，内容涵盖研学实践、国防教育、环保科普、公共安全和综合实践活动等校外教育方面的经验和理论总结，有校外教育案例剖析，有基于营地教育实践的理论升华，有对教育改革的思考和探索，更有对未来校外教育发展的长远展望。

一分耕耘，一分成长，一分收获。校外教育在新时代焕发出更加强大的生命力，期待更多的校外教育从业者携起手来，为校外教育发展贡献力量。正如教育部基础教育司陈东升副司长所言：“忆往昔，校外教育情怀满盈；看今朝，校外教育踌躇满志；向未来，校外教育风景无限。”

上海市青少年校外活动营地——东方绿舟

2021 年 5 月 17 日

目　录

第一篇
教学探索——知是行之始

教育现代化视角下成长中的东方绿舟营地教育

黄一鸣

摘　要：中共中央、国务院和上海市先后发布教育现代化 2035 的目标和实施方案，有中国特色的校外教育和营地教育的现代化发展方向也须勾勒清晰。通过对国内外文献的查询、对比，结合东方绿舟近 20 年的实践，立足核心素养、教育目标、教师角色、内容方式、组织规模、学习空间的视角，在横向维度与发达国家比较、在纵向维度审视东方绿舟 20 年历程，在微观层面剖析国防教育、安全教育、生存教育、研学实践教育等领域的实践，证明东方绿舟自建营就有指向未来的先进教育理念，过程中不断巩固、丰富、发展引领全国营地教育的核心观念、育人方式、教育模式、教学手段，更指出基于核心素养的评价改革和教育者定位是未来的发力点。

关键词：教育现代化；东方绿舟；营地教育；核心素养

2019 年 2 月，中共中央、国务院印发《中国教育现代化 2035》；2019 年 3 月，上海发布《上海教育现代化 2035》和《上海市面向 2020 年加快推进教育现代化实施方案》（以下简称《方案》）。《方案》明确提出："率先达成《中国教育现代化 2035》确定的教育事业发展和人力资源开发主要预期指标，率先总体实现教育现代化"。其中"重点任务"的第二点指出"构建学生校外教育保障机制"。上海市青少年校外活动营地——东方绿舟作为全国重要的校外教育单位，势必躬身入局，积极作为。

不仅是中国，全球许多发达国家和国际组织均发布了类似的教育现代化文件，这是对全球发展趋势深刻洞察下的积极应对。我们说实现教育现代化的发展布局就是应世界教育变革大趋势判断下的应有作为。

教育的变革反映在对学校、课程、学习等的重新认识。学校是学生走上社会之前的社会，课程是社会生活的经典浓缩，丰富而有选择的学校课程，就像是为学生建造了一座人生主题乐园，每一个学生都可以在这里一次次尝试、探索，直到发现自己、唤醒潜能，为未来生活创造出适合自己的成长跑道。学习就应该是主动发生的、面向未来的、基于应用的、展现绩效的、实现共同（个人和集体）价值的行为和过程。

一、教育面对的挑战与发展趋势

每三年一次的PISA测试的全称为“国际学生评估项目”（Program for International Student Assessment），该项目用“机考”替代了标准化纸笔测试，主要通过阅读、数学、科学三项素养测试来评估15岁的学生到底具备多少关键知识和技能。上海学生在2009年和2012年两轮PISA测试中的综合表现力压群雄而备受关注。测试结果影响着世界各国教育政策的改进，很多人也会关心不同国家的排名。各参与国关注的焦点主要是三个测试项目能否围绕社会需求的变化而展开，测试出学生面向未来的核心素养，这反映出全球教育发展的大趋势。

其实，测试官方机构，即经济合作与发展组织，简称经合组织（OECD）也看到了这个问题，他们在不断研发和迭代新项目，比如尝试用在线方式测试问题解决能力、财经素养，甚至还启动了全球胜任力的测试项目，编制了《PISA全球胜任力框架》（*PISA Global Competence Framework*）。2019年，OECD还发布了《OECD学习罗盘2030》（*OECD Learning Compass 2030*），计划未来用更加创新的方式来测试各国学生“在陌生环境中的自我导航能力”。基于对未来社会的预测丰富了学习能力的概念。在OECD看来，能力是指包含知识、技能、态度和价值观的一个综合概念。能力不仅仅是知识和技能的获得，还包括充分利用知识、技能、态度和价值观应对复杂的需求，包括基于知识展示能力，使用不断发展的能力更新和应用知识以及拓宽对知识的理解等。很明显，这里的能力不仅是一个不断发展的概念，还是具备变革的特性即变革能力。

评价就是指挥棒，指挥棒指向哪里，变革就会在哪里发生。PISA测试的持续改进告诉我们，比起现如今的考知识、拿高分，未来更看重的是学生有没有学习动力，是否知道学习的意义以及拥有了哪些核心素养。

中华人民共和国教育部《普通高等学校高等职业教育（专科）专业目录》公布2020年新增9个专业，其中包括研学旅行管理与服务、冰雪设施运维与管理等；而在2019年年初已经进行过一次本科专业大调整，撤销416个老专业，增加241个新专业。事实上，2015—2019年，我们国家实际撤销的专业高达924个，新增专业将近8 000个。这些数字意味着2015年本科入学的大学生在毕业之际，可能所学的专业已经消失了，同时有许多闻所未闻的新专业纷至沓来。

有文献表明，人工智能技术的发展，不仅将替代搬运、清扫、驾驶、文件管理等体力型或程序性工作，还将逐渐取代律师、生物制药乃至医疗诊断等需要人类经过十几年教育和训练才能胜任的行业。

新行业诞生、新岗位更迭的速度在加快，学校里学的工作中没用，职场急需的学校又没教。无论分数考得有多高，专业学得有多深，如果不能到真实世界里去解决一个个具体而复杂的问题，不能将所学转化为应对一个个挑战的解决方案，那就会无用武之地。专业再也管不了一辈子，专业对口或许已经无法成为今后个人发展的唯一考量因素。在大学的几年里到底学什么才能应对来自未来真实世界的生存压力的挑战？趋势就是"全球大学正在从专业导向走向能力为本。也就是说世界从以前的专业领域划分转变为以挑战为中心组织起来了。"现在的教育，包括校外教育以及营地教育可以为未来挑战者提供哪些装备呢？

以"能力为本"的核心素养培育已经反映到教育目标体系中，与之相关的课程和教材的调整、教学方式的转变、评价与考试制度的改革，甚至连学校空间都要经受挑战和考验。

接下来的内容将从世界、中国或上海的大视野中反映东方绿舟在迎接全球教育变革，顺应教育发展大趋势，走向教育现代化进程中的步伐和做法。

二、聚焦"培育核心素养"的教育目标

"以能力为本"的核心素养培育成为世界主要发达国家和国际组织的共识。美国发布《21世纪技能框架》，新加坡提出《新加坡学生21世纪技能和目标框架》，芬兰发布《学习的未来2030》。2015年联合国教科文组织推出了《教育2030行动框架》，确保人人可以获得终身学习的机会，用"全球素养"引导世界各国未来15年的教育

发展。

2016年9月《中国学生发展核心素养》以研究成果的形式向社会公布，2017年9月，中共中央办公厅、国务院办公厅印发《关于深化教育体制机制改革的意见》（以下简称《意见》），提出了四大关键能力，就是认知能力、合作能力、创新能力和职业能力。加上社会主义核心价值观中已经体现的学生必备的品格，即爱国、诚信、友善，这些共同构成了中国学生的核心素养，帮助中国学生成为全面而有个性的人。

东方绿舟在2002年建营之初就明确提出了“自主、合作、体验、创新”的教育理念。这个理念是非常具有前瞻性的，与中共中央办公厅、国务院办公厅的《意见》以及党和政府的相关主张比照，就能发现“合作”和“创新”的理念与《意见》中的“合作能力”“创新能力”是吻合的。《意见》提出“认知能力”，要求引导学生具备独立思考、学会学习等的素养，与“自主”的理念在内涵上是对接的，《意见》中的“职业能力”要求引导学生适应社会需求，践行知行合一，积极动手实践和解决实际问题。营地的国防教育体现出军人职业的崇高、安全实训体现出消防员等抢险救灾人员的敬业奉献、研学实践体现出读万卷书行万里路的实践精神，东方绿舟志愿服务和公益劳动岗位的招募等都有很强的“体验”感，是对“职业能力”的具体化。东方绿舟践行“自主、合作、体验、创新”的教育理念将近20年，为中国教育核心素养目标的形成积累了先行先试的经验和依据。这说明我们的营地教育没有偏离教育的前进方向。

核心素养在不同学段、不同学科要有具体指标和维度，才能有效落地。公共安全教育实训基地在2017年基本建设启动之前就开展了安全实训教育核心素养提炼的研究。通过安全领域专业人士和教育领域专家的反复研究，在基地建成之际凝练出了以“识险、避险、自救、互救”为核心的精炼表达，并同步形成了配套的《公共安全教育实训纲要》。这说明我们的实践和研究与教育前进方向是同步合拍的。

三、从“知识搬运”到“情绪劳动”的教师角色

在信息化时代，知识的获取对所有人而言越来越便捷、多元和低门槛；“度娘”（指百度搜索引擎）等是大部分人获得知识的共同平台，也是各类知识达人分享各自大脑“内容”的共同平台。因此，教师就不再是提供知识的唯一贡献者，在这个

方面的神秘感不复存在。信息网络和人工智能完全可以胜任甚至超过教师的表现。未来一位教师如果仍然只是一个知识讲解与技能传授的角色，那么他将会被替代，而成为情绪劳动者的话，则无可替代。教师通过对学生观察、分析，与学生沟通、解惑，传递关切的眼神和鼓励的肢体动作，在及时的交往和反馈中影响学生的情感、态度和价值观，这就是情绪劳动。

教师的工作从传统的知识传递，转变为给鼓励、做沟通，还要观察、引导，甚至向学生学习，这些成为教师最主要的日常工作，传统师生的边界日益模糊。

事实告诉我们这种角色转换来得很突然又非常重要！

2014 年来自谷歌的工程师在美国旧金山创办了 AltSchool 学校。每个班级 15 名学生配备了 2 名老师和 8 名技术人员。这些技术人员用最先进的技术每天对每个学生的学习轨迹和学习行为进行精准地分析，教师只是这些技术人员的辅助。这所学校努力颠覆传统学校的运营模式，而且成功地扩张到了东海岸的纽约。然而就在 2019 年，这种发展态势戛然而止，学校宣布进入“更正性关闭”。创始人坦言“比起技术和内容，忽略了教师自身真正的价值。”这就是这所学校走不下去的根本原因所在。

萨尔曼・可汗在 2004 年创办了全球第一家在线教育学院，运行 10 年后悄悄地在线下办起了实体学校。AltSchool 关闭后，有一半的学生进入了这所学校。可汗清醒地意识到，任何教育方式都无法替代教师对孩子面对面的影响。

东方绿舟近 20 年来一直强调实践性的体验活动，无论在教学设计环节还是在活动组织环节，都重视学生在情绪上的改善，态度和价值观方面的完善。具体是在师生共同参与的体验活动中，不仅在知识和技能，过程与方法的教育目标维度上落实，更强调师生共同以解决问题、完成任务的学习过程为载体引发学生情感、态度、价值观发生积极的变化。

东方绿舟的教师教官在学生在营期间，既是他们日常生活的导师，也是每日科目训练（今后可能更多的是项目化学习）的成长教练，也是学生认识自我规划未来的生涯咨询师，还是学生离营后基于教育教学研究分享时的学习社群的一员甚至是主咖。好多一线教官主动与学生同吃同住同训，不仅帮助学生解决训练中的问题，而且积极帮助学生战胜生活中的困难，化解思想上的波动，他们无疑是学生的精神伙伴，完全颠覆了传统意义上的师生关系。

在安全实训的火场疏散训练中，既要保证学生使用正确的捂口鼻、低身姿的技能让自己安全脱险，还要强调团队成员之间提供力所能及的互助互救，把彼此的生命连为一体，使集体得以保存。安全实训强调坚持集体主义的家国情怀的弘扬；研学实践强调学以致用、知行合一的实践精神的传承；国防教育强调保家卫国、强军爱国的气概传递等。这些已经融入了东方绿舟教育者的精神内核，因此能出现教师在活动现场义无反顾地给突发意外失去意识的游客实施心肺复苏救援等感人的案例；才会影响上海继光中学蒲志安在参加“走进边防线”活动后，高考中以第一志愿考取了北京公安大学。绿舟人是可敬的，从绿舟走出去的学生是可爱的，这是绿舟教育工作者承担情绪劳动者角色的最好见证。

四、从“标准答案”到“解决方案”的内容方式

工业化时代孕育的传统教学进度和教材都是统一的，学生背知识点、追求标准答案、考出高分，就算学好了，至于进入社会后这些知识点有什么用、能怎么用、用在什么场景里，学校不管、教师不教、学生不知。然而现代的课本、教材不再是学生学习的主要或者唯一的载体了。跨学科的、项目化的、任务驱动的学习方式促进学习内容以完全不同于教科书的方式呈现给学生并被学生理解和应用，进而解决实际问题。能与解决现实问题密切关联的学习内容和方式是符合现代教育发展新趋势的。

在学什么和怎么学这个问题上，各国变化活跃，形态多样。比如，美国有翻转课堂、STEM/STEAM 学习、基于项目的 PBL 学习（Project Based Learning）、游戏化学习，芬兰有基于现象的学习（Phenomenon Based Learning），英国有工作室学习，新加坡有少教多学等等。从为追求标准答案的被动学习走向为形成解决方案而展开的主动学习。学什么，怎么学，甚至怎么考都在朝着解决方案的方向变化，所有这些变化都在给学生的主动学习装上发动机。

芬兰“基于现象的学习”，把学习场景搬到了真实世界里，培养学生综合解决问题的能力，而不仅仅是掌握和记忆了多少知识量。在芬兰不少中学的课程体系中，每门新课程都是通过一系列具体而富有挑战的跨学科学习任务完成的。例如“家庭

经济”的课有时候在厨房上，有时候又要到菜市场去上，因为老师设计了一个核心任务，学生要学会烹饪一道既营养又美观的菜肴。如此，学生需要先跑到菜市场调研，再和同学一起测量食材的比重，了解营养搭配的知识，之后要采访大厨怎么做菜，最后还要设计菜品的配色和摆盘。这里面不仅需要物理、化学、艺术等跨学科知识，更需要综合的动手和鉴赏能力。除了烧一道菜，这门课还有财务核算、膳食平衡等各种核心任务。完成这些，学生也就掌握了基本家政技能。

以色列的基础编程课“把儿童陷入困境”，使学习与生活困境发生联系。教师要求学生利用所学的编程知识、技能、方法在规定时间内找出网络黑客的确切位置并解除威胁。这些黑客是真实存在的，学生需要学习、迁移、应用进而合作来阻止黑客的破坏。国家、社会、社群会因此得益，学生本人也会因此得到成长。以色列能够凭借有限的条件成为世界创新国度，他们的教育方式是重要的原因之一。这是“学科内以任务为纽带”的学习模式。

上海世界外国语小学的端午龙舟赛项目则是“跨学科以项目为驱动”的学习模式的代表。每年端午节前，学校举办端午龙舟赛，不是通常组织的那种龙舟比赛，而是学生以小组为单位，研究浮力、压力、平衡，设计建造一艘龙舟，要在造型、美观、创意上与众不同，还要在划龙舟上开展体能训练和制订分工合作策略，最后才是在龙舟赛上检验龙舟的质量和小组的团队力量。这些学生集设计师、科学家、工匠、艺术家、运动员于一身。这种学习项目有效提升了学生解决现实问题的能力和综合素养。

东方绿舟的营地教育将学习内容和自然环境有机融合，日晒、雨淋、风吹、寒冻等各种自然气候条件成为基于真实情境学习的最佳场所。在东方绿舟 373.3 万 m^2 的树林、草坪、湖水生态中开展定向越野、无线电测向等实景训练项目，给“基于应用的理解学习”提供了天然优势；上海中学与东方绿舟共同开发的“龙门精英团”48 小时野外生存训练，从远离营地 3 km 处开始就要接受长途行军体力不支迷失方向等困难挑战、解决谁管钱吃什么等财务问题、协调宿营地搭建支灶做饭等合作任务。这些学生以军训为载体，以橄榄绿为支撑，收获的是将物理、化学、政治、经济、地理、艺术等多学科整合应用于面向未来解决实际问题的综合能力和素养。

东方绿舟每年组织一次印尼华裔青少年寻根之旅的活动已经持续数年。尽管参与的人数在30人左右（现在看来也是符合学习组织规模小型化趋势的），但是能不断吸引对方从印尼来到东方绿舟，是因为这个项目本身所具有的吸引力，这是一个明显的跨学科以项目为驱动的学习模式。为了深入长三角某地了解当地的人文地理和风土人情，印尼学生要提高自己的体能完成徒步和越野、要学会在野外炊事野餐和掌握急救包扎的技能让自己得以生存、要学习野外的攀爬溯溪技术确保整个团队能够顺利行进、要熟悉当地环境和人文以便与村民开展必要的沟通和交流等等。项目完成后整个团队要完成一份重要的活动报告。

在安全教育实训上，我们给包玉刚小学的学生规划了学科内以任务为纽带的安全学习。三年级的学生围绕“安全啄木鸟”项目，去寻找、发现实训基地内日常生活场景里的各种安全隐患，并提出消除隐患的方案；四年级的学生围绕“交通安全我先行”的主线参与道路交通步行、轨道交通乘坐等交通行为的体验中，养成规范的交通习惯；五年级的学生围绕“防范灾害事故”的主线，学习火灾、地震等危险中的识险、避险、自救、互救的技能和方法。所有的学习既能纠正学生日常生活中的不良安全行为，又能增强他们关注同伴安全的意识。

在学习模式的改造和转变中，东方绿舟一直在潜心研究和认真实践。

五、从“大规模”到“小型化”的学习组织

工业化时代形成的学校，用工业化生产的思维和模式把知识用集约化、高浓缩的加工方式，按照学科门类一一灌输到学生的大脑里，再把学生当作产品，通过流水线以很高的产出效率批量化“生产”出标准规格的人，促进了生产力的提高。但是这种教育付出的代价是，抹杀了学生多样化的体验、个性化的学习方式，也就是违背了人之为人的特性。在当下信息化时代，行业、产业、职业极为丰富多元，统一标准化生产线的学生产品明显满足不了现实世界对人才的需求。高等教育应该积极应对全球对人才多样化、多元化需求的变化趋势，在学生可塑性最强的基础教育阶段为他们将来具备迎接挑战的能力打下基础。帮助学生参与个性化的学习方式，感受多样化的体验，感知未来成长的方向，规划自己的跑道。

从学生被动学习走向主动学习，从以知识为中心转向以学生成长为中心。丰富

的课程可以满足个性化学习需要，同样学习组织的规模也要适当，才能实现真正意义上的个性化学习，使主动学习真正发生。

美国出现了15~100人规模的小微学校，5年里发展到10 000所。例如TinkeringSchool（敲敲打打学校），总共30个6~15岁的孩子和5个老师，没有教材，也没有考试（东方绿舟与之很相似），学习内容来源于真实社会的项目，比如动手制作一艘木船，划到对岸，去接同伴上学；建造一个书屋，在里面开研讨会；甚至还要搭建一个迷宫让家长来应战。这些项目都很有挑战性，学生的学习动力就被激发出来了，而且一共才30多个学生，老师就可以每天观察、分析、支持学生的学习，及时给予正反馈和个别化指导。这所学校里最壮观的就是不计其数的失败。在逆境中，学生能学到无可取代的经验和真正解决问题的能力，而且老师和同伴相互信赖，这使得每一个孩子不仅保持着主动学习的劲儿，而且学会了求助、妥协、合作、宽容和理解。

在中国，从北京到成都，也出现了30余所小微学校，这些体制外的学习社群是创新学校联盟的成员。他们的运行模式与美国的小微学校非常相似。

中国体制内的学校组织规模也在发生变革。北京市十一学校把5 000名在校师生按年级拆分成12个管理单元（每个年级就是一个管理单元），相当于12所拥有自主权的中型规模学校，每个管理单元里就有近400名的学生。然后，全面进行选课走班。学校开设了300多门分层、分类、综合、特需的课程，比如数学就有6层，每一层的挑战级别都不一样；文科有3类，原版阅读类、写作类、时事评论类。在这种课程体系的支撑下，全校4 500名学生可以按照自己的兴趣、爱好、能力来选择，这样每个学生的课表都完全不同，学生们需要学哪门课就去哪个教室找哪位老师，同时学校规定了每个班级最多不超过24人，这样就形成了250个教学班，相当于在12个管理单元里生出了250个小微学校。小规模学习组织和丰富的课程库使得个性化主动学习得以实现。

新冠肺炎疫情期间，“停课不停学”的要求使得传统课堂化教学的规模进一步缩小到极致，每一台电视，每一块平板电脑，每一部手机连接的就是一个学习者，除了空中课堂有一批优秀教师面向每一个年级提供的“示范课”之外，各个学习平台如“学习强国”“钉钉”“晓黑板”等等也推出了丰富的个性化学习内容与课程。

尽管教育界人士和社会大众对此褒贬不一，但是不得不承认小规模学习被“新冠”病毒推着就此上路了。

为了推动东方绿舟后疫情时代的复课复训，我们也作出了积极的调整和改革。这虽是疫情防控的客观需要，实质上却呼应了全球教育改革使学习组织规模变小的新趋势。国防教育从原先的4个板块，每个板块600人左右的运行单元，一举缩减到1个教师和1个教官直接面对1个教学班。学习组织规模降到原来的1/15。

公共安全实训因为会用到室内训练场景，为了确保个体之间在安全距离内开展有效的训练，将每个学习团队的规模分解成25人左右的学习组织。新冠肺炎疫情倒逼东方绿舟的教育模式从组织规模上发生了改变，师生之间接触的时间、交流的频次、了解的程度都会提升，为学生的主动学习提供了组织形态的保障。新冠肺炎疫情结束后，继续主动保持小规模的学习组织，更可能采取自主选课训练的模式，把学生学习的主动性进一步激发。

六、从“车间教室”到“学习社区”的空间改造

传统学校一间间像车间一样的教室，把人当统一规格的产品来生产，一桌一椅一黑板就是学生的整个世界，是无法适合主动学习的，也是无法形成面向真实世界的解决方案的。

第一代空间改造，是从传统教室到学科教室的变化。学科教室把学习资源、课堂、学科教师及他的家当汇聚在一个空间，离学习者最近，是一种浸润式的学习，可以激发主动学习。在这里，不用主动寻找，各种关联度很高的学习资源就主动流向学习者了，使学习者一进入这样的空间就能迅速进入学习状态。

北京市十一学校有四周布满演算工具的数学学科教室，也有花花草草和可爱小动物的生物学科教室，还有配置电脑、车床、3D打印机等设备的创新教室等。

空间对学习方式的促进作用一直以来是被忽略的，但是东方绿舟从来没有忽略这一点，由于其本身承载营地教育的属性，从建设之初就规划了“类学科教室”的空间布局，与传统学校产生了本质的区别。东方绿舟的智慧大道区、野外生存区、生活实践区、拓展训练区、国防教育区等八大园区展示了一个丰富多彩的青少年成

长的乐园，同时每个区域又各有特性，各有侧重的教育功能，绝不像千篇一律的传统学校，而是以“教育功能”组织起来的空间布局。

新建成的公共安全教育实训基地里的八类安全主题的25个实训馆就如同对应了学校里的学科教室，相应安全主题的各类资源汇集在各自的实训馆里，实训指导员固定在各自主题的安全实训馆中，学生则以走班的形式参与不同主题的安全实训。实训基地通过把课堂、教师和学具融合在每一个主题实训馆的空间里，让学习资源离学生最近。学生实训结束离开某个实训馆之前，还可以将自己的训练体会、感受、疑问、困惑写在即时贴上并粘贴在分享交流区，给后来的学生提供跨时空交流的载体，营造浓郁的学习氛围，感受同一空间里不同学习者积淀的训练感悟。类似学科概念的主题实训馆使学习和训练资源随时、随地、随手可得，参加实训的人员可以尽情地浸润其中，感受处处有知识，事事长见识，时时受教育的学习快乐。

第二代空间改造，把重点放到了公共空间的改造上，比如对走廊、餐厅、图书馆、操场等地方的改造，让不同的学习方式在更大的空间里实现，原因在于非正式的主动学习需要在特定的空间里才能发生。因为我们日常使用的知识，只有20%来源于课堂的正式学习，其他80%可迁移的知识都来自观察、探究、合作等非正式学习。

东方绿舟为教职员工积极打造像星巴克一般的“第三空间”。通过改造“非洲草屋”，使之成为介于家庭环境和工作环境之间的共享空间，让需要学习、思考、探讨、研究、放松等不同需求者可以在这样的空间中各得其所，还为女教职员工专门打造了“暖馨居”，创造更具个性的、符合女性特别需求的成长空间。共享空间改造可以推动东方绿舟的教育工作者在这样的环境里以非正式的方式（不是下达行政命令）开展主动学习。教育者的主动学习意识的增强，会有助于推动学生的主动学习。

公共安全教育实训基地还专门设置了一个拓展学习的共享空间，就是总建筑面积达到721 m^2 的多媒体动漫实训馆。该馆由30个多媒体互动平台和3个VR体验区构成。互动平台包含自然灾害、事故灾难以及社会安全知识和案例；VR体验包含山区的暴风雪体验、飞机空难和机舱逃生体验以及邮轮航行和沉船逃生体验。参训人员，主要是未成年人，在专门主题的实训馆里完成学习后，意犹未尽的话就可以在这里结合自己的兴趣扩展自己的安全知识体系，或者增加一些体验感受。在这里，可以看到更多青少年学生以各自的方式开展的主动学习。这样的主动学习表现为查询、观察、探究、合作等形式，虽然是非正式的，却是主动发起的，构成了日常使用的安全知识和技能的重要组成部分。主动发起的非正式学习的效果可以在这个空间里得到最大化地展示。

第三代空间改造，探索的方向是以公共空间为主的学习社区，给学习者的主动学习提供各种支持。学习者在学习空间里可以完全根据自己的学习需求，规划学习目标、安排学习计划、编排学习内容，在不同区域实现自己的学习目标。

在公共安全教育实训基地一楼中庭大屏幕位置,我们尝试设置了宣讲答疑区。"走进专业的教学设计"东方绿舟讲堂工作坊在这里开展了三次。今后，实训基地的公共空间将成为实训群体以外的人群自发学习安全知识和技能的共享学习社区，可以邀请青少年参与到学习社区的空间布局规划方案征集中，由他们依托安全的理念，从安全的视角，用安全的知识共同打造心目中的安全学习社区，为自主学习、体验、创新提供直接的支持。他们就是未来学习社区的定义者、规划者、使用者。空间的改造从一个侧面可以进一步凸显"创新"的教育理念。

七、东方绿舟可持续的教育现代化

如何培养真实世界中的问题解决者来适应不确定的未来？教育迎来了有史以来最大的挑战——从知识传授转变为能力为本，让每一个学生从被动学习走向主动学习，拥有应对未来各种挑战的核心素养。

东方绿舟的教育工作者是具备这些素养的。无论是一线的教师教官，还是提供保障服务的教育管理者，早在21世纪初营地建成开始就直面这一挑战。高校没有校外教育专业，因此进入这一领域没有一人是专业对口的。营地教育发展所处的困境和随之而来的挑战，是被每一位绿舟人一起克服或破解的。东方绿舟有教师群体，也有教官群体，各自虽有专业领域，但均不足以解决营地这种似学校非学校、似部队非部队形态运行中产生的很多新的问题。这个群体事实上是以挑战为中心组织起来的，而非按照领域来划分的。东方绿舟为了迎接各种挑战，解决运行中的不同现实问题,来自不同专业领域的人围绕挑战组合在一起,才形成了"政府主导、营地主办、区县协调、学校组织、学生参与、社会评价"的特有运行模式。

抗击新冠肺炎疫情期间，营地的教职员工响应政府号召居家办公，如何声援一线的抗疫英雄，激励大家的精神斗志，是我们面临的新挑战。教职员工用书画、诗歌、散文、微视频等多种形式表达自己的心声，展示自己的态度和风貌，把居家的每一颗心紧紧凝聚在一起，为复工复课复训做足了准备。

东方绿舟在顺应教育发展大趋势，推动教育现代化进程中还可以做得更好。

东方绿舟在实现学习组织规模缩小后，提供更符合小群体学习的内容就显得十分迫切，尤其是完善支持小微型学习组织个性化主动学习的组织结构变革的顶层设计更为紧迫。

为了让中国学生的核心素养进一步落地，教育部集结了全国上百位各个学科的专家，从高中起步、历时 3 年时间，研发出凝练各个学科核心素养的《普通高中课程标准及 20 科课程标准》2017 版，也就是我们常说的《新课标》，并于 2020 年 6 月发布了 2020 修订版。初中的《新课标》还在研制的路上。公共安全教育实训基地会围绕安全教育素养指标加强实践，研究如何在教学中通过有效的方法和策略落实核心素养的培育。

东方绿舟教育者要成为更好的情绪劳动者，身份必须重新定义为：教育者是一个体验学习的设计师，又是一个实践学习指导师，还是一个基于证据的实践者，更是一个终身学习者，应完成向学生的学习发展启蒙者、学习方案提供者、学习成长同行者的角色转变。

他山之石可以攻玉，TinkeringSchool 这所学校的实践可以进一步丰富我们营地教育理念的内涵，推进以任务为纽带或以项目为驱动的学习来重构营地教育的学习内容和方式，让教与学的行为更符合学生应对未来成长的需要，以“大概念”为枢纽的项目化课程体系的打造也呼之欲出。

东方绿舟一直走在挑战自我、突破自我的教育现代化进程中，我们秉持“忠诚笃行、快乐奋斗”的绿舟精神，有理由相信东方绿舟能做成具有国际性和中国特色的新时代的营地教育。

基于东方绿舟校外名师培养的探索与研究

——以公共安全教育人才培养为例

李　强

摘　要：孩子是家庭的希望、祖国的未来。公共安全关系到学生健康成长，关系到人民群众切身利益，关系到社会和谐稳定。随着社会的发展，安全教育越来越受到人们的重视，众所周知“安全”是学校的生命线，“生命不保，何谈教育？”要想创建和谐校园，首先要创建平安校园。校园的安全教育如果还只是停留在宣教，那肯定无法满足孩子面对现代化社会的各种危机，上海市公共安全教育实训基地是学生“识险避险”“自救互救”的公共安全教育实训的场馆，能真正帮助学生达到“知行合一”的实训要求。公共安全教育人才自身掌握的教学能力和实战经验，对指导学生在真实场景中获得安全知识起着至关重要的作用，如何培养一名公共安全教育人才，选材和培养是关键。

关键词：公共安全教育人才；选材；培养

一、东方绿舟校外教育教学队伍的培养现状

东方绿舟招聘了许多优秀教师，这些教师皆从上海各级学校师资或各大高校优秀毕业生中挑选，具有中学教师资格证，能组织学生开展研学实践、国防教育、夏令营、拓展训练等校外教育活动。教官多来自“三军仪仗队”“南京路上好八连”等有着优良传统的部队。公共安全教育队伍，是指东方绿舟公共安全教育实训基地招聘的以第三方为主的工作人员。

（一）教师队伍培养现状

东方绿舟以“学高为师、身正为范”为准绳，打造素质过硬的师资队伍。目前，东方绿舟共有教师 68 人，其中高、中级职称教师占比超过 47%，为营地多元化教育课程的开发设计与组织实施奠定了较强的专业能力基础。教师队伍培养现状见表 1。

表 1　教师队伍培养现状

序号	教师职称等级	现阶段岗位设置 / 人	实际等级人数 / 人
1	副高级	6	3
2	中级	42	29
3	初级	20	36
注：以上数据截至 2019 年 12 月底			

（二）教官队伍培养情况

2019 年 7 月，国防教育教官职级制也顺利实施，从见习教官到高级教官，划分 4 个职级 9 个等级，为教官的职务能力提升明确了途径。教官队伍培养情况见表 2。从表 2 中我们看到东方绿舟高级、中级教官人数已经达到了教官总人数的 54%，雄厚的中坚队伍确保了国防教育、爱国主义教育、生命教育等活动的顺利开展，为积极发挥校外教育应有的价值提供了人才储备，教官队伍已成为新时代东方绿舟最闪亮的品牌。

表 2　教官队伍培养情况

<table>
<tr><th>序号</th><th>教官拟定职级</th><th>标准名额 / 人</th><th>实际人数 / 人</th></tr>
<tr><td>1</td><td>高级教官</td><td>31</td><td>4</td></tr>
<tr><td>2</td><td>中级教官</td><td>46</td><td>34</td></tr>
<tr><td>3</td><td>初级教官</td><td rowspan="2">14</td><td>27</td></tr>
<tr><td>4</td><td>见习教官</td><td>6</td></tr>
<tr><td colspan="4">注：以上教官职级制自 2019 年 7 月开始执行</td></tr>
</table>

（三）公共安全教育人才的情况分析

公共安全教育实训教学部共有 35 人，2 名研究生、14 名本科生、18 名专科生和

1名高中生。其中只有3名工作人员具有教师资格，2名工作人员具有部队经历，其余基本都是应届毕业生。

上海市公共安全教育实训基地是国内乃至国际上首个以实训为主的场馆，围绕八个主题场馆进行安全实训教育，特制订了实训课程体系框架，根据受训者的年龄和身心发育情况、知识接受程度、执行程度等分别编写了小学、初中、高中各学段教材，设定了"小学生观摩体验、初中生基本训练、高中生深化训练"的教学要求，实施实训分层教学。目前，如何实训没有案例可寻，第三方运作团队师资力量比较薄弱，专业水平、教学经验、教学能力都非常欠缺。要将上海市公共安全教育实训基地打造成全国的公共安全教育示范基地、教育智库和国际交流的互动平台，需要加强教师队伍的建设，只有做好人才选择和培养，才能真正在该领域中发挥应有的作用。

二、上海市公共安全教育实训基地的特色

上海市公共安全教育实训基地强调真实灾害环境再现，与目前的一些专业场馆相比，有两个最大特点：一是综合，以公共安全教育实训基地的基本技能模块为例，该模块综合了地震灾害，气象灾害，轨道交通安全等八个主题实训内容和分别以地震、火灾为灾害源头的两个综合演练，这是目前任何一个单一场馆都不具备的。二是实训，强调真实灾害环境的再现或模拟，从而使受训者沉浸在相应的场景氛围之中学习技能、操练技能进而演练或应用技能，对于诸如地震等自然灾害的真实场景再现无可能的实训，基地会通过4D影院、自动化仿真设备等手段让受训者参与模拟体验，并进行相关技能的演练和训练。东方绿舟公共安全实训教育相比传统的说教式安全教育和体验式安全教育有着无可比拟的先天优势，其侧重让受训者亲身经历危险来临时的情景，更能触及学生的心灵，留下深刻印象，经过反复训练达到肌肉记忆，是一种值得大力推广的安全实训教育手段。上海市公共安全教育实训基地刚刚起步，培养一支教学能力突出、教学理念先进的名教师队伍尤为重要。

三、上海市公共安全教育实训基地教学特点

公共安全教育的重点对象是青少年，如何在有限的时间内提高课程的“含金量”，把更多安全教育领域的知识和技能传授给他们，是上海市公共安全教育实训基地从建馆伊始就考虑的问题。公共安全教育人才的主要工作就是解决如何开展实训教学的问题，实训教师要有别于安全讲解员和体验教师。公共安全教育是根据学生对安全的认知特点和规律，通过实际场景或重复经历的灾难模拟情境，呈现或还原相关安全教学内容，使学生在亲历安全实训的过程中理解并建构起安全知识、安全技能、情感态度、生命意义的教学观和教学形式。公共安全教育人才的教学特点包含四个方面的内容：

（一）运用科学严谨的语言

东方绿舟公共安全教育实训基地实训场馆多、科目全、教学知识点涉及面广，公共安全教育人才在进行教学时语言表达一定要严谨，不能给学生造成不必要的误解，对于不科学或渠道不正规的安全知识在使用时一定要谨慎，一定要把最科学的安全知识传递给学生。

（二）能正确操作应急设施设备

在公共安全八大主题场馆中，涉及的应急设备非常多，如地铁的紧急报警装置、紧急制动装置等等，使用这些应急设施一定要做到讲解正确、操作规范，一定要及时纠正学生在使用过程中的错误。

（三）能运用信息化教学手段

上海市公共安全教育实训基地将公共安全教育实训的管理信息化，包括学生电子信息卡和 RFID 综合应用、教育实训网上预约、实训过程动态管理、网上数据管理、网上实训评价、发放实训合格电子证书等，确保教学过程全监控。

（四）规范运用安全技能

东方绿舟公共安全实训教育，通过真实灾害环境的再现或模拟，从而使受训学

生沉浸在相应的场景氛围之中学习技能、操练技能进而演练或应用技能。对于公共安全教育人才而言需要规范全部的安全技能，并能灵活地运用。

四、上海市公共安全教育实训基地公共安全教育人才的选材目标

上海市公共安全教育实训基地在最初设计阶段就邀请了公安、应急、交通、气象、红十字会等10多个单位相关负责人，部分中小学校长等专业人员，组成10个编写小组，围绕八个主题制订了实训课程体系框架，并根据受训者的年龄和身心发育情况、知识接受程度、执行程度等分别编写了小学、初中、高中各学段教材，设定了“小学生观摩体验、初中生基本训练、高中生深化训练”的教学要求，实施实训分层教学。教师队伍的选材必须符合以下几点目标：

（一）对国家安全观要有坚定的信念和理想

公共安全教育人才的选择，首先需要具备高尚的道德品质和人格修养，对国家安全观有坚定的信念和理想，这样才能沿着正确的方向前进，担负起社会赋予基地安全教育挽救生命的神圣使命。

（二）具有教师资格证的教师优先

上海市公共安全教育实训基地需立足本市，面向国内外，开展各种生动活泼、形式多样的青少年学生社会实践和安全实训等活动，为中外青少年学生活动提供场地和教育条件。上海市公共安全教育实训基地要成为全国的公共安全示范基地、教育智库和国际交流的互动平台，完善的教师队伍是教学质量的保证，也是公共安全能否真正做到实训教学的“定海神针”，教师队伍培养得好，基地安全教育才能面向未来，才能成为国际安全教育的标杆。

（三）与安全相关的专业人才

在专业人才的选拔上，必须符合公共安全教育教学规律，并选择在相关安全教育领域有特长或优势的人才，要有执着的安全教育信念和不懈的追求。不能只选拔埋头苦干、听话、老实，但却能力平平、缺乏创新意识和创新精神的教师。忠诚、

担当、敬业、奉献是我们选择专业人才的重要标准。

（四）善于沟通，对孩子有亲和力，具有团队合作精神

公共安全教育人才需要组织学生、市民、社会团队进行活动体验和安全实训，面对各种年龄层次的受训者，教师要善于交流沟通，让受训者在实训馆能处处有知识、时时受教育，把“真学、真练、真懂、真会”贯彻活动的全过程。面对低年龄学生，教师要有亲和力，能真心为学生，能换位思考，准确地理解孩子们的思考方式。团队合作是完成活动的前提，教师必须能够相互补台，不能单打独斗突出个人主义。

五、上海市公共安全教育实训基地公共安全教育人才发展的短板

（一）高层次人才比例偏低

由于我国公共安全实训教育事业起步较晚，并没有专门的机构为公共安全教育人才进行培训，现东方绿舟公共安全教育人才除了从事校外教育的人才外，其他绝大多数工作人员都是依靠长期的实践去摸索。随着公共安全教育实训场馆的设施设备不断增加更新，相关人员的培训没有及时匹配，从而面临人才少、高层次人才更少的局面，缺乏专业性。

（二）复合型人才紧缺

现代公共安全场馆的发展更加需要复合型人才的支持。上海市公共安全教育实训基地有八大主题场馆，对于复合型人才的需求更加紧迫，而现阶段公共安全教育没有专门培养复合型人才的机构，就必须依靠单位本身建立健全人才培养途径，确保内部复合型人才的成长空间。培养复合型人才需要一定的时间。

（三）留人困难

目前，上海市公共安全教育实训基地对人才最具吸引力的就是事业编制，但是事业编制存在难进入等问题，加之公共安全教育人才由第三方组织管理，双方磨合也需要时间。同时，由于上海市公共安全教育实训基地的特殊性，工作量大、晋升

渠道不通畅、还经常与大型展览公司合作等缘故导致某些人才被高薪“挖走”，出现人才缺失。

六、上海市公共安全教育实训基地公共安全教育人才的培养途径

（一）培养未来需要的公共安全教育人才

目前公共安全实训教育人才是独立的，会技术的不懂设计，会设计的却又无法实施教育。所以上海市公共安全教育实训基地将未来公共安全教育人才分为三大类：一是创新型公共安全教育人才，二是实训型公共安全教育人才，三是运营型公共安全教育人才。创新型公共安全教育人才专职居多，实训型公共安全教育人才专、兼职均有，运营型公共安全教育人才兼职居多，多数由第三方机构代为完成。

1. 创新型公共安全教育人才

公共安全教育实训基地公共安全教育人才必须把握现代教育创新的脉搏，掌握安全实训的主动权。公共安全教育实训基地的创新能力体现在整体设计的构思与活动的组织上，在大型活动上对公共安全教育实训的形式与方法进行创新，对于前沿的知识进行普及。

2. 实训型公共安全教育人才

当前公共安全教育实训基地实训形式愈发多样化，增强现实（AR）、虚拟现实（VR）技术、真实场景的灾难体验等收效非常好，但是如何让学生真正参与灾难实训、启迪实训思维，还需要进一步加强。这就需要实训型公共安全教育人才的启发，才能将真学、真练与真懂、真会表现有机结合，才能发挥实训教育的真正效果。

3. 运营型公共安全教育人才

上海市公共安全教育实训基地本身主要考核社会效益，如何加大宣传让更多的市民跟随上海市公共安全教育实训基地的引导，了解各项活动的意义，发挥公共安全教育实训功能最大化，这就需要加大运营人才的培养力度，加大微信等新媒体的推送与传播力度，把上海市公共安全教育实训基地中的各项活动进行包装与推广，让更多的公众接收到最新的科技信息，调动市民参与公共安全教育实训的积极性。

（二）教育名师的培养途径

1. 能够胜任公共安全教育人才的基本要求

现阶段，公共安全教育实训人才中非教师人员（无教师资格证）占据绝大多数，快速让非教师专业人员胜任教师的基本要求，是保障公共安全教育不会偏离的重要手段。公共安全教育人才首先要保证懂教材，上海市公共安全教育实训基地有八大主题场馆，每个场馆都是跨行业的安全知识，新入职员工要在短时间内掌握各场馆的知识，能按照教材内容把知识点读懂弄通。其次，要会说课，能根据公共安全教育实训教学大纲的要求，按照知识点进行现场说课，确保新入职员工能快速地实现向教师角色的转变。

2. 培养“一专多能”的骨干教师

骨干教师的培养，是公共安全实训教育人才积累、教学质量提升的保障。公共安全教育实训基地场馆多、内容广，培养教育人才骨干队伍，需要从“一专”再到“多能”慢慢开始培养。“一专”就是需要在八个主题场馆中有一个精通的场馆，在教学中，能结合实际，根据教学目标，恰当地将知识与能力、过程与方法、情感态度价值观等教学知识转化为教学能力。“多能”就是能够组织多个主题场馆的教学，教师可以从多讲转变成学生多动，把真学、真练、真懂、真会的实训方针用于教育教学全过程中。

3. 采用以赛代练的人才培养模式

为提高上海市公共安全教育实训基地公共安全教育人才的业务技能，提升岗位精神，可以采用以赛代练、以练促学的方式。在比赛准备的过程中，公共安全教育人才必须对各项比赛的要求、教学内容进行相应的设计；严格按照教育教学的技能操作与评分标准进行不断的训练，同时聘请有经验的专家来指导。参赛队员应把比赛当作寻找自身不足和弥补技能缺陷的机会，通过切磋与交流、反复练习，提升职业荣誉感和自豪感。

4. 成为公共安全教育的学科带头人

要成为学科带头人，即学有专攻，教有专长，教育教学和教科研工作成绩优异，成为公共安全课程建设与教学改革的核心力量，并对学科教学有独特见解，形成自己的教学特色和风格，成为学科教育专家。教师因具有较强的教科研能力、学科指导能力，业绩突出，面对大型活动可以独立牵头，能带领项目工作组进行活动筹备、策划、预算、组织、动员、实施、统计、评价、总结等一系列工作，项目工作制是检验学科带头人的一个重要标志，是教师专业能力提升的重要途径。

5. 成为公共安全教育实训的教科研名师

名师，即在学科领域具有广泛影响力和知名度，能够把握课程与教学改革方向，在公共安全课程开发和教学改革的实践与理论建设中能担重任的教师。以研促教，是提升教师能力的最好途径，面向未来、立足课堂，教科研水平决定了公共安全教育实训未来的教学质量。作为公共安全教育实训人才，应立足学科教学方面已有的建树，继续走教科研之路，并把研究的触角伸到安全育人的各个方面。在理论上，对教育有深刻的理解和感悟；在实践上，做好“经师”的同时，更注重做好“人师”，形成自成一体的公共安全教育实训体系。

七、总结

东方绿舟以“学高为师、身正为范”为教师准绳，校外教师队伍已成为新时代东方绿舟最闪亮的品牌，打造公共安全教育实训过硬的师资队伍和名师势在必行，东方绿舟教师队伍将持续成为青少年的“知识殿堂”和“成长家园”。

新课程理念下上海市中学生国防教育的浅析

——以东方绿舟为例

孙志衡，李　琴，朱瑞平

摘　要：加强我国中学生的国防教育是一项具有战略意义的重要措施，关系到一代人的成长与发展，也关系到国家和民族的长远利益。新课程理念的核心是素质教育，以学生发展为本，坚持立德树人、“五育”并举，促进学生全面发展，培养担当民族复兴大任的时代新人。本文从新课程理念下上海市中学生国防教育的现状讲起，说明上海市青少年校外活动营地——东方绿舟的国防教育方式，并探索国防教育新途径。

关键词：中学生；国防教育；新途径

一、国防教育综述

（一）国防教育的背景

《孙子兵法》云：“兵者，国之大事，死生之地，存亡之道，不可不察也。”党的十九大报告指出：“我们的军队是人民军队，我们的国防是全民国防。我们要加强全民国防教育，巩固军政军民团结，为实现中国梦强军梦凝聚强大力量。”当代中学生生活在条件优越的和平年代，国防意识不够强，因此开展中学生国防教育是发展全民国防教育的一个必不可少的部分。中学生是国防建设的未来，对他们加强国防教育，有利于增强全民族的凝聚力和向心力，强化国防意识，激发爱国精神。对学生进行系统的国防教育，有着重要的意义。

（二）国防教育的内涵和目的

国防教育，是国家为防备和抵抗侵略，制止武装颠覆，保卫国家的主权、统一和领土完整，对全体公民进行的具有特定目的和内容的普及性教育活动。国防教育的根本目的在于弘扬爱国主义和革命英雄主义精神，普及国防知识，使全体公民提高国防观念，增强保卫国家安全的意志、技能和体魄。《中华人民共和国国防教育法》规定了全民参与、长期坚持、讲求实效的国防教育方针。

根据教育部 2019 年统计公报，全国约有 8 822.04 万名在校中学生。作为国防建设的预备力量，中学生在未来国家建设中的作用举足轻重，因而对其进行“居安思危、矢志报国、磨砺青春、升华自我”的国防教育，强调“知识与技能、过程与方法以及情感、态度与价值观”的整合，培育和践行社会主义核心价值观、爱国主义以及集体主义，具有时代必然性和历史紧迫性。

（三）上海市中学生国防教育现状

我国中学国防教育从近代到现代一直处于不断发展的良好势头中，上海市中学生国防教育水平处于全国前列。上海市教育委员会将本市高一学生国防教育列入教学计划的必修课程，《高级阶段学校学生军事训练教学大纲》对中学生国防教育的时间和模式都作了明确规定，2008 年以前是“3+7”模式，2012 年是“5+5”模式，2019 年开始探索由“5+5”模式逐步向“6+4”模式过渡，即前半段 7 天、5 天、4 天在学校重点进行军事理论的学习和队列训练，后半段 3 天、5 天、6 天在东方绿舟重点进行军事技能操练和军事拓展培训，逐步增加学生在营地的时间，从而保证了学生军训的时长和课程落实。

二、东方绿舟国防教育实践措施

（一）日常训练

中学生国防教育的基本内容是根据国家对中学国防建设和国防教育的要求，通过开展教育教学活动，有目的、有计划、系统地向所有中学生传授一定的国防知识，教授军事理论与技能，开展学生国防教育工作，使中学生具有一定的国防知识储备，拥有强烈的爱国精神，促进其全面发展、健康成长。

例如东方绿舟国防教育中在使用的统一的国防教育教材——《高中生军事理论与技能》，国防教育活动课程主要分为军事理论、军事拓展和军事技能三大类型。

1. 军事理论

军事理论教育包括重型兵器博览、轻型兵器博览、兵器发展博览、国家安全教育，开设“中国周边军事形势”“逐梦军旅、献身国防”系列讲座等。

2. 军事拓展

军事拓展包括超越极限、战地扎营、无线电测向、勇者闯关、轻武器解码、识图用图、行军拉练等。

3. 军事技能

军事技能包括单兵战术、单兵队列动作、枪械分解结合、95 式步枪模拟射击、战伤救护、紧急疏散课程之防火灭火、紧急疏散课程之火场逃生等。

通过这些课程，中学生国防观念可以进一步增强，掌握基本的国防知识，学习必要的军事技能，发扬爱国主义精神，自觉履行国防义务。

（二）主题活动

习近平总书记提出的“富国才能强兵，强兵才能卫国”的治国理念，把社会主义核心价值观融入国防教育，为中学生塑造了“爱国梦，强军梦，青春梦”，将富国强军、匹夫有责的种子根植于中学生的理想信念之中。为了让学生真正走近国防教育课程，可以组织各类相关活动，比如在教学过程中可以结合入营仪式、结营仪式、文艺晚会、各类大型国防军事活动和形式多样的夏令营，进一步推进中学生军事训练创新发展和实践，增强中学生国防观念、国家安全观和身体心理素质。

中学生军训的根本目的之一是让学生树立国防意识，所以在军训中应通过多种形式带领学生学习军事国防知识，以重大节假日、纪念日为契机，创新运用网络、社会实践等载体开展思想道德教育、理想信念教育，把习近平新时代中国特色社会主义思想融入教学，可以利用重大纪念活动和重要传统节庆，将爱国主义、集体主义精神等融入仪式教育，推进文化传承创新和文化育人，继承先烈的革命传统，加强优秀传统文化传承和创新。

（三）东方绿舟营地特色

1. 建立中学生国防教育自主组织管理体系

东方绿舟国防教育坚持“寓道德建设于活动之中，融教育理念在实践之间”的教育宗旨，通过“自主、合作、体验、创新”的教学理念，着力培养中学生全面发展。如建立学生自主管理委员会，参训中学生自己组建学生自主管理委员会，形成学生团、营、连编制的结构建制，下设纪检、宣传、内务、军事、安全等工作小组，协助老师、教官的教学管理，同时实现自我管理、自我约束，保障中学生军训活动的正常进行。建立联合指挥部可以由横向到面，学生自主管理委员会由纵向到点，教官、老师全面监管的安全管理模式保障了中学生军训工作的正常开展。

2. 拥有传承军人优良传统的教官队伍

从事学生军训工作的教官、教师队伍是全国范围内挑选的精兵，由80人组成的教官队伍分别来自三军仪仗队，雷锋、黄继光、王杰生前部队，硬骨头六连，临汾旅，南京路上好八连，海军陆战队等英模部队，他们在部队都是班长和训练能手，全部立过功受过奖，80%是中共党员，上岗前进行了全方位的培训和考核。教官、教师都有为学生军训工作奉献青春的美好理想，在学生军训工作岗位上，发扬人民军队的光荣传统和优良作风，身教、言教并举，让中学生充分感受军训工作的目的和意义。在多年的教学过程中，所有的教官教师都已成为会管理、会服务、会做、会讲、会写、会协商协调、会策划方案的“七会”教练员。经过多年的摸索与积累，去年东方绿舟印发了《国防教育教官职级评聘工作方案》，对符合条件的教官分别授予相应的职级。84名教官中，高级教官有25名，占30%；中级教官有32名，占38%；初级教官有21名，占25%；见习教官有6名，占7%。

3. 课程融入多方面的学科元素

东方绿舟的国防教育融入了很多其他学科的元素，如公共安全教育中的紧急救护、消防逃生，国家安全馆的图文，兵器展览馆中的红军长征纪念展、将军书法展等，充分证明了国防教育不是与其他教育模块割裂的，而是相互融合、相辅相成的，特别是和东方绿舟的拓展、研学、公共安全教育等教学模块互动颇深。

4. 国防教育联结丰富的资源

东方绿舟拥有武器装备，学生可以零距离接触实物，切身感受国防；建立智库，和其他高校合作研究课题，可以更好地研究和改进课程；联结红色场馆，邀请专家学者来给中学生进行国防教育讲座；构建全球化营地，利用中国青少年交流中心（上海）的平台，让国防教育学生和外国同龄孩子实现交流，提升学生的国际化视野；开展家、校、营三者合作，提升育人效果。

三、探索国防教育新途径

（1）发挥红色优势强化国防教育，努力探索爱国主义教育和国防教育的新思路、新形势、新内容，增强青少年爱党、爱国、爱军的意识，可以丰富日常训练课程，增加国防理论，比如总体国家安全观里面的信息安全、科技安全等内容，将军队课程学生化，增加教学类型和版块。对不同的中学生分层分级，因材施教，增加与学校德育课程的衔接，最好能“一校一策”，探索精细化、小班化的教学。

（2）可以在平时多开展中学生活动，根据中学生的性格特点、心理发展规律编纂趣味性、可读性、实施性更强的国防教育教材、读本，播放内容丰富、情节生动的国防教育纪录片、影片，创设情境让学生接受沉浸式教育；引进信息化手段，增加线上、线下互动教学，建设更完善的教学评价体系等。

（3）完善中学国防教育的制度和机制建设，明确规定国防教育职责和任务，教育主管部门应将国防教育纳入学校素质教育评价体系，制订相应的考核制度，定期考察各中学开展国防教育的情况，并计入学校素质教育评估等级表。

（4）规范国防教育教官的遴选、培养、聘任制度，设立专职国防教育教官岗位并纳入正式教师编制，拓宽国防教育教官的选聘渠道，组建综合素质高、军事理论丰富、热爱国防教育事业的国防教育师资，以满足当前中学开展国防教育的需要。

四、总结

青少年正是增长知识、发展认知能力的重要和黄金阶段，可塑性非常强，他们的国防意识、国防观念、国防技能和体育素质等不仅影响我国国防现代化的实现，而且关乎民族根基和国家的长远发展。因此，大力开展全民国防教育的第一步要从中学入手，时刻向学生传递国防意识，增强他们的国防观念，锻炼他们的各项国防技能，提高身体素质，从而为全民国防教育打好基础，为实现党在新时代的强军目标、实现中华民族伟大复兴的中国梦而努力奋斗。

参考文献

[1] 刘倩. 新时期中学生国防教育现状分析及对策研究 [D]. 西安：西安理工大学，2018.

校外教育教师心理健康状况调查与对策

胡　锐

摘　要：校外教育教师由于环境和职业等特殊因素的影响，在教育任务、社会评价、学生管理等压力下很可能诱发各种心理疾病。本文探究了当前校外教育营地对于教师心理问题的忽视、误解等问题，并针对性地提出了几个对策，皆在改善校外教育教师的心理健康问题，促进校外教育教师的心理健康发展，让校外教育工作者们不遗余力地用“心”去教育。

关键词：校外教育教师；心理健康；评估；应对

一直以来，学生的心理健康问题都是教育界关注的重点，近年来由于中小学生压力过大导致青少年抑郁甚至自杀的事件不胜枚举，引起社会各界的广泛关注，中小学生的心理健康问题从教育重点问题上升到社会重点问题。与此同时，作为校外教育管理学生的第一责任人——校外教育教师的压力不容小觑。有研究表明，中小学校外教育教师的压力水平显著高于正常值，在焦虑和躁狂倾向方面更为显著。实际上，校外教育的教师所要面临的压力来源不仅有教学任务压力，还包括学生管理、社会评价等多个方面。面对处于青春期且身心发展尚不成熟的数十名学生，教师既要保证校外教育的教学质量，又要保障学生的人身安全并呵护学生的心理健康，稍有疏忽便会受到家长、校外营地、教育局，乃至全社会的指责。个体的心理健康在群体内相互影响，当教师出现心理健康问题时，学生也会受到一些不良影响。因此，关注并研究校外教育教师的心理健康问题具有非常现实的意义。

一、校外教育教师心理健康现状

（一）社会环境下的问题忽视

时代在进步，科技在发展，社会的主流价值观对教师的评价也在不断变化。从心理学的角度讲，为了节约认知资源，人们对事物的评价往往基于一定的认知规律，而这种认知规律又很容易因为个案的影响而演化成刻板印象，俗称“贴标签”。虽然现阶段社会和校外营地对师生心理健康的问题重视度在日益增加，但是教师作为一个具有鲜明的职业特征的群体，他们的心理健康问题常常被人们忽视，缺乏对个体和独立小团体的点对点研究，人们习惯于将心理问题的关注重心放到学生身上，较大程度上忽略了承担着更多压力的教师的心理问题。实际上，每位教师都是人格独立的个体，他们每个人成长环境是截然不同的，面对同样的事件产生的心理反应也大相径庭，贴标签式生搬硬套的心理健康评估是极为不合理的。这可能导致校外营地对个别教师心理健康问题的忽视和误判，进而错误地开展咨询或治疗，延长了教师心理健康的恢复时间。

（二）评估标准刻板单一

教师常年奋斗于校外教育的第一线，面对处于青春期的教育对象，必须时刻保持警惕，不能有一丝懈怠。从某种程度上讲，校外教育教师可谓是学生校外学习和生活上的“全职保姆”，管理范围越宽意味着责任越大，许多校外教育教师都存在职业压力过大的问题，尤其是有的校外营地碍于社会压力采取过分的学生保护主义政策，即出现任何教育事故的责任方都是教师，这给管理教育中小学生的教师带来了巨大的身心负担。一方面，因为中小学生年龄小，自我认知发育尚不完善，自我保护能力较弱，出现教育冲突和安全事故的频率较高，而教师在发生突发事件后较难得到自身权力保障和公正的社会评价，很容易产生抑郁和焦虑情绪，心理会变得格外脆弱。另一方面，因为自身的工作而产生焦虑、抑郁、躁狂心理的教师也为数不少，教师的工作性质决定了在任何时候，教师都必须以学生的利益为先。

由此可见，教师所面临的压力是多维度的，可能产生的心理问题也具有多样性、程度不一。然而现阶段，校外营地在考虑评估教师心理健康时常常“唯指标论”，仅根据心理健康的笼统评判指标或在未控制变量的环境下得出的心理健康数据来对教师的心理健康进行评估，这样“唯指标”的评判是较为不准确、不科学的，既容易忽略真正出现心理健康问题的教师，又可能因为无关变量的影响而得出某些健康教师存在心理问题的不恰当结论，从而整个校外营地教师的心理健康水平得到不准确的结果。

（三）衡量方式缺乏动态化

每个个体的心理健康都是动态的发展过程，从其出生至死亡都在内外环境的调控下不断发生着变化。有可能今天看起来还自信、健康、快乐的一名教师，明天就因为教育或家庭问题而产生严重的心理健康问题，此外有的教师自已察觉到心理问题，但却不愿意表露出来，在心理评估时进行了掩饰，通过一次简单的静态评估是不能发现这类问题的。因此，对于教师心理健康的评估不能依照生硬的标准进行静态衡量，正确的做法是对每位教师的心理健康进行一段时间的追踪，并根据个体情况进行资料建档，确保在较长的一段时间内教师的心理健康水平都是稳定的，这样才能保证整个校外营地的教师拥有较为稳定的心理健康水平。

二、改善校外教育教师心理健康问题的干预对策

（一）建立科学的心理健康保障机制

针对教师心理健康评估存在的问题，我建议校外营地可以尝试从以下三个方面进行改善。

第一，建立心理学专业测试平台和心理数据库。测试平台可以从校外营地主页进入，每位教师都有登录账号和自设的密码。安装两类软件：一是近期的心理评估，包含焦虑、抑郁、症状自评、压力自评等量表，后台专业人员通过数据反馈，掌握教师校外营地心理健康动态；二是身心反馈训练，有放松训练、音乐调适、缓解烦躁等软件，帮助教师及时舒缓压力，避免情绪郁结。

第二，校外营地引进专业的心理专家。保证每位教师都能接受面对面的心理评

估和咨询帮助，同时根据心理学专业测试平台和专家评估建议对每位教师的心理健康情况进行建档和常态化动态跟踪，丰富教师的心理健康数据库，确保掌握每位教师的动态心理健康状况。

第三，开发动态心理沟通平台。校外营地可以开设“心理在线”微信公众号；建立教师心理健康微信群，每天安排心理专家在线互动，发布充满正能量的心灵美文诵读、心理健康常识、教育热点事件背后的心理分析等文章；开设新颖的语音教学模式——云课堂，方便学生和家长随时随地听课，补充心理健康知识，网络在线教师还能够即时收取学生及家长提供的学生心理健康隐患信息。

（二）提高校外营地和社会对教师心理健康问题的重视

校外营地在应对教师心理健康的问题上应当贯彻党中央实事求是的工作精神，以理论联系实际的工作路径来开展。具体来看，应该从端正校外营地对待心理健康问题的态度入手。鉴于我在校外营地的工作实践经验，许多校外营地领导对基层教师的心理健康水平都有一定的要求，甚至是明令禁止出现心理问题个案，这就使得很多基层教育干部为了保证全员的心理健康达标而刻意掩饰和忽略教师存在的心理健康问题和隐患，导致原本可以早发现早解决的心理问题，进一步加重甚至扩散而影响其他教师。因此，贯彻落实实事求是的精神，端正校外营地对心理健康问题的态度，确保心理健康理论与实践工作相结合是应对教师心理健康问题的主要工作思路。因此，我认为校外营地应当“以人为本”，尊重并信任每一位教师，重视教师的心理健康问题，保证教师能够在校外营地中找到“家”一般的归属感，建立起主人翁意识，以出色完成工作为己任。

首先，除了日常工作的稳步推进以外，校外营地可以通过组织活动来提升团队凝聚力，体现人文关怀。校外营地可安排每月组织一次小组之间的小型联谊活动，每季度组织一次集体比武活动，每年开展一次大型联欢晚会，并给予业绩出色的教师充分的精神奖励。另外，校外营地的“老兵”对待年轻教师应当“宽严得当”，出了问题不能放任不管，但在严厉的教育后应当给予充分的人文主义关怀，令教师们在校外营地中找到归属感，并形成主人翁意识，从而保证每名教师都充分灌注工作热情，全身心地投入到工作中。

其次，校外营地要重视入职培训，帮助年轻教师缩短工作适应期。具体来说，第一，定期开展专业培训，全面提高教师综合素质。在培训方面，校外营地可聘请各个专业领域里的专家学者，尽可能拓展培训主题的范围，通过优秀实践案例的展示为教师们提供参照，鼓励教师们积极开动脑筋，打开工作思路，从而全面地提高教师工作水平，帮助教师实现自身能力的多元化提升，统一新老教师的工作理念和实践想法。第二，以教师为对象，打造针对性的心理健康教育课程，通过心理学专业知识的学习，普及心理常识，强化教师的心理素质。第三，定期组织人际交往培训课程能有效地提高教师们的交流技能，改善教师与教师、教师和学生家长之间沟通不畅的问题。

三、总结

教师的心理健康工作是校外营地思想政治工作的延伸和补充，也是我们教育管理工作的重要环节。作为一名校外营地管理人员，应该在日常生活中做好基层教师的心理工作，了解他们的喜怒哀乐和心理、情感需求，争取在第一时间发现并解决教师的各种心理问题，才能真正将校外营地建设为一支充满活力和创造力的和谐教育队伍。

参考文献

[1] 何妃霞，杨建原，赵守盈．贵州省中学班主任心理健康现状调查[J]．贵州师范大学学报（自然科学版），2012，30（4）：39-43.

[2] 胡贤，张慧杰．辽宁省初中教师心理健康状况影响因素分析[J]．山西医药杂志，2012，41(6)：532-534.

[3] 陆源．班主任心理健康问题归因分析与维护对策[J]．科教导刊（上旬刊），2011（13）：218-219.

[4] 蒋春雷．班主任心理健康问题研究[J]．教学与管理，2009（33）：40-41.

[5] 安冬冰．高中班主任心理健康问题研究[D]．长春：东北师范大学，2008.

[6] 丁玉莲．柳州市初中教师心理健康状况调查及对策研究[D]．桂林：广西师范大学，2007.

关于依托研学营地开展劳动教育的思考与探索

刘　伟，张俊丽

摘　要：加强劳动教育，充分发挥劳动教育综合育人功能是落实“五育并举”的有效途径。本文对依托研学营地探索开展劳动教育过程中存在的问题进行了探讨，结合研学课程开发及实施的原则和结构，从理念创新、课程开发、资源配置等方面提出了开展劳动教育的思考和建议，提升营地劳动教育的实效，推动新时代劳动教育的全方位发展。

关键词：劳动教育；研学实践；课程开发

自新中国成立以来，从教育与生产劳动相结合到2018年全国教育大会提出要构建德智体美劳五育并举的教育体系，培养德智体美劳全面发展的人才成为新时代教育发展的根本目标，劳动教育愈发受到重视。2019年6月，中共中央、国务院印发《关于深化教育教学改革全面提高义务教育质量的意见》（以下简称《意见》），《意见》指出坚持五育并举，全面发展素质教育，并明确提出要加强劳动教育，充分发挥劳动教育综合育人功能，优化综合实践活动课程结构，确保劳动教育课时不少于一半。

研学旅行是国家全面推进素质教育的重要构件，是综合实践活动的一种表现形式；研学营地是学生社会实践活动的育人场所，重点培养学生社会主义核心价值观，助力学生全面发展。作为国家研学营地，如何依托自身资源以及优势开展实施劳动教育？如何将研学课程理念和劳动教育课程有机融合开展社会实践活动，真正做到立德树人？上海市青少年校外活动营地——东方绿舟依托研学营地开展了劳动教育的探索和实践。本文以上海市行政管理学校430名师生赴东方绿舟开展为期4天的劳动教育系列研学实践活动为例展开论述。

一、以研究性学习为导向，开展项目式课程开发

目前，劳动教育主要在综合实践基地、劳动实践基地及研学实践基地开展，多数课程以职业技能、体力劳动、手工创作等方式开展，课程逻辑关联性和实验探究性略显不足。在课程开发方面，主张以研究性学习为导向，对标核心素养，实施项目式课程开发。如在生活管理系列课程“农家生活体验”过程中，以小组完成一顿农家饭为项目目标，所需的素材均需要在其他课程中获取。在学习探究系列课程中，以小组为单位开展美丽乡村农业调查，项目目标是形成一份研究性学习报告，活动以项目目标驱动贯穿始终。东方绿舟将劳动创造及课题研究融为一体，开发劳动教育课程框架，共开设田园劳作、生活管理、学习探究及文化展示四个系列课程，见表 1。

表 1　东方绿舟劳动教育课程框架

课程系列	具体课程	课程地点	对应核心素养
田园劳作	农耕翻地	营地野花区	实践创新
	湿地养护	淀山湖边	问题解决、实践创新
	果树、花卉种植	营地野花区	科学精神、实践创新
	蔬果采摘、水稻收割	营地农业体验区张马村农田	学会学习、实践创新
生活管理	内务整理	营地宿舍	健康生活
	野炊——学做农家饭	营地野外生存区	学会学习、健康生活
学习探究	现代农业特征及其发展趋势探究	营地剧场	科学精神、责任担当
	《大国根基》纪录片赏析	营地剧场	科学精神、责任担当
	张马村美丽乡村农业调查	张马村	科学精神、问题解决
	田园定向	张马村寻梦源	学会学习、问题解决
文化展示	农闲文体活动（学唱田山歌）	张马村寻梦源	人文底蕴
	农闲文体活动（庆丰收主题活动）	营地大草坪	健康生活
	农村文体生活（文艺联欢晚会）	营地广场	人文底蕴、健康生活

二、以研学实践为载体，融合东方绿舟营地及周边资源

当前，劳动教育资源多集中在农村社会实践基地以及部分学校校本课程中，课程资源并不丰富。在资源整合方面，宜以研学旅行为模式，内外结合，开创“营地+”劳动教育资源开发。首先因地制宜利用自身资源，东方绿舟占地 373.3 万 m^2，土地面积大，但是基于之前土地规划，如再重建设施并不现实，相信这也是多数营地会面临的问题。结合已有资源，东方绿舟在野外生存区开设学做农家饭课程；基于野花区开设鲜花采摘花艺课程、利用安全水域开展垂钓课程、基于天然湿地开展湿地保护劳动课程等，充分发挥本身资源的课程化价值；同时结合营地素质拓展课程资源优势，开发植物识别之田园定向课程，将营地传统定向课程与植物分类识别相结合，激发学生的学习兴趣，使学生在定向拓展和田园劳动中增长科普知识；开发“庆丰收”主题活动，将插秧、蔬菜瓜果的运送等农事以及赛龙舟民间庆祝等活动融入劳动教育课程。

另外，瞄准周边，巧借周边劳动教育资源。如借助场地资源，在周边农村开展水稻收割课程、田园花卉种植定向课程等；协调人力资源，请当地农民作为助教，指导学生水稻收割，学生同步完成农户访谈以及农业调查，对于农业农村农民有更加鲜活的认识；挖掘文化资源，弘扬周边蕴含的非遗传统文化，教师协同非遗传承人共同将其课程化，实地开展田山歌、竹编、五谷画等劳动教育文化类课程。

三、强化教学过程管理，注重多元评价

目前，劳动教育在课程实施中依然存在专业教师队伍欠缺、课程资源不足以及难以开展可评可控的教学评价等问题。在师资配置方面，可选取具有专业基础知识的研学导师，优化教师资源配置，因其多具有带队管理及组织实施研学课程的丰富经验，在劳动教育课程的实施中驾轻就熟。

在课程资料方面，开发针对学生的学材及教师的教材。学材基于东方绿舟实施研学活动的学生手册加以改进，包含学农须知、生活管理标准、各课程评价标准、自评互评量表等，为每个课程配套课程简介及思维拓展问题，以问题导向指引学生开展探究式学习。教材主要包括每个课程的详细介绍以及所需要的器材，教师一目

了然，做到备课心中有数。

在教学评价方面，注重多元化评价方式结合，在课程实施之前做到充分了解学生背景，如男女比例、独生与否、劳动教育经历等，为课程实施提供依据。过程性评价注重德智体美劳融合，以评选优秀劳动集体和实践个人作为终结性评价，激励广大学生争优创先，树立幸福观都是奋斗出来的劳动价值观。

针对此次劳动教育，问卷调查结果显示，学生多为上海生源，独生子女偏多，且多数在家里仅偶尔干家务，干过农活的仅占37.2%。由此可见，当前上海劳动教育形势依然严峻，这自然需要学校、家庭、社会的共同努力。而作为研学营地，在劳动教育的实施开展中任重而道远，基于研学营地实施的劳动教育可从以下几方面共同努力：

首先，要提高在研学营地开展劳动教育的创新意识，不仅局限或停留于体力劳动的单一体验、劳动知识和技能的简单传递，而更加侧重研究性学习的“劳动”教育以及劳动育人和核心素养的培养。课程满意度及意义认同调查结果显示，67%的学生对于田园劳作课程表示意义认同，84%的学生对于学做农家饭课程表示认可。可见，实践型课程以及任务驱动式的开展会更具实效。培养学生成为会思考的劳动者，并在这过程中引导学生正确认识劳动，树立劳动最光荣、劳动最崇高、劳动最伟大、劳动最美丽的价值观念。

其次，在课程开发及实施方面，需要继续加强教师的课程开发能力，学会用研学实践课程开发及实施方式开展劳动教育课程，注重与各学科的知识融合，扩展涉及领域，丰富劳动教育内涵，如东方绿舟基于淀山湖边湿地资源开发的湿地保护课程，融入环境保护教学理念。将生命安全教育、环保科普教育与劳动教育有机融合，构建基于营地的劳动教育课程体系，同时注重融入社会主义核心价值观，创新德育路径，做到以劳育人。

最后，在课程资源整合方面，结合自身优势，辐射周边优势，这一点上海市青少年实践活动金山基地值得学习，利用廊下现代农业园区资源开展社会实践，让学生在真实场景中劳动、创造，劳动育人的意义才能充分发挥。同时，也有效盘活了周边劳动教育资源，带动当地人力资源、场地资源、文化资源的运作。

四、总结

劳动创造了人本身，青少年劳动意识、劳动习惯和劳动观念的提升，对培养德智体美劳全面发展的社会主义建设者和接班人意义重大。研学营地将继续发挥自身优势，牢牢坚持五育并举，助力构建机制健全、管理科学、内容丰富的劳动教育体系，不断创新发展教育理念，深化课程建设内涵，统筹整合内外资源，构建营地特色模式，发挥劳动教育在新时代的育人价值。依托研学实践开展的劳动教育会越来越精彩！

参考文献

［1］马轻轻.新中国成立70年来劳动教育概述［J］.湖南第一师范学院学报，2019，19（4）：17-19.

［2］李雪.劳动教育教学手段创新策略探析［J］.现代职业教育，2019（18）：226-227.

浅析双语教学在国际研学课程中的应用

宋　珩

摘　要： 近些年，国际研学无论是在合作规模、发展层次还是参与数量上都有了很大的提升，跨文化交流日益频繁。外语作为中国与世界各国交流的桥梁，随着国际经济文化交流的发展需求日益扩大，越来越多双语教学的校外教育机构如雨后春笋般成长起来。然而，在具体教学实践中，教学质量参差不齐，双语教学工作仍存在需要进一步完善的地方。本文通过对双语教学的内涵、当前国际研学开展双语教学存在的问题和双语教学在国际研学课程中的应用策略研究三个方面进行分析，结合国际研学课程实际需求，提出了一些建设性建议，以期为国际研学课程双语教学的实施提供参考。

关键词： 双语教学；国际研学；校外教育；营地教育

2016年12月19日，教育部等11部门印发了《关于推进中小学生研学旅行的意见》（以下简称《意见》），要求各地将研学旅行摆在更加重要的位置，推动研学旅行健康快速的发展。同时《意见》指出，全国各地要把研学旅行纳入学校教育教学计划，从国家层面再度肯定研学旅行的重要性和必要性，从试点走向全国。随着经济全球化和信息化社会的不断发展，跨文化交流已成为各民族之间平等交流、互相促进、和谐发展的主要途径。越来越多的中国学生走出国门，行万里路开拓自己的国际视野；也有越来越多的外国学生开始喜欢中国，愿意了解中国文化。国际营地和国际研学无论是在合作规模、发展层次还是参与数量上都比之前有了更大提升。上海作为中国教育改革的先锋，双语教学通过不断实践取得了优秀的成果，但在实施过程中也存在不少问题。当前只有进一步优化双语教学模式，提高教学效率和质量，才能更好地满足国际交流的教育需求。

一、双语教学的内涵

孔得伟在其研究中认为，双语教学主要是指授课教师运用汉语和另一门外语，或者只用外语来进行非语言类学科的教学；学习者以外语作为学习媒介和手段来同时获取专业知识和外语技能。

二、当前国际研学开展双语教学存在的问题

（一）国内外学生学情不同，学习风格存在较大差异

赵佳娜分别对 100 名英国学生、100 名国内学生和 100 名外国留学生进行问卷调查和分析，研究发现不同文化背景下的学习风格可以作为学习者的个体差异表现。和中国的“乖”学生相比，大部分国外中学生更加热情活泼，也许他们的学习压力相对中国学生来说小一些，他们的学习节奏较慢，大部分学生比较懒散，没有时间观念，教师在组织管理上需要花费更长的时间。外国学生上课期间课堂氛围很好但纪律性较差，需要教师具备较高的课堂驾驭能力。

（二）研学学生外语水平参差不齐

即使在同一个研学队伍里，学生的外语水平差距也可能很大。由于学生来自不同国家，不少学生来自非英语国家，年级和年龄各不相同，语言沟通存在困难。学生听不懂老师讲课的时候，学习动机性不强，活动参与度不高。

（三）双语教师专业素质要求较高

国际研学课程的双语教师需要具备多项技能：不仅要有国际视野、较高的语言能力还要在校外教学领域有所长，既精通本土文化又熟知异域风情。由于东西方语言思维表达不同，中文一般先描述背景铺垫最后说出主要结论，而外国人思维比较直观，习惯把主要的信息放在最前面，然后添加补充。因此在教学方法运用上，教师也要根据学生实际，灵活引导。

三、双语教学在国际研学课程中的应用策略研究

（一）灵活运用双语教学模式

教师应根据学生具体情况选用适当的双语教学模式。例如国际研学学生的外语水平较高，教师可以全程使用外语作为教学语言来授课。如果研学队伍中有中国学生或者汉语比较好的外国学生，教师可以选择外语和中文交替授课。除此之外，双语教师在讲解重要的知识点或传达重要的信息时要注意适当放慢语速、选择通俗简短的专业词汇表述，学生接收效果会更好。

（二）明确双语教学目标

双语教师在备课时担心学生无法理解课程，十分重视外语水平，以致于在以外语为先导的思路下出现忽视课程的学习深度和进度的现象，影响教学效果。对此在实际备课和教学中，教师应严格遵循教学目标和课程体系，保质达到国际研学的课程目标。

（三）采用多元化的教学手段

在国际研学课堂教学中，为了避免学生因语言或文化差异导致无法理解课程内容而走神、课堂氛围低沉等现象，教师应避免一味地重复讲解，要熟练使用多元化的教学手段提高学生参与度。例如，教师可以设计具有中国特色的热场游戏；设置一些启发性的思考问题，激发中外学生创造性思维的碰撞；运用多元化的多媒体教学手段，制作内容丰富的教学课件，播放一些与教学内容有关的、有趣的外语小视频，让课堂更加生动形象；教师也可以采用小组讨论、英文演讲等方式，增加课堂互动。

（四）教师提升自我修养

国际研学课程的教师要想提高双语课堂教学质量，需要树立终身学习的观念，不断提高自己专业技能，增长教育智慧，给自己不断地“充电”。课下认真备课，虚心向经验丰富的骨干教师学习，参加双语授课师资培训，及时学习校外教育领域的新理念与新成果等。

四、总结

双语教学是国际研学课程未来教学发展的重要方向，需要各方面的共同努力，我们教师需要不断努力尝试，探讨和交流双语教学的心得体会，紧贴研学学生实际需要，优化双语教学模式，探索更为有效的教学方法，使研学学生获得丰富而全面的学习体验。

参考文献

［1］孔得伟，刘琪，梁顺攀．高校双语教学模式新思路探究［J］．教学研究，2019，42（1）：68-74.

［2］赵佳娜．国内外学生学习风格调查研究［J］．长江大学学报（社会科学版），2012，35（12）：177-178.

［3］唐忠江．中外学生自主学习能力的对比刍议［J］．陕西教育（高教），2016（7）：31-32.

［4］王金山，王新建．提高双语课堂教学效果的途径刍议［J］．教育教学论坛，2013（21）：87-88.

营地综合实践活动课程开发与实施策略探析

——以“小小钢铁侠——东方绿舟科学探索七日营”为例

王　佳

摘　要：“小小钢铁侠——东方绿舟科学探索七日营”是为提高青少年自主创新能力，提升科学素养，传播与弘扬科技模型文化的综合实践活动课程。该课程旨在充分发扬青少年的创新精神，关心、了解、探究、感悟、体验、分享科技模型活动带来的快乐和成就感，使广大青少年更好地接触和了解模型科技前沿领域的发展。

关键词：青少年；模型科技；课程开发

一、“小小钢铁侠——东方绿舟科学探索七日营”综合实践活动课程开发的目标

2013年，教育部和中国科协共同发起了英才计划，致力于选拔一批品学兼优、学有余力、具有创新潜质的中学生走进大学，使他们在自然科学基础学科领域的著名科学家指导下参加科学研究和实践。由此可见，科技创新不再是成年人、顶尖学科人才的专属，而是下沉进校园，每个有志于此的学生都可以发挥自己的聪明才智。“小小钢铁侠——东方绿舟科学探索七日营”正是基于培养学生独立思考、创新能力而开发的综合实践活动课程。

（一）培养学生的核心素养

核心素养指学生应具备的适应终身发展和社会发展需要的必备品格和关键能力。

作为学生综合素养的重要内容，科学精神要求学生要对科学知识和技能很好地学习、理解和运用，并形成自己的科学认识和价值标准。由此可见，培养学生的科学精神可以促进学生的健康成长。

（二）独立自主，增强学生的合作能力

“小小钢铁侠——东方绿舟科学探索七日营”作为一门综合实践活动课程，在老师的带领下，学生在整个课程进行期间一起活动，一起动手制作模型，在活动中共同体验、相互研讨。整个课程提供很多动手机会，能够培养学生自主的生活习惯，同时集体活动一般要求团结协作完成，培养了学生的集体意识和合作精神。

二、“小小钢铁侠——东方绿舟科学探索七日营”综合实践活动课程的内容开发

（一）模型认知教学内容

模型制作是学生兴趣领域的内容，又属于学生自我发展、自我实现的范畴。根据马斯洛的需求层次理论中对于自我实现的描述来看，自我实现境界的人，接受自己也接受他人，解决问题能力增强，自觉性提高。“小小钢铁侠——东方绿舟科学探索七日营”把模型认知作为课程开发的内容，并结合相关的案例进行普及。《中国青年报》报道：航模“发烧友”也能造出无人机。《环京津新闻网》报道：75 岁老人 40 年制作 500 余架航模，还给真飞机“问诊”，查找飞机试射导弹出现故障的原因……这些都是进行模型认知内容的补充素材。

（二）年段模型教学内容

“小小钢铁侠——东方绿舟科学探索七日营”作为一门综合实践活动课程，主要包括航空模型设计与搭建、船模的设计与搭建、车模型的设计与搭建。针对不同基础不同的青少年准备难易程度不同的模型制作。

1. 低段模型教学内容

低段开设的模型教学内容：手掷型、橡筋动力型航模；风能动力船模；橡筋动力车。

2. 中段模型教学内容

中段开设的模型教学内容：电动航模；电动空气动力船模；电动空气车；空气压缩动力车；太阳能动力车。

三、“小小钢铁侠——东方绿舟科学探索七日营”综合实践活动课程的实施策略

“小小钢铁侠——东方绿舟科学探索七日营”综合实践活动课程依托东方绿舟丰富的资源优势，以模型作为课程实施主线，辅以东方绿舟其他优势课程，让学生通过感知和体验，启迪科学观念，培养自己的探究精神和科学素养。“小小钢铁侠——东方绿舟科学探索七日营”综合实践活动课程具体方案见表 1。

表 1 “小小钢铁侠——东方绿舟科学探索七日营”综合实践活动课程具体方案

时间	上午		下午		晚上
第一天	报到	午餐 午休	1. 入营教育、内务整理 2. 入营仪式 3. 融冰游戏分组 4. 分发队服钢铁侠 T 恤	晚餐	科海探趣
第二天	云端漫步	午餐 午休	1. 航空模型展示 2. 放飞“梦想”	晚餐	头脑风暴
第三天	1. 航空模型竞赛 2“霸下号”船模展示	午餐 午休	星际大战	晚餐	烧烤篝火交流
第四天	“霸下号”船模设计与搭建	午餐 午休	1.“霸下号”船模试航 2.“霸下号”船模改进 3.“霸下号”船模竞赛	晚餐	星空影院
第五天	1. 模拟驾驶——VR 技术体验 2. 绝地求生——科学拯救生命	午餐 午休	1. 地心历险记 1 2. 地心历险记 2	晚餐	与未来对话
第六天	航天发射实验	午餐 午休	火星探索号	晚餐	结营晚会
第七天	离营				

1. 航空模型设计与搭建

航空模型设计制作与搭建对学生富有强烈的吸引力。航模活动动手又动脑的特性，将带来很多可贵的特殊教育效果，有利于培养学生独立自主、团结合作的优秀品格。

2. 船模设计与搭建

船模设计与搭建是以培养孩子的科学兴趣和创新能力，提高动手动脑能力、自信心和创造能力的活动，通过老师寓教于乐的讲解培养孩子对事物的认知程度，结合手工制作船模的过程，增加孩子的学习兴趣，增强孩子的自信，提高孩子基础教育阶段的独立学习能力和自主学习能力。

3. 车模型设计与搭建

车模型设计与搭建是一项实践性很强的活动，学生可以在实践中自主学习、自我提高。

4. 云端漫步

儿童散学归来早，忙趁东风放纸鸢。放风筝是民间传统游戏之一，放风筝可以锻炼孩子们的手脚协调性，在放飞风筝的过程中思考风筝与飞机的区别在哪里。

5. 地心历险记

地心历险记是为了满足孩子们对渴望自然、亲近自然的要求而设置的特殊活动，旨在通过孩子们在森林中穿梭的同时萌发保护大自然的意识，培养坚韧不拔的精神。

6. 航天发射实验

航天发射实验是一个利用质量比和气压作用，设计、二次利用饮料瓶和纸板制作而成的一种游戏，可以让孩子们直观了解导弹与飞机的飞行原理及不同点，培养孩子们对航天科技的兴趣。

四、总结

百年大计，教育为本。“小小钢铁侠——东方绿舟科学探索七日营”是探究体验性学习的校外教育实践课程，在培养学生探究精神、科学素养、独立自主、团结协作能力等方面有着积极的作用。

参考文献

[1] 侯春旭，王朝刚．激发兴趣，促进科技创新后备人才培养——“中学生英才计划”第1期实施情况分析［J］．中国科技教育，2015（9）：6-7.

[2] 张文苑，王俊亮．让小学数学起点型核心知识成为核心素养落地的种子［J］．新课程研究，2018（1）：29-34.

[3] 胡铁贵．发展研学旅行对我国中小学生核心素养培养的重要意义［J］．当代教育实践与教学研究，2019（18）：218-219.

[4] 颜华娜．“小学生保健技能”综合实践活动课程开发与实施策略探析［J］．中小学教师培训，2019（8）：44-47.

[5] 贺鹏．“六普”北京外来人口统计对宏观政策制定的指导［J］．长春理工大学学报，2012，7（1）：31-32.

不是“严厉”或“温柔”那么简单

——论校外教育中如何有效课堂管理

杜 欣

摘　要：课堂管理是教师进行教学活动的基础，教师能否有效管理课堂直接影响教学质量。传统上将教师在课堂上的管理粗略分成两类类别鲜明但相反的风格：严厉型和温柔型。但随着教育观念的不断进化发展，单纯地“严厉”或“温柔”已无法涵盖课堂管理的精髓，也无法满足学生全面发展的需要。越来越多的老师趋向整合式地课堂管理，即将“严厉”与“温柔”相结合，刚柔并济，灵活应对课堂。本文针对“严厉”和“温柔”型教育方式的具体结合问题进行讨论。

关键词：校外教育；课堂管理

一、课堂教学中教师的不同管理风格

课堂教学是一种集约化的活动，因此需要执行一定的操作规范进行管理。良好有序的课堂管理是教学活动顺利开展的基石，教师如何有效管理课堂直接影响到教学的质量。传统中教师在课堂上的管理风格可粗略分成两类：严厉型和温柔型。这两种风格特色都很鲜明，且恰好相反。严厉型教师奉行“严师出高徒”理念，注重树立老师的权威性，对于学生破坏课堂秩序的行为会进行惩罚，有利于学生的行为规范、有序；温柔型教师强调耐心和宽容，给学生温暖、轻松的学习氛围，有利于他们的个性发展。这两种类型也恰好对应行为主义、人本主义两种理念，前者强调利用奖惩来干预行为，后者强调以人为中心，关注人的价值。两种管理风格各有利弊。若一味严厉，学生纪律虽好，但课堂容易沉闷、缺乏活力，有时还会引起叛逆

期孩子的反抗，适得其反；若一味温柔，课堂氛围比较轻松，学生也有活力，只是有时因权威感不强，会有难以管理课堂秩序的风险。事实上，随着社会不断发展，现代教育理念中更多地带有人本主义思想，但行为主义理念中的奖惩措施也仍然在学生管理过程中起着非常重要的作用。充满智慧的老师们也早已认识到将两种管理风格结合起来——刚柔并济、严慈并行的重要性。但具体点说，“严厉”和“温柔”如何结合？在“严厉”与“温柔”之外，有效的课堂管理还需要什么？诸如此类的问题还需要进一步讨论。本文将对相关问题进行探讨。

1.“严厉”与“温柔”的结合

何时“严厉”、何时“温柔”呢？一般来说，“温柔”是大背景，教师温和亲切、鼓励的态度可以为学生提供具有安全感的环境，促使学生个性化发展，激发学生自身的潜力，也有利于创造力的培养。“严厉”是辅助品，在必要时可用坚定有力的态度维护课堂秩序，矫正学生不端行为。如在学生违反课堂规则时，教师应及时坚定地制止，避免影响教学活动。

2.“严厉”的度

“若是学生认识到这是他自己的学习时，他就会投入全部的情感与理智自主地学习，而不是由权威来决定”。这就要求教师在展现“严厉”的一面时需要把握尺度，否则便陷入“责任转移”的境地，即老师过度干预学生的行为会引发“学习是被动的”的内在观念，产生“学习不是我的事情，而是老师的事情”这种思想。因此，教师在制止学生不良行为时可遵循几个原则：①尊重学生。每个人都有被他人尊重的需要，对于青春期的学生更是如此，教师在批评教育时应就事论事，避免使用讽刺、挖苦、谩骂等人身攻击式语言，否则会让学生产生屈辱感，不仅影响学生心理健康及人格发展，还可能引发学生反感情绪，激化矛盾，产生更大的冲突。②避免情绪过度发泄。“严厉”并不意味着教师可以随意发泄自己的怒火。教师有时产生负面情绪是正常现象，但是不应任意发泄，让学生看到老师暴跳如雷的状态。这不仅不能解决问题，还会将老师自身的不安感传递给学生，背离教育初衷。所以教师应提高自我情绪觉察能力，在面对负面情绪时，能及时辨别情绪，调整好心态，再对学生进行批评教育。③有理有力。教师应持着坚定的态度，有理有据地对学生进行批评教育，做到公正公平。这样，学生才更容易理解和配合教师，从而达到教育的目的。

3. 其他因素

除温和而坚定的教学态度外，还有很多其他因素影响着课堂管理，这里列举两个例子。①座位设置。座位设置在校外教育课堂中的作用十分突出，设计合理的座位是课堂管理的第一步，尤其在无固定座位的教学环境中，课程内容安排和学生座位设置直接相关，学生座位设置是否合理也会影响到教学质量。举例来讲，在室内课程中，采用回字形排列方法，便于老师讲解；在室外拓展课程中，可采用分组围坐的方法，便于学生小组体验和自主讨论。②课堂规则制订。教师可以在课堂刚开始就和学生制订好明确、合理的课堂规则，牢固的开始会让后续的课堂更加稳定，也会让教师在遇到相关问题时有的放矢。

二、教育实践的其他影响因素

除上述内容外，教师的课程内容设置、教学的流畅性、互动设置、老师的幽默性等等都会影响到学生的课堂投入度，而让学生感兴趣、投入的课堂，课堂管理必然是顺畅的。总之，有效、有序的课堂是众多因素集成的结果，不是“严厉”和“温柔”的教学风格那么简单。且放眼望去，每位老师的课堂都各不相同、各有特色，相信每位教师在教育实践过程中，都会慢慢形成属于自己的成熟的教育风格。

参考文献

［1］华荣 . 学校课堂教学规范化管理的具体策略［J］. 教学周刊，2019（13）：150-151.

［2］陈琦，刘儒德 . 当代教育心理学［M］. 北京：北京师范大学出版社，1997.

关于校外营地教育听评课的特殊视角的探讨

吴必煌

摘　要：本文比较校内外教学的不同，基于崔允漷教授关于专业听评课的四大维度（课程性质、学生学习、教师教学、课堂文化）分析，对营地听评课的特殊视角进行了探讨。营地教育活动具有实践性特点，相应地其听评课也具有一些特殊的视角。其一是课程性质维度下的环境视角，其二是课程性质维度下的安全视角，其三是学生学习维度下的合作学习视角，其四是教师教学维度下的合作教学视角，其五是课堂文化维度下的教师能力视角。

关键词：专业听评课；校外营地教育；独特视角

一、营地教育听评课视角有其特殊性

听评课是提高教师专业素养，提高教师教学质量的重要方式。华东师范大学博士生导师崔允漷教授著有《课堂观察——走向专业的听评课》一书，对听评课进行了系统性的阐述，提供了工具的支持。在书中，他提出听评课的四个维度（课程性质、学生学习、教师教学、课堂文化）、二十个视角、六十八个观察点。

自 21 世纪初，营地教育蓬勃发展，但目前营地的专业听评课与校内没有多大差别。校外营地教育与校内教育有共通性，也有其特殊性。崔允漷教授提出的四个维度也许是相通的，但营地听评课应有其特殊的角度。与校内教育相比，营地教育活动具有学生群体户外实践性特点。这种群体性、户外性、实践性特点，使营地教育活动在课程性质、学生学习、教师教学、课堂文化四个维度下，具有一些独特的视角。

其一是课程性质维度下的环境视角。环境是户外活动开展的场所和载体，是活动开展的基础。其二是课程性质维度下的安全视角。营地课程的户外性和活动性特点，决定了活动的风险性，决定了营地活动教育必须时时刻刻地把安全放在心上。其三是学生学习维度下的合作学习视角。因为完成一个个活动任务就是合作学习的过程。其四是教师教学维度下的合作教学视角。营地活动课程常常是若干教师合作完成的。其五是课堂文化维度下的教师能力视角。多彩生动的活动，教师是校外营地教育真正的可持续发展的核心力量，校外营地的教师要有全能型的、专业的核心素养和能力，有力量有性格，能说会唱，才能引领活动，完成各项教学组织任务。本文对这五个视角逐一论述。

二、听评课不同维度下的不同视角

（一）课程性质维度下的环境视角

校内教育学生可以在屋子里面上课，可以安装空调；而户外就是营地的大课堂，是自带大自然空调的。环境包括活动中的一切人和事，环境既是活动的场所，也是教育信息的载体，环境因素强烈地影响户外活动。因此营地教育活动，必须关注其环境，有目的地选择合适环境，根据环境特点采取适宜的教学方式。

观察校外营地组织活动，首先看教师对环境的选择。安全、适宜、优美、敞亮是环境选择的原则。

观察教师根据温度、采光、通风等天气状况，采取相应的教学形式。如果大冬天，一群孩子席地坐在石板上一个小时，会是什么滋味？宁可教师面向夏阳冬风，也要学生适当避开过度的炎热和寒冷。冬日暖阳避风处，夏日炎炎大树下，讲的就是天气与环境的选择。

观察活动场地是否满足需要。有多少人要坐多大的地方，有多大的地方能坐多少人，本文给出一个经验数据，可以用学生的人数除以 3，粗略作为学生坐下的场地面积。除了坐下的面积，还要有基本的活动面积，要根据活动的实际需要来确定。

观察场地的安全性。注意活动安全，远离危险区。水面、高处、坑凹、拐角、锐角物、生锈物等都要提醒学生小心，尽量避免学生在活动中横穿马路……

（二）课程性质维度下的安全视角

营地活动教育，必须时时刻刻地把安全放在心上。活动听评课的一个独特视角就是活动的安全控制。

环境选择。君子不立危墙之下，对活动环境一样适用，即不要选择有危险的场所。不要靠近深水河边，不要靠近拐角高坡，防范高空坠物。

器材。检查活动器材，保证其安全适用状态。

热身。每天早上第一档活动开始，需要做热身运动，让学生无论从精神上还是身体上都兴奋起来。学生在进行剧烈的身体协作活动前，应当做好了热身运动。

注意事项。主讲教师应将安全注意事项讲清楚，在营地活动中，每个活动的安全防范措施都不完全相同。注意事项包括禁止性动作和预防性动作，也包括相应的反应意识。

总之，听评课的观察要点是，教师在活动中是否做到了足够的安全防范措施。

（三）学生学习维度下的合作学习视角

营地教育活动，是学生群体完成一个个任务，也是一个个合作学习的过程。营地活动的教育目标，就是借助一个个合作学习过程达到的，因此合作学习是营地教育听评课独特的观察视角。可以说，营地活动的组织，就是为了促进并提高学生们的合作学习。从这个视角出发，可以观察活动组织者是否有效地促进了学生的合作学习。

合作学习的第一步，就是学生的分组。分组的过程中，应考虑到学生的知识、能力、个性和性别的差异。

从合作学习的角度，观察教师是否为学生的合作学习提供了必要的、足够的支持。例如，一个小组有 9 名学生，该发几张定向越野的地图呢？本文建议最好发 3 张，每 3 人共用 1 张，这样可以保证所有的学生能同时看清楚地图内容，同步获得信息。

为了促进合作学习，教师是否给予学生必要的思考和讨论时间？如何引导学生思考，解决学生的分歧？如何引导活动反思，促进经验的总结和认知的提高？

我们可以把促进合作学习的水平，看成教学活动水平的一个指标。

（四）教师教学维度下的合作教学视角

校内听评课，听的是一个老师的教学；营地听评课，常常看到若干教师合作组织教学。例如，定向越野课程，就有主讲、布点、协助、巡视、统分等角色分工；拓展徒手营救活动，有主讲协调、上方保护、下方保护、热身、登记等分工。对这类课程进行听评课，可以从合作教学的角度进行观察。

从这种独特视角出发，听评课要观察整个教学集体而不是个别主讲老师，观察集体的教学合力而不是个别老师的突出表现，观察教学纪律和教学默契。

观察主讲老师的核心作用。主讲老师是活动的中心，其他老师要围绕并配合主讲老师的行动，主动维护主讲老师的威信。主讲老师在讲的时候，其他老师是否作为一个整体出现在学生面前？是否给予主讲老师积极有力的回应和配合。

观察教师们的配合与默契。在保护学生安全时，是否密切合作，不出漏洞。如果出现一个老师照顾不过来的情况，其他老师是否能马上补台，弥补出现的漏洞。

总之，这个视角要求考察教学集体而不是单独个人。

（五）课堂文化维度下的教师能力视角

铁打的营盘流水的兵。教师是校外营地教育真正的可持续发展的核心力量。校外营地的教师要有全能型专业的核心素养和能力，有力量有性格，能说会唱，才能够比较流畅顺利地完成各项组织任务。

营地教师的形象和气质很重要。与校内教育相比，校外营地教师对体能要求更高，对坚强阳光的气质有偏爱。言传身教，潜移默化。为了完成一些保护动作，教师必须身手敏捷有力，才能做好保护。身体强健，乐观大方的营地老师，他一个眼神、一句歌声、一个身姿，就能带动学生们。

观察一个教师的心理承受能力。高空拓展项目如断桥、空中抓杠等，培养学员的冷静、果敢的能力。但作为教师，为了进行拓展高空保护，无论男女，本身必须要有坚强的体能和冷静的心理。

观察教师的鼓动能力。有的老师说话平平淡淡，有的老师说话则富有幽默和风趣。优秀的老师说完话，学生会积极地去行动。

观察教师的安全意识，安全事项是否在主讲时向学生交代清楚，对出现的安全问题能否及时制止，出现各种情况能否及时有效地应对。

教师的引导分享的能力。当学生发生分歧后，教师要能排争释怀，确定前进方向。活动之后，通常进行交流和分享。教师要能提出问题，引导学生发言，讲出心里话，让集体获得心理共鸣。

三、总结

以上是本文比较校内外教育的不同，基于营地活动教育的特点，对校外营地教育的专业听评课作出的探讨。抛砖引玉，请专家指正。

参考文献

［1］崔允漷 . 课堂观察——走向专业的听评课［M］. 上海：华东师范大学出版社，2013.

［2］刘宗保 . 改进听评课方式，促进教师专业发展［J］. 教书育人，2014（4）：28-30.

［3］杜虹 . 课堂观察：走向专业的听评课［J］. 辽宁教育，2018（3）：41-43.

校外营地活动课程科学导入的策略

朱伟青

摘　要: 校外教育相较于学校教育，具有较大的灵活性，其课程的实施也存在灵活性。可灵活性的校外教育课程在导入环节中往往存在导入方式单一、导入流于形式等问题。本文通过各类课程科学导入的分析与反思，总结校外营地活动课程（以下简称营地课程）可通过趣味性、启发性、新颖性、针对性、简洁性这五种策略进行科学导入，以期达到个人乃至营地预期的课程教学效果。

关键词: 营地课程；科学导入；策略

一、营地课程的概述

一直以来，营地教师始终将“自主、合作、体验、创新”的教育理论融入营地各门课程中，一线教师艰苦卓绝的开拓精神和勇于实践反思的作风，开发并实施了一批育人效果显著的营地课程，落实了立德树人的根本任务。

随之，近两年研学实践和公共安全实训加入营地素质教育体系中，使营地课程呈现出更加完整性、系统性、优越性的特征，这主要得益于以下几方面：第一，营地改变传统的教学模式。营地深入研究校外教育的课程性质和特征，引导一线教师探索出多样的课程教学模式，主要是以学生为主体，激发学生的主动性，提高学生的参与感；第二，营地丰富课程的导入方式。营地的课程大多数是以学生活动为主，为激发学生的学习兴趣，一线教师在多年的教研中探索出营地课程的科学导入方式，如通过近期社会焦点、青春期等话题情境导入课程。

二、营地课程科学导入的策略

课程是教学改革的主要载体，为教学改革取得成效，课程导入也是至关重要的。本文基于个人丰富的课程导入经验，总结出营地课程科学导入的几种策略。

（一）趣味性的课程导入

著名教育家巴班斯基认为：“一堂课之所以必须有趣味性，并不是为引起笑声和浪费精力，趣味性应该使课堂上掌握所学材料的认识活动积极化。”

每一节课都要面对不同的学生，为保证课程有效进行，一般情况下，教师都采用比较有趣的寓言故事进行课程导入，以激发学生的求知欲。如在礼让通行拓展课程中，为引导学生积极参与活动，教师可以通过一则小故事导入课程。一把坚实的大锁挂在铁门上，一根铁杆费了九牛二虎之力，还是无法将它撬开。钥匙来了，它瘦小的身子钻进锁孔，只轻轻一转，那大锁就“啪”地一声打开了。铁杆奇怪地问：“为什么我费了那么大力气也打不开，而你却轻而易举地就把它打开了呢？”钥匙说：“因为我最了解他的心。”教师可以引导学生在课程中通过技巧和默契体验活动。

（二）启发性的课程导入

苏霍姆林斯基说：“如果教师不想办法使学生产生情绪高昂和智力振奋的内心状态，就急于传授知识，那么这种知识只能使人产生冷漠的态度，不动情感的脑力劳动就会带来疲劳。”

野外生存课程非常具有挑战性和创造性，在课程导入中，教师要激发学生敢于尝试、敢于挑战，才会让这门课程增添色彩。如在露营课程中，教师通过与学生讨论露营需要准备哪些个人装备、搭帐篷需要注意哪些事项等问题，让学生头脑风暴参与到这门课程中，深入了解到露营需要准备背包、帐篷、睡袋、防潮垫、水壶、手电、雨具、餐具、衣服、刀、药品等装备，以及搭帐篷应遵循“背风高地、少乱石空旷处”的原则。

再如徒手营救课程，对学生身体协调性与配合能力要求很高，学生的参与激情极其高涨。为保障学生的参与激情不降低，教师往往在课程导入时，引导学生在紧急时刻能够保护自己，启发学生在面对危险时，要分清事情的轻重缓急，作出正确的判断和抉择。可见，启发性的课程导入，会引发学生深思、激发学生发散性思维。

（三）新颖性的课程导入

赞可夫曾说：“不管你花费多大的力气给学生解释掌握知识的意义，如果教学工作安排不能激起学生对知识的渴求，那么这些解释仍将落空。”

识图用图课程是一门受学生追捧的课程，我们经常看到定向拓展在森林或公园等空旷场地进行。基于营地比较空旷、安全的教学场地，加上独具特色的设计风格，营地能顺利开展这门课程。

但由于活动范围广，学生往往在活动没有开始前，内心已经有排斥心理。为消除学生的排斥心理，教师在导入识图用图课程时，可以将世界环境日作为主线，引导每一位学生做大自然的使者来完成识图用图任务，教会学生如何在大自然中把握自己，爱护自然，遵守安全规则。此外，识图用图课程是一门可量化课程，这必然会引发学生之间的竞争，通过世界环境日为主线来引导学生在自觉保护自然环境的前提下，进行良性竞争。

（四）针对性的课程导入

营地课程的实施对象大多数是中学生，对于新班集体的融洽性还在摸索中，集体观念有待进一步加强。为保证课程的有效进行，教师往往面对小班级的课程会有针对性的导入，如采用游戏导入，建立轻松愉快的团队氛围，逐步引导学生参与课程等。下面以几种融冰课程为例：

1. 圈地运动

请学生讨论以下问题：

（1）联系：规则定完后，如有异议，如何权衡利弊？

（2）讨论：目标是什么？是否可行？会考虑时间与空间因素吗？

（3）反馈：班主任布置完任务，没讲清楚怎么办？是执行还是询问？应该问谁，问班主任还是身边的同学？怎么问？

（4）反思：同一句话，不同的人理解程度不一样，那作为班干部该如何对待？

如何形成有效的反馈机制？

2. 寸土寸金

请学生讨论相关问题：

（1）消失的岛屿可惜吗？（生活中有没有这种情况？怎么去选择？如何看待“为什么做事会有得有失”这个问题？）

（2）规定换位的人数，如3男3女，如何确定小组的人员？

（3）个别学生过程中有被抛弃过，可能会情绪低落，如何调节情绪与释放压力，可以讨论分享。

3. 团队建设

请学生拓展以下内容：

（1）确定本队的队名、队歌、标志（logo）、队形、口号。

（2）寻找话题、增进了解、学会沟通、学会包容。

选取一个或两个实施内容能拉近学生之间距离，培养团队意识，对后面的活动主题就能非常自然地进行过渡。班级的团队协作意识又一次得到升华，使得同学间的友谊更加牢固。只有针对性的导入课程，才能满足学生的需要，实现课程的科学性、有效性。

（五）简洁性的课程导入

由于个人、环境和天气等原因，教师可能会遇到气氛不太活跃的班级，这种情况下，一般都会以直接的提问方式逐步引出活动的科目，如防空警报课程中，教师首先会问这是什么？其次，引导学生思考“洞”的作用有哪些？最后，引导学生思考如何在第一时间安全地进入和出来，安全注意事项有哪些？简洁性的课程导入是教师引导学生在特定的活动场地进行情境教学，学生在思考中收获知识和技能，从而调动学生的主观能动性，激发学生的积极性。

三、总结

正所谓教无定法，贵在得法。不管是哪一种课程导入方法，贵在根据学生的身心发展特点以及课程的性质和特征，选取适当的课程导入方法，优化教学过程，取得良好的教学效果。

参考文献

[1] 巴班斯基. 论教学过程最优化 [M]. 北京：教育科学出版社，2001.
[2] 苏霍姆林斯基. 给老师的建议 [M]. 北京：教育科学出版社，1984.
[3] 赞科夫. 教学与发展 [M]. 北京：人民教育出版社，1985.

浅谈校内教育与校外教育的衔接

顾汝屹

摘　要：校内、校外教育的发展一定是相辅相成的，以上海市青少年校外活动营地——东方绿舟为例，就能很好地展示这一成果。

关键词：研学实践；国防素质教育；发展

一、校外教育的作用

众所周知，青少年校外教育是我国教育事业不可缺少的组成部分，作为实施素质教育的重要途径，青少年校外教育的活动一直存在着，它在全社会推进和加强青少年德育建设的大背景下还有着培养创新精神和实践能力的重任。

二、校内外教育的现状和期许

我经历过太多的校内教育，而今有幸置身于校外教育的环境下，有了一些感受和优化建议，以收集到的资料和文献来说明校内外教育的现状和期许。

第一，求同存异，发展共识。无论是校外教育还是校内教育，我们都统称为素质教育，或者说是素质教育不可或缺的一部分。校内外教育的强强联手才能使青少年平衡发展、全面发展。为此，校外教育工作者要与学校老师一样终身学习，通过学习、观摩、听课、座谈、探讨、交流等有效形式亲身体验，以学生的全面发展为基础，更直接深入地学习新课改在校内教育中的具体实施情况和深入程度，根据实际发展进行有效地学习认知和改变。所以校外教育都是以校内教育为原型进行的授课，知识点的不同旨在拓宽学生的学识层面，如上海市青少年校外活动营地——东方绿舟（以下简称东方绿舟营地）。国防素质教育一般在学校内只能是一种看得见摸不着，无法实际体验的课程。而在东方绿舟营地中，学生们可以畅游在航空母舰中，在实际操作如教官的指引下学习、感受、体会我国的国防力量，对于国防素质教育的认识更上一层楼。

第二，发展优势，凸显互动。这个就要说到校外教育的优势了，教师可以把不同地域的特点作为课堂知识点来教学，让学生在活动中、体验中学习，从而保证学生的学习和体验两不误。而校内教育的优势在于学生对于学习这件事的注意力集中、目的性明确，往往不用教师督促就会主动学习。校外的教育者们更应该丰富课堂内容，增加活动兴趣，以此来激发学生的学习兴趣。

发挥自我长处是校外教育比较明显的优势，作为全国示范性青少年校外活动营地，东方绿舟营地深入学习贯彻习近平总书记系列重要讲话精神，秉承“创新、协调、绿色、开放、共享”的发展理念，针对不同年龄层次学生个体发展的差异性，设计了针对不同学段共14条精品研学线路和24门研学课程，涵盖了历史雅趣、红色意趣、国情教育、国防志趣、生态野趣五大主题板块，旨在帮助中小学生了解国情、热爱祖国、开阔视野、增长学识，着力提升学生社会责任感、文化认同感、文化自信、创新精神和科学探究精神，并在研学实践过程中增强学生自主自立、团结协作和有效沟通的能力，在组织模式上体现自主、合作、体验和创新的统一。

三、校内外教育衔接的措施保证

校内教育和校外教育在教育取向、要求、需求和方式几个方面都有差异，所以两者对于青少年的发展缺一不可，把青少年校内教育和校外教育有机衔接起来是青少年全面发展的必然需求。对于校内外教育衔接的措施保证，我认为有以下方面：

1. 思想保障

众所周知，在校内外教育中，德育一直是在不断探索、不断深入学习探究的过程，而且我们都知道现在学生的心理健康问题逐渐得到重视，这就意味着更多的教育从业者需要心理咨询资格的认证。心理健康是一个很大的议题，如何进行健康有效的心理建设是我们需要共同努力的！现如今比较成熟的校外教育就是上海市高中生的国防素质教育，开学后每周都会有部分高中来上海市青少年校外活动营地——东方绿舟进行学习和实践，东方绿舟营地各部门相辅相成，共同为上海市学生的全面发展而努力。

2. 人员保障

事业要发展，人才是保障。如何采取有效的专业人才培养措施、落实各项制度，这是亘古以来的话题。在我看来，一是要与当地区县教育部门进行合作培训，让校内外教育从业者在一起培训。内容主旨在于如何培养学生的全面发展，在有限的时间、场地中，可以邀请两方教师进行说课等活动，提高两方的认知，相互磨合、相互促进。二是要进行多种方式招聘，将各种领域的人才集中到校外教育的事业中来。发展中的校外教育是一个大容器，能容下更多不同领域的人才。我们并不知道以后会需要什么，在需要到来前我们要事先准备好课程的研发和实践，这是提前量的问题。而要解决这个问题，就必须有各专业领域的人才补充。

四、总结

校内外教育的有效衔接，不仅能够很好地促进学生全面发展，同时也可以提升教育从业者的全面发展。校外教育还在发展，现在的它需要更多的可能性，而这种可能性更多的是两方或三方共同努力的结果。在大环境下，我相信校外教育会不断地开拓创新，校外教育的教学质量、教学水平会不断地提高。我们不止要做开创者、引路人，我们更要为了全中国的校外教育发展而努力！

参考文献

［1］孙德会. 小学数学教学中师生互动的优化［J］. 中国校外教育，2016（14）：37.

［2］中国教育学会少年儿童校外教育分会. 中国校外教育工作年鉴（2009—2010）［M］. 昆明：云南人民出版社，2011.

营地研学实践中开展积极心理健康教育的研究

师卓希

摘　要：如何有效地发挥研学实践的育人功能一直是教育界研究者关注的议题，积极的心理健康教育在这种情况下走入教育者的视野。在研学实践中，研学导师对学生的鼓励、支持和引导等都属于积极心理健康教育的范畴。本文将从必要性、育人功能、途径与方法三个方面探讨上海市D营地在研学实践中开展积极心理健康教育的可能性，以期探究研学实践的育人途径。

关键词：积极心理健康教育；研学实践；育人途径

一、研学实践的理论依据

研学实践作为实现综合育人的途径之一，其关注的主体为参与实践的学生，因此，如何在研学实践过程中科学有效地育人、促进学生的健康发展始终是教育界最关注的课题之一。研学旅游的核心在于教育功能的实现，要想最大化地发挥研学的教育功能，必须引入科学合理的教育教学理念和运用先进的教学机制。积极心理健康教育在此情况下开始进入教育界部分研究者的视野，被其认为是以学生为本、深化研学实践教育内涵、探究研学实践育人途径的有效方式之一。

我国学者孟万金于20世纪末期在积极心理学的基础上，提出了“积极心理健康教育”的观点。他认为，积极心理健康教育是指以人的向善性为价值取向，根据教育对象的生理、心理发展特点，通过积极的内容、方法和手段，从正面发展来培养个体的积极心理品质，预防各种心理问题，促进个体身心全面和谐发展的教育活动。与传统心理健康教育仅关注有心理问题的个别学生不同，积极心理健康教育面向的对象是所有学生，旨在通过积极的引导激发每个学生的潜力，解决其一般性心理问题以及为良好人格的发展奠定基础。

上海市 D 营地（以下简称营地）作为全国首批示范性营地，注重通过积极心理健康教育的方式在研学中充分发挥学生的主观能动性、激发学生潜在能量与动力。以下部分以营地研学操作为例，阐明在研学实践中开展积极心理健康教育的必要性、重要性及途径与方法。

二、研学实践中开展积极心理健康教育的必要性

（一）学生的心理发展特点要求研学中开展积极心理健康教育

参与研学实践的主体为中小学生，其心理特点一般表现为好奇心强、稳定性差；有一定的自主性，但反抗性和依赖性兼备。这些心理特点说明学生的可塑性较强，要求长辈、教师在发现学生有心理问题时及时疏导，一般状况下要注重对其引导，激发其诸如勇气、合作、自我调整、自我关怀等心理因素，奠定良好的人格发育基础。

（二）研学实践的内涵要求研学实践中开展积极心理健康教育

研学实践具有教育性、实践性的原则，研学实践的性质和内容决定了研学过程是对学生开展积极心理健康教育的天然场域。研学实践作为校外综合育人的途径，学生的实践能力、自主能力、团队合作能力等可能呈现出与在学校时不一样的状态和水平。因此，研学实践是教师更加全面了解学生对其进行因材施教的机会，积极心理健康教育在此将发挥巨大的引导指向作用。

（三）研学实践的特殊性要求研学实践中开展积极心理健康教育

因为研学实践是走出校园，将旅行和学习相结合的实践活动，因此具有一定的风险性。这就需要在研学的过程中，研学导师和相关的负责人注意观察学生可能出现的心理状况并作出及时的反应。将积极心理健康教育渗入研学实践中，可以更好地保障学生的安全，提高研学实践的社会认可，促进研学实践的深入健康发展。

三、研学实践中开展积极心理健康教育的育人功能

研学实践中开展积极心理健康教育的主体是研学导师，对象为参与研学的学生，其根本目标是通过对学生实践过程中的行为状态进行观察、引导、调整与刺激等，培养学生良好的心理素质，推动研学实践的有效开展，使学生的认知、情感、意志、人格等方面在研学过程中得到不断优化和完善。

（一）激发所有学生的主观能动性

面向全体学生的发展即需要关注和努力“激发所有学生心理和精神强健有力、生机勃勃的状态”，而不应仅关注学生的心理疾病或只关注部分表现突出学生的心理特质。在研学课程中，通过主题鲜明、内容形式多样的实践、体验活动使所有学生参与其中，激发学生的主观能动性。

（二）预防心理问题的产生

需要注意研学实践中的积极心理健康教育不是长期的对于心理疾病的治疗，其重点在于心理疾病的预防。积极心理学发现，人自身存在着具有缓解心理疾病作用的人格素质和力量，诸如勇气、毅力、信心、恒心、乐观、坚强、理性、自我关怀能力、情绪觉察力、学习能力等等。研学实践中，通过识别和增强人们身上的这些积极人格力量，就能够有效地对心理疾病进行预防。

（三）开发学生潜能

在研学实践过程中，教师应通过学生在各类情境下的实践、状态、发言等表现发现、开发学生无限的心理潜能，增强其自我调控、承受挫折、适应环境的能力，培养健全的人格和积极的心理品质；关注和培养学生的非凡才能，充分发挥学生的能动性与创造力，强化人格优势。

四、研学实践中开展积极心理健康教育的途径与方法

研学实践中积极心理健康教育的开展需要学校、教师、研学导师、家长等多方面的协助，但本文所探讨的主要是在研学实践过程中开展积极心理健康教育的途径与方法，因此本文着重从研学点与研学导师的角度来论述。

（一）科学合理地设计课程、路线，增加学生积极情绪、情感体验

“积极情绪与某种需要的满足相联系，通常伴随着愉悦的主观体验，并能提高人的积极性和活动能力。”因此，研学实践就是要尽可能地开发科学有效、主题内涵丰富的课程与线路，增加学生愉快体验的情感，再通过回忆、讲述、分享等方式关注这些愉快情感，进行积极情感的再体验，激发做事的需求和兴趣，促进新一轮愉快体验的产生，实现“螺旋式上升的情感体验”，以此来促进学生的认知和心理素质的发展，提高学生应对挫折、压力等消极情绪的能力。

（二）适时正确地教育、引导，实施积极心理干预

研学实践是学生走出校园，通过集体旅行、集中食宿方式展开学习和体验的活动，这对于现代大多数家庭的独生子女来说是一种挑战。在研学实践中，研学导师应对学生开展积极的心理干预，主要表现为对于研学主题（如红色革命、科技创新等）的引导与阐释，对于学生个体积极心理要素如自信、乐观、勇敢的激发以及对于学生出现的争执、误解进行合理地解决等。

（三）多元开放地评估、评价，挖掘积极潜能

研学实践不同于校内教育，关注的不仅是学生知识技能的习得，还有学生在实践中整体表现出的行动力、责任感、自主水平等。因此，在研学对于学生的评估中，要特别注意免于落入应试教育的窠臼，应以多元的评价体系对学生进行评价，注重形成性评价，充分肯定学生的主动性和内在潜能，促进学生积极人格的培养。

参考文献

［1］白长虹，王红玉，段兴华．以优势行动价值看待研学旅游［J］．南开学报（哲学社会科学版），2017（1）：151–159.

［2］孟万金．论积极心理健康教育［J］．教育研究，2008（5）：41–45.

［3］李笑燃，陈中永，段兴华．论高校积极心理健康教育体系的构建［J］．内蒙古师范大学学报，2014，27（9）：9–12.

［4］王贺，陈健芷．对当代大学生实施积极心理教育简论［J］．教育探索，2011（3）：131–133.

研学旅行：培养学生核心素养的新思路

王　佳

摘　要： 发展中小学生核心素养，培养学生终身发展和社会发展必备的品德与技能，是落实立德树人教育根本任务的重要措施，是不断进步的社会发展对劳动人才的新要求。中国人民大学附属小学赴上海市青少年校外活动营地——东方绿舟开展的研学实践活动以国防教育与安全实训为主题，要求学生走出学校，走进红色历史，暂别校园，贴近社会，对培养学生核心素养有着积极的作用。

关键词： 核心素养；研学旅行；学生

2016 年 11 月 30 日，教育部等 11 个部门联合发布了《关于推进中小学生研学旅行的意见》，正式将研学旅行纳入中小学教学计划。

上海市青少年校外活动营地——东方绿舟（以下简称营地）作为教育部公布的第一批全国中小学研学实践营地、教育部重点示范营地之一，肩负着全国中小学生研学实践的重任。此次中国人民大学附属小学（以下简称人大附小）研学实践活动以国防教育与安全实训为主题，由营地的教师教官全程带队，要求学生走出学校，走进红色历史，暂别校园，贴近社会。

一、国防教育课程，培养学生爱国情感

“读万卷书、行万里路”。研学旅行与校内课堂教育不同，它是一项实践活动，利用各地现有的一些自然和文化资源，通过参观、讲解等方式的学习，可以增强学生自身的知识储备，培养个人的审美情趣，培养爱国情感。

“国无防不立，民无防不安。”大国的崛起离不开国防的发展，营地拥有国内资源最充实的国防教育园，国防教育园以仿真航空母舰为标志，展示了各式各样的

大国重器。在中国兵器博览馆里，学生们通过体验模拟射击，感受中国兵器的快速发展；通过观察潜艇内部复杂的机械结构，认识我国国防科技的强大。

二、体验公共安全教育实训基地，培养科学救护能力

无论是日新月异的现代科技，还是源远流长的古代文明，要想形成自己的独立思考体系，只有实地去实践、去感受。

公共安全教育实训基地坐落于营地园区内，采用一系列先进的人机交互技术，使学生掌握安全知识与技能。各类安全技能诸如地震逃生、现场急救等不再是课本上直白空洞的知识点，而是通过模拟真实情景，在“真学”“真演”“真练”中得以“真会”。

科学精神，是学生综合素养的重要内容，要想形成自己的科学意识，就必须钻研学习科学知识，熟练运用科学技能。公共安全教育实训基地的研学课程有利于学生掌握科学的应对灾害的方法，在各种灾害中自救以及救人。比如，在轨道交通馆，学生通过安检、自动扶梯、地铁事故等多项实训，掌握常见应急措施；在道路交通实训馆，学生通过坐上模拟汽车，掌握正确的出行方法；在 4D 模拟体验馆，借助各种特殊设备，学生体验海啸、地震、空难等事故带来的后果，并学习正确的预防和应对措施……公共安全教育实训基地先进的人机交互技术让学生通过感知和体验，无形中培养科学意识和探究精神。

三、营地拓展课程——独立自主，增强合作能力

学生对自己的管理，是自主发展的重要内容，学生做到主动学习，才能达到自主发展的目标。

整理内务，是学生在营地学习独立自主的第一课，在研学导师的教授下，学生学习内务知识，并自行成立自管会，对内务、晚间就寝情况进行管理。

营地拥有丰富的拓展课程资源，研学期间学生们参与了趣桥世界、智慧大道等拓展课程。在趣桥世界课程中，学生们尝试着挑战每一座风格迥异、难度系数不同的桥梁，每当有同学快坚持不住时，周围总有人在加油鼓劲。在研学导师的启发下，

同学们分组讨论沟通，尝试找到最优方法完成任务。从缩手缩脚到默契无间，从小心翼翼到得心应手，学生们寓学于乐，在实践中发展自我。

四、感恩教育，培养理财能力和感恩之心

此次研学实践活动也安排了营地园区以外的活动，包括上海浦东展览馆、城隍庙等研学点。在外出过程中，学生在研学导师的积极引导下，养成良好的理财能力，通过规划自己的可支配资金来为家人购买礼物。学生在外出课程中体会守时的重要性，培养对自己负责、对集体负责的良好品质，在研学中学会自主管理。

百年大计，教育为本。研学旅行是探究体验性学习的实践活动，是教育活动中不可缺少的组成部分，也是全面推进中小学生素质教育的重要途径。

五、总结

综上所述，研学旅行在培养爱国情感、培养科学救护能力、培养独立自主团结协作能力、培养理财能力和感恩之心四个方面对学生有着积极的作用。营地作为教育部重点示范营地，有力地促进了中小学生核心素养的培养，推动了我国素质教育的发展。

参考文献

［1］中华人民共和国教育部．关于推进中小学生研学旅行的意见［Z］.2016.

［2］陈晓颖．我国研学旅行基地建立的现状分析［J］．新智慧，2018（22）：1.

［3］胡铁贵．发展研学旅行对我国中小学生核心素养培养的重要意义［J］．当代教育实践与教学研究，2019（18）：218–219.

新时代视域下基于青少年国防教育的几点思考

——以营地国防教育为例

徐　峰，干辰启

摘　要： 当前，我国正处于和平年代，国富民强、国泰民安。但是无论处于何种环境，国防教育都永远要抓牢、抓稳。对青少年开展国防教育，有利于促进青少年的忧患意识，提升民族的凝聚力，更好地储备国防人才。为此，如何做好国防教育应成为当下社会不断探索的课题。毕竟青少年的人生观、价值观、世界观处于初步建立阶段，国防教育应扮演重要角色，引导青少年学习国防知识，全面客观地认识国防问题。因此，营地或基地要加强青少年国防教育的总体规划，创新教学手段，汇集社会资源，拓宽教育途径，切实提升国防教育教学效果。

关键词： 青少年；国防教育；创新发展

一、把脉青少年国防教育的特点

青少年学生在心智发展、学业负担、社会环境等方面都与成年人等其他国防教育受众群体有很大的不同，在青少年国防教育创新和发展的过程中，必须充分考虑此阶段青少年学生成长和学习的个性特点。

（一）青少年阶段是人生观、价值观、世界观的初步建立阶段

青少年阶段的国防观念和意识塑造尤为重要，这个阶段的学习引导可以使青少年学生对于国防问题形成基本的认识和价值取向，对于其在后续阶段能否顺利接受

进一步的国防教育有着重要影响。调查发现，若在青少年阶段受过良好国防教育的学生，在大学期间对于国防教育的参与性就比较高，大学期间参军的意识强烈；而在青少年阶段没有受过良好国防教育的学生，对于国防和军事问题的学习兴趣则明显较弱，即便是能够参与其中，也由于缺乏足够的前置知识储备，难以形成有效激励和互动。

（二）营地国防教育应扮演重要角色

青少年学生的学业负担比较繁重，自由支配时间相对有限，此阶段青少年学生往往更加关注与升学考试密切相关的学科知识的学习，在其他方面拓宽视野、提升思维、发展体能技能的主动性并不是很强，对于跟自己未来升学乃至职业规划并不是密切关联的国防知识并不十分感兴趣。因此，青少年阶段的国防教育首先必须要充分利用好学生的校外时间，营地或基地必须构建科学完备的国防教育课程体系，并起到扮演重要角色的作用，为提升青少年国防观念创设有利的平台。上海市青少年校外活动营地——东方绿舟作为青少年国防素质教育的重要基地，无论是师资力量还是课程资源，在国防教育中都扮演着重要角色。东方绿舟自创建以来，国防素质教育得到了全国各地兄弟同行的追崇，很多基地人员慕名前来参观学习。

（三）教官需要引导学生全面客观地认识国防问题

青少年学生的自主学习和理解鉴别能力相对较弱，营地或基地的国防教育在丰富学习资源和选择范围、强化学生主体地位的基础上，需要教官正确的指导，对学生在诸多国防教育资源中起到引路的作用。尤其在互联网信息良莠不齐的大环境下，青少年学生的是非辨别能力往往显得比较弱，此时需要教官对学生进行及时引导，以免互联网中各种不利于形成正确国防观念的负面影响因素形成大面积传播。东方绿舟营地的教官在军事训练的同时，加强对学生军事素养的培养，这在“国旗班的故事”“我心中的老班长”故事中得以体现。

二、厘清青少年国防教育体系

2014 年颁布的《全民国防教育大纲》对各阶段青少年国防教育的目标要求和内

容体系作了初步规范，提出了一些比较明确的要求，这些规章制度为中学阶段国防教育的未来发展指明了方向，营地或基地必须以此为依据厘清中学阶段国防教育的目标和内容体系。

（一）总体目标方面

青少年学生应当注重培育爱国主义精神和国防观念，掌握必要的国防常识，接受系统的国防教育，除了进一步强化爱国主义、集体主义和革命英雄主义精神之外，还需要根据新时代的发展不断更新国防观念，通过一定的军事体技能训练掌握必要的国防知识与技能。不论时代如何发展，国防教育都不能背离其根本目标和宗旨，任何教学内容和方式方法的创新发展，都必须围绕增强国防观念、提升民族自信和增强国民凝聚力这些根本目的。这一点，在东方绿舟的国防教育课程体系中尤为突出，东方绿舟着眼未来，在课程设计上突出大国重器的课程，如无人机课程、航海航模等，为国防教育的未来发展趋势指明了方向。

（二）细化国防教育课程内容设置

青少年学生通常已经具备了对于国家领土主权的基本认识，熟知国旗、国徽、国歌、党旗、军旗等基本要素，对于民族英雄、革命先烈的光辉事迹有诸多了解。具体来讲，青少年学生的国防教育需要增加人民军队、中国国防历史、国防科技知识等国防与战争常识的内容。营地或基地应根据新的国防教育大纲的要求，针对学生的特点和需求，经常开展丰富多彩、形式活泼的国防教育活动，全面提高学生的国防知识水平和军事技能，培养学生的爱国情怀和尚武精神。

（三）多元化教学模式

营地或基地的国防教育应当做到教学内容通俗易懂、教学形式活泼多样，注重课堂教学与国际形势的有机结合。高中阶段除了开设专门军训以外，还应该多开展国防教学课程，开展学生军事训练，并将训练考核成绩记入学生学籍档案。多组织学生开展国防教育主题活动，例如军事夏令营以及军事知识竞赛等。当然，在日常教学中，营地或基地也应该融入相关国防知识和国防观念，形成长期潜移默化的影响。

三、创新青少年国防教育途径

改革开放以来，青少年国防教育已经形成了较为系统的机制，并且取得了较为明显的成效。但随着国际形势的日益严峻，国家安全面临的环境日益复杂，对于国防教育的要求也在相应提高，需要我们不断探索新的方式和途径。

（一）完善青少年国防教育的总体规划

目前，青少年国防教育无论是在教育管理层面还是在学校层面都缺乏清晰的顶层规划，由此导致青少年的国防教育基本上是游离于学校的整个教学体系，导致学生不重视、老师难作为，理论地位与实际地位严重背离。青少年国防教育应该和其他学科一样，同样需要制订具体规划和长效机制，将国防教育融入整个义务教育学科体系当中，这样才能真正从体制机制层面解决国防教育的定位和效果问题。作为国防教育营地应发挥其指挥棒的作用，衔接好校内教育与校外教育，为国防教育创造更好的平台。

（二）加强和改进青少年国防教育

明确国防教育的教学大纲，规定了青少年学生在什么阶段应该掌握什么知识点，具体的评价如何。但是目前国防教育还缺乏这种具体的、长时间跨度的、具有较强可操作性的总体规划，没有明确规定青少年学生在什么时间段应该具体学习哪些理论知识和军事技能，要达到什么样的学习标准。这就导致了不同的地区乃至同一地区的不同学校，在国防教育方面存在很大的不平衡性。国防教育需要其他诸多领域的知识支撑，因此国防教育的效果在很大程度上取决于与其他课程知识体系的相互衔接和配合。目前来看，国防教育与其他课程结合联动不密切。国防教育实施者虽然意识到要将国防教育与其他课程相结合，但是具体结合什么、怎么结合，并没有规范性的标准，具有很大的随意性，营地或基地应着手课程标准化，做到有的放矢。

（三）创新国防教学手段

国防教育不同于青少年所学的其他学科课程，它既具有一定的学科知识性，也具有思想政治教育的特点。国防教育教学应该优化教育教学手段，营地或基地应借助多媒体，在教学过程中对其加强运用，提升运用空间，开发更多优秀的国防教育多媒体素材，从而提升课堂教学效果。

（四）拓宽国防教育途径

营地或基地应开发适合青少年群体阅览的国防教育网络资源。随着互联网的发展，国防教育资源不可谓不丰富，但大部分资源并没有充分考虑低龄学生的阅读需求。因此营地或基地迫切需要针对中学生的思维模式和阅读习惯，开发建设一些适合青少年学生阅读和互动交流的软件平台和相关资源，加强与社会资源的合作与互动，通过合作的方式，拓展国防教育资源。调查发现，青少年学生对游戏非常感兴趣，通常具有自然的亲近感，营地或基地在课程资源开发方面不妨发挥军事类游戏的积极作用，更好地挖掘军事类游戏的潜在功能。美国等发达国家除了把军事游戏作为军队开展日常教育训练的重要手段之外，还将其作为吸引社会年轻群体关注国防和军事问题的重要媒介。

参考文献

［1］高秀用 . 抓好全民国防教育应注重把握的两个环节［J］. 国防，2018（7）：74–75.

［2］丁生军 . 发挥中学地理课程的国防教育价值［J］. 教学与管理，2013（10）：57–59.

国防教育中进行情感教育的探索与研究

马金琐，张　宏

摘　要：国防教育在培养和提高学生素质方面发挥着不可替代的作用，有利于学生学习军事高科技知识，增强国防观念，开阔视野，改善知识结构，活跃思维方式，让学生树立正确的世界观、人生观、价值观，培养学生爱国主义、集体主义精神，增强学生组织性、提高纪律性和身体素质，从而为国防建设培养人才、为军队培养预备役军官和储备高素质后备兵员。

教官是国防教育中的引领者，教官在教学中的一举一动都会影响学生。教官如何关注学生的情绪变动、内心情感、学习态度，是提升国防教育成效的关键一环。学生心理问题的疏导、困惑的答疑、自信的树立，已成为情感教育的关键问题。培养学生独立而健全的人格，使学生成为社会发展需求的复合型人才，更是情感教育的实践目标。

关键词：教官；情感教育；实践探索

一、当今社会情感教育现状

情境教学的本质是运用积极的情感，激发学生兴趣，推动学生在这种情境的感受中去主动地学习。在我国，情境教学主要以情感教育和愉快教育为主，愉快教育主要强调教学方法的多样化，以激发学生的学习兴趣等；情感教育虽然起步晚，但是越来越多的专家和学者已经关注到了校外教育、职业教育中情感教育的运用问题。

二、情感教育的内涵

情感教育表现在教学上即是师生之间教学互动过程中产生的心理反应，正如三维教育目标中的情感态度价值观的目标，教师需要在课堂中融入德育元素，用自己的行动去感染学生，课堂上除了传授知识与技能之外，情感态度价值观的教育目标也是课堂的主要部分。情感教育是教学目标实现的重要途径之一，在课堂上只有融入真实情感去感染学生的教育才是有生命力的教育，才能真正引起学生的共鸣。

三、教官应该有情感教育方法及职业情感

新时代下的学生法治观念、民主观念、自我观念增强，吃苦受累的思想意识弱化。现在很多家庭都是独生子女，集体观念淡薄，喜欢自由自在的生活方式，个性独特。因此，在教育上教官要多下工夫，让他们明白纪律性和严肃性，养成良好的生活和学习习惯。通过在国防教育中进行情感教育，磨炼学生意志、提高其心理承受能力，激励学生养成吃苦耐劳的品质和战胜挫折、克服困难的信心和勇气。教官应做到“三心一管”：

（一）诚心感染学生，引导学生成长

教官是学生国防教育中的引导者，是学生了解国防知识、增强国防意识的第一启蒙老师，因此，教官的言谈举止会给学生带来深刻的影响。

身教重于言传。教官要理清带队思路，在生活中、带队时严格要求自己，自律自强、率先垂范，建立良好的个人形象，培养人格魅力，对自己的教官身份在情感上要有认同感，对教学工作要充满激情，积极主动地提升自身的业务水平和道德修养，达到教书育人和道德情操的完美统一。以身作则、做好表率、热爱国防，做一位符合为人师长要求的好教官，这是教官对国防教育事业的诚心，也是对学生的诚心。

（二）爱心感化学生，营造良好氛围

由于国防教育在校外进行，心理脆弱的学生在陌生的环境往往容易敏感，此时，教官应该多关心学生的生活，让学生在离开家庭时依然有来自身边人的关怀，从而内心上不再寂寞。教官还要主动和学生谈心、聊天，不能高高在上、摆架子，否则学生就会觉得有距离感，不愿意听取教官的教导。

要将部队严明的纪律用关心爱护和对他人负责的态度灌输给学生，需要真正把

学生当成自己的家人，树立“一家人”的思想。教官扮演好家庭中的角色，可以是一个严厉的“父亲”，也可以是个温和的“父亲”，家里人有错，须及时纠正，姑息迁就会造成家庭的不和谐，要把学生的想法尽量统一到一起，懂得为“家”争得荣誉，和学生一起营造“大家庭”的良好家风。

（三）耐心倾注学生，注重因材施教

不同的学生经历不同，性格不同，承受能力就会不同，一些人思想上进，另一些人思想懈怠，需要在教学管理上因人而异，充分挖掘每一位学生的潜能，需要教官耐心分类，因材施教。对待善学、善听的学生要直接说教；对待聪明灵活但又怕苦怕累的学生要适时地抓一抓，注意褒贬有度；对待不爱说话的学生要多去询问、聆听，走进他们的内心世界，让他们感受到关爱。除此之外，教官还要善于观察学生们的作风士气和精神面貌的变化，懂得在不同阶段针对不同的现象纠正问题；面对不同类型的学生，针对孩子们的课堂反应适时调整课堂策略和课堂反馈；面对缺乏自信的孩子，给予孩子们及时的鼓励；面对骄傲自满的孩子，适当给予批评指正也很有必要。因此，从情感上给孩子们适当的引导是课堂顺利进行的必要保证。

此外，教官还应该公平、公正地对待每一位学生，发现学生的长处和优点，并加以充分的肯定和激励，让他们感到教官带给他们的专注和情感，从而激发他们对国防教育的兴趣。

（四）科学规范管理，丰富情感教育

剑虽利，不厉不行；材虽美，不学不高。将“关心爱护”与“严格管理”兼顾好，这对新教官尤为重要。

新教官刚从部队退役，带队经验匮乏，与学生互动不足，遇到问题可能会不知所措，但只有将部队里“科学带兵、以情带兵”的要求融入国防教育，以情感感染的方式去带领学生成长，方能起到事半功倍的效果。

总之，教官对待学生要十分爱心、十分耐心、十分诚心，再加上适当的管理方法，才能在情感上不断调动学生的积极性，建设一个充满爱的大家庭。

四、总结

作为国防教育的教官，应具有社会责任感、使命感和职业认同感，全身心地投入国防教育事业中。情感教育不仅仅是知识传播的媒介，更会对学生人生观、世界观、价值观起到很大的影响，教官应该深刻领会情感教育在学生成长中的作用，身体力行去实践、反思和总结，从学生的身心特点出发，将国防教育技能和知识传授给学生，在情感方面更要以自己的行动和表现去感染身边的学生。

参考文献

［1］朱小蔓．情感教育论纲［M］．北京：人民出版社，2007.

［2］朱建童．高职院校学生情感教育探讨［J］．南昌高专学报，2011，26（2）：107–108.

青少年国防教育与红色文化的融合策略

詹士妹，陈大利

摘　要：国防教育对于帮助青少年树立正确三观尤为重要，关于国防教育，我国相关法律法规都作出了明确界定，国防教育是中学阶段的重中之重。但是，在各类因素的影响下，青少年普遍缺乏国防意识，这一现象令人担忧。从国家发展、青少年成长要求来看，做好国防教育尤为必要。本文从红色文化着手，分析红色文化的价值，探讨青少年国防教育与红色文化的融合策略。

关键词：青少年；国防教育；红色文化；融合

开展国防教育，既是学校的重任，又是全社会的共同责任，随着各个学校的重视，青少年国防教育的理论、实践研究逐步丰富，国防教育穿插至各门学科的教学中，受到了青少年的认可与欢迎，但是，由于国防教育的发展时间尚短，在实践环节，也遇到了诸多新问题。而为了应对国防教育缺乏特色的问题，学校可结合所处地域的红色文化、地域资源有步骤地推动国防教育与红色文化之间的融合，利用历史资料、革命遗址、影视资料、红色歌曲等创新国防教育内容。

一、红色文化的价值

所谓"红色文化"，即革命时期的"人""物""事""魂"，是人民在我党领导下，从革命到改革开放时期创造的革命精神财富及其载体，是中国人民与人民军队在革命时期凝结的优良传统，也是培育青少年社会主义核心价值观的宝库。红色文化在国防教育中的应用有几个显著优势：

首先，见证历史。红色文化在中国共产党发展、壮大的过程中产生，汇聚了成长的点点滴滴，也是我党成长的重要历史见证。实践证明，只有坚定不移地走社会主义道路，才能够真正挽救中国。将红色文化融入国防教育，能够激发出青少年的爱国主义情怀，也有助于巩固中国共产党的执政地位，坚定青少年对党的信赖度与忠诚度。

其次，传承文明。红色文化凝聚了一代代中国共产党人的革命精髓，是激励青少年矢志不渝、主动进取的精神支柱，是实现中华民族伟大复兴的重要文化资源之一。

最后，励志育人。红色文化倡导崇高的道德情操与思想境界，也是培育青少年民族观念的载体之一，将红色文化渗透至国防教育，能够让青少年在寓教于乐中深受熏陶，坚定其信仰、启迪其灵魂，促使青少年珍惜如今的幸福生活，更好地履行自身职责。

二、青少年国防教育与红色文化的融合策略

早在 2011 年，中共中央、国务院、中央军委就下发《关于加强新形势下国防教育工作的意见》，明确提出：必须高度重视，采取有力措施，加强国防教育工作。在人才培育上，习近平总书记提出了“三位一体”模式，要求以“文化熏陶人”“真理说服人”“中国精神武装人”，从而让国防思想可以内化于心、外化于行，唤起青少年的民族危机感与忧患意识。基于此，在国防教育与红色文化的融合上，也要掌握方法。

（一）让红色文化与国防教育内容深度结合

让红色文化渗透至国防教育内容中，旨在利用这一重要资源丰富、扩展国防教育内容，而教材无疑是开展国防教育的首要资源，为此，我们倡导让红色文化进教材，深度提炼红色文化资源，对重点内容进行整合、开发，尤其要突出区域红色资源，形成专门的校本内容或者专题讲义。国防教育可以通过微课等技术手段引入鲜活、真实的案例，让红色文化实实在在进入校园，让学生了解本地建设历史，亲历革命先辈们的不易，从而自觉将理想追求、个人成才与国家前途命运相连，通过红色文化消除历史与现实之间的隔阂，让国防教育不再是空洞的理论知识，而是鲜活的案例，让青少年能够切身感受。

（二）让红色文化在校园文化中生根发芽

校园文化属于校园建设的灵魂所在，与课程一起承担育人重任，校园文化与课程内容不同，对学生的影响是潜移默化的，对其品德、个性塑造均有一定影响，要让青少年主动接收红色文化，显性力量固然重要，隐性力量也不可或缺，我们倡导将红色文化、校园文化结合，丰富文化内涵，以发挥校园文化的教育作用。

一方面，让校园文化根植于当地特色文化中，体现出“区域文化”“红色文化”内涵，发挥革命光荣传统的激励作用与影响力。利用地理优势，因地制宜地融入当地红色文化，建立“文化长廊”“区域革命陈列馆”；让校园文化与各类国防教育活动密切结合，在“清明节”“建党节”“建军节”“国庆节”“全民国防教育日”“中国海军诞生日”等重要时间节点举办丰富、多元的校园文化活动，通过各类渗透方式弘扬红色文化，唤醒青少年对于红色文化的自觉性。

另一方面，发挥线下阵地与线上阵地作用。线下阵地，即传统的“主题海报”“专题栏目”等，利用宣传栏开辟专门的“红色海报”、谈谈最近发生的“国防事实”，组织学生参与关于红色文化的文艺汇演活动、歌唱竞赛、红色经典阅读活动等。线上阵地，即微信、微博、抖音等新媒体平台，新媒体语境下的校园文化，有了更为丰富的内容，新媒体也为校园文化活动的开展提供了广阔空间，新媒体语境下的校园文化不受时间、空间限制，能够通过丰富的教育资源引导学生树立正确的思想观念。如在校园微信公众号中，增设与“红色历史”“革命伟人”相关的推文，用图文并茂的方式呈现爱国精神，让国防教育变得生活化、常态化，充分利用好现有的移动阵地，通过线上、线下结合的模式促进校园文化、红色文化之间的深度结合。

（三）在军事训练中渗透红色文化

军训是学生开学必不可少的一门课程，也是渗透红色文化的有效场所，身着军装的教官们用红色文化、红色精神现身说法，能够帮助青少年打好人生底色。在青少年入学军训上，可以将红色文化作为出发点，由教官、校领导为青少年上好首节国防教育课，以“牢筑信仰”“坚定理想”“弘扬爱国主义”为切入点；组织“军训手抄报竞赛”“唱响时代红歌”“红色印记图片展”等系列活动，弘扬革命传统，继承红色精神，引导青少年学习革命先辈的优秀精神。

（四）创新国防教育技术手段

红色文化本身有着丰富的内容，而红色资源也是典型的复合体，包括物质形态、非物质形态。物质形态如各类革命标语、文献文物、革命故居、革命遗址等，非物质形态如革命精神、革命历史、革命事迹等等。国防教育与红色文化的融合，要讲究方法，让学生能够真正与红色资源对话。真正的教育，不仅要关注受教育者有无获取到知识，还要关心他们的体验和追求，因此，在国防教育与红色文化的融合上，也要创新教育技术手段，应用时下流行的各类技术手段丰富学生的体验。如借助微课、翻转课堂、慕课等，让爱国主义与国防教育的结合贴近青少年、贴近生活、贴近实际；可以应用“多微模式”，以培育爱国主义情感为主题，从“微”上着手，针对性开展实践活动，借助微课堂、微视频、微剧场等渠道丰富国防教育内容，借助微信公众号开展学习平台，将线上教育、线下教育相结合，丰富国防教育的方法与渠道。

三、总结

我国的国防建设，包括国防物质基础建设、国防精神基础建设和武装力量建设等方面。只有国防物质的基础，没有国防精神力量，就筑不起抵御外侮的钢铁长城。随着网络新媒体不断兴起，不良社会思潮时有涌现，在校青少年普遍存在国防意识薄弱、社会责任感和使命感缺失等问题。红色文化能够让青少年的思想、行为受到潜移默化的影响，从而树立正确的思想观念，自觉将个人理想、社会发展相结合。我国有着丰富的红色文化资源，将红色文化资源与国防教育相融合，弘扬红色文化精神，能够创新国防教育内容，激发青少年共同构筑“中国梦”的爱国热情。

参考文献

［1］马耀斌．依托地域红色文化资源推动国防教育纵深发展——渭南师范学院国防教育活动途经探索［J］．渭南师范学院学报，2014，29（8）：80-83.

［2］罗歆歆，陈弘．大学生国防意识的现状调查与对策研究——基于南京市 6 所高校的调查分析［J］．教育现代化，2018，5（18）：272-273.

［3］管恩江．初中国防教育的现状与对策研究——以诸城市为例［D］．烟台：鲁东大学，2016.

关于东方绿舟研学实践的几点思考

何　锐

摘　要：东方绿舟是上海的青少年校外活动营地，有着丰富的校外教育资源、组织管理经验和成熟的课程体系。近年来，东方绿舟在研学实践的工作中一边探索一边前行，取得了较大的突破，成为教育部认定的全国研学示范营地。本文从研学实践的背景、辐射对象、组织形式、课程设置、主题系列和后勤保障等方面对东方绿舟研学课程展开论述，阐述研学实践，挖掘课程内涵。

关键词：研学实践；课程设置；组织形式

一、研学实践的背景

2016年11月，教育部等11部门印发了《关于推进中小学生研学旅行的意见》（以下简称《研学意见》）。《研学意见》要求全国各地要以立德树人、培养人才为根本目的，以预防为重、确保安全为基本前提，以深化改革、完善政策为着力点，以统筹协调、整合资源为突破口，因地制宜开展研学实践活动。

东方绿舟是上海的青少年校外活动营地，在全国有一定的知名度和影响力。东方绿舟有着丰富的校外教育资源、组织管理经验和成熟的课程体系。近年来，东方绿舟在研学实践的工作中一边探索一边前行，取得了较大的突破，成为教育部认定的全国研学示范营地。

二、东方绿舟研学实践的辐射对象

目前，东方绿舟接待的研学实践的师生来自全国各地。东方绿舟作为研学示范营地，服务学生范围立足上海市，联合长三角地区，辐射全国，并适当面向海外。

东方绿舟接待的学生年龄层次以中小学生为主，但对于不同年龄层次的学生，研学目的应有所区别，设计的研学课程应能较好地适应研学目的。不论针对什么年龄层次的学生开展研学实践活动，其宗旨均应体现立德树人的根本目的。

三、东方绿舟研学实践的组织形式

东方绿舟加强与全国各研学营地和研学基地的密切合作，以各研学营地和研学基地为纽带，连接学校和师生，组织实施外地学生到上海来、上海学生到外地去的各类研学活动。

对于上海市学生，在当前国防教育组织的成功模式上，东方绿舟与区县和学校合作，集中组织学生开展校外教育活动，适当地组织上海市学生前往全国各地开展各类研学实践活动。

对于上海市以外的学生，东方绿舟与外地的研学营地和研学基地集中组织学生开展校外教育活动，以东方绿舟为研学大本营，组织学生赴上海市主要研学点，开展一些特色研学活动。

四、东方绿舟研学实践的课程设置

（一）明确研学实践目标

按照《研学意见》的要求，组织学生开展研学实践活动，要落实立德树人根本任务，要帮助中小学生了解国情、热爱祖国、开阔眼界、增长知识，着力提高他们的社会责任感、创新精神和实践能力。在活动中让广大中小学生感受祖国大好河山，感受中华传统美德，感受革命光荣历史，感受改革开放伟大成就，增强对坚定“四个自信”的理解与认同；同时学会动手动脑，学会生存生活，学会做人做事，促进身心健康、体魄强健、意志坚强，促进形成正确的三观，培养他们成为德智体美劳全面发展的、合格的社会主义建设者和接班人。

（二）凸显学生核心素养

研学实践的各类活动课程设置应从学生知识、技能、情感、态度、价值观等多方面考虑，综合体现学生六大素养，包括人文底蕴、科学精神、学会学习、健康生活、责任担当、实践创新。课程的设置还要实现为了每一个学生的健康成长，促进每一名学生获得成功生活，并适应学生的个人终身发展以及社会发展的目标。

（三）培养和践行社会主义核心价值观

研学实践活动的组织与实施，可以培养青少年对社会主义核心价值观的理解与认同，使得中小学德育教育的时代性、规律性、实效性得以实现。在课程设置中，研学实践活动可以充分融入学生德育元素，加强中华优秀传统文化的教育，在活动实施中加强公民意识教育和生态文明教育、心理健康教育和网络环境下的德育等等。把课程育人、实践育人、文化育人和管理育人作为有效载体，重视活动组织的方式方法，加强组织领导，强化协同配合，完善督导评价，促进学生健康成长。

（四）课程设置

东方绿舟组织的研学实践，对参加对象在年龄、知识结构等方面有一定的要求，并按一定的分类组织开展。入营前需由相关学校和单位按照东方绿舟的要求提供每一个学生的信息，东方绿舟根据学生信息进行预分析，制订相关课程。

课程可以是全部在东方绿舟内部组织开展，也可以是集中前往上海市内研学点或国内其他研学点开展。外出的研学实践活动，在课程设置时一般都需要安排部分在东方绿舟营地内，为学生前往研学点提前铺垫，在研学结束后进行有效的回顾与回访。

为外出研学实践活动设置的课程，对外出的准备工作尤为注重。组织形式一般是集中讲授，介绍研学活动的安排，使学生提前了解研学点的相关知识与文化，提前建立研学目标。组织形式也可以是在东方绿舟开展一些拓展活动，以活动为载体，在活动中融入相关信息，建立研学目标。

研学结束前，组织一次测评，了解学生在此次研学中的收获，以及检验研学目标的完成情况，后期跟进一些回访的工作。测评一般是书面的、可量化的，也可以是一些主观的评价。

五、东方绿舟研学实践的主题系列

结合上海的城市背景及东方绿舟自身和周边资源，东方绿舟组织开展的研学活动，可以包含以下几个系列，其中每个系列包含若干个研学点。具体组织开展研学活动时，根据学校或学生研学目标和活动需求，从各个系列主题中选取合适的研学点，组合成研学实践路线。研学点作为东方绿舟储备好的研学菜单，可以根据不同学校的研学目标，制订各种研学路线。

（一）欢乐梦想系列

上海迪士尼乐园、上海欢乐谷、东方明珠等知名场所，是上海的代表性景点，也是外地学生非常期待研学的地方。这类研学点能够让学生沉浸到欢乐的海洋中，感受祖国大好河山，也能够切身体会到上海改革开放取得的伟大历史成就，是中国梦的体现，也个人梦想的起点。类似这类欢乐梦想系列的研学点，还有玛雅海滩水公园、锦江乐园、热带风暴、长风海洋公园等，这些都可以甄选列入东方绿舟研学点菜单。

（二）红色教育系列

上海是中国共产党诞生的摇篮，拥有若干的红色教育资源，其中数中共一大会址纪念馆最具代表性，其他还有中共二大会址纪念馆、团中央机关旧址纪念馆等，这类研学点可以让学生感受革命光荣历史。红色教育系列研学点还有淞沪抗战纪念馆、龙华烈士陵园、外滩历史纪念馆、国歌展示馆、中共四大纪念馆、上海解放纪念馆等。

（三）高新科技、先进制造业参观体验系列

高新科技、先进制造业参观体验系列是最能让学生感受到改革开放伟大成就的，也是上海制造品牌的展示。上海光源中心、上海超算中心等都是张江高科技园区的典型高科技研究院所，能够展现中国高科技的高度。中国商飞研究院等一批重大科研平台也是上海先进制造业的集中体现，还有金桥开发区、莘庄工业区、闵行经济技术开发区等园区的重点单位都可以列为研学点。

（四）城市文化遗产系列

城市文化遗产系列的研学活动，可以帮助中小学生了解国情、热爱祖国、开阔眼界、增长知识，也是上海文化品牌的展示。这类研学点有外滩、豫园、城隍庙、朱家角古镇、七宝古镇、枫泾古镇、南翔古镇、田子坊、上海博物馆、上海自然博物馆、上海城市历史发展陈列馆、上海新天地等。

（五）城市现代化、金融系列

上海是世界金融中心，我们可以组织学生去感受上海城市的快速发展，感受金融之都的现代化，比如去乘坐磁悬浮列车、到南京路步行街走走，到陆家嘴、上海环球金融中心、上海科技馆、上海城市规划展示馆、上海世博园、上海当代艺术博物馆、上海中心大厦等地方去看看，实地体会一下。

（六）航运、贸易系列

上海是国际航运服务中心，组织学生前往上海外高桥保税区、陆家嘴金融贸易区、洋山保税港区等地实地研学，可以让学生深切感受到祖国的强大，感受中国建设中国制造的强大，感受改革开放伟大成就，增强对坚定“四个自信”的理解与认同。这类研学点有浦东机场综合保税区、上海中国航海博物馆、浦东机场博物馆、董浩云航运博物馆、江南造船博物馆、海军上海博物馆等。

（七）户外野外活动系列

户外野外活动系列的研学实践活动，可以更好地让学生动起来，在活动中动手动脑，学会思考，边研边学；学生在活动中学会生存和生活，学会做人和做事。这类研学点有上海辰山植物园、上海野生动物园、东平国家森林公园、崇明岛国家地质公园、上海植物园、佘山国家森林公园、西沙湿地公园、上海海湾国家森林公园等。

六、东方绿舟研学实践的后勤保障

开展研学实践活动，首先要确保安全，并购买相关保险。做到活动有方案，行前有备案，应急有预案。

东方绿舟主要负责活动总体设计及研学课程的组织实施。东方绿舟作为全国研学示范营地，凭借十多年的校外教育经验，在活动组织中，有责任有能力保障全体师生的安全。

东方绿舟可为研学实践的师生安排经济实惠的地球村学生公寓，也可在东方绿舟酒店安排更为舒适的住宿。所有往返东方绿舟营地及活动点的市内交通均委托给第三方有资质的单位实施。东方绿舟营地内部的用餐由营地学生餐厅统筹安排，东方绿舟以外的营地用餐委托第三方有资质的单位实施。

校外教育中开展国防教育的重要意义及策略

刘　洋

摘　要：国防教育作为社会主义文化建设的重要组成部分，在中国特色社会主义事业总体布局中处于极其重要的地位。习近平在十九大中提出："我们要加强全民国防教育，巩固军政军民团结，为实现中国梦强军梦凝聚强大力量。""我们的军队是人民军队，我们的国防是全民国防。"增强全民国防教育观念，提高国防教育意识，是全民国防教育的重要方面。在学校中开展军事理论及训练课程，有效利用校外教育的条件资源，是学生接受国防教育、爱国主义教育的有效措施和必要环节。

关键词：校外教育；国防教育；策略

一、校外教育中开展国防教育的必要性

在学校教育中，开展国防教育是提高学生政治素质的重要载体，国防教育的主要方式为军事训练和军事理论学习。校外教育作为学校教育的补充，在对学生的教育发展过程中起到相辅相成、相互配合的作用，做好校外教育中的国防教育工作，可以顺应当前素质教育的需求。形式多样、内容丰富的校外教育，可以让学生在实践中接受国防教育，例如扎营、模拟射击、紧急救护、潜艇参观、军事定向、火炮操作等，这些在学校教育中都是无法体验的。校外教育可以凭借自身良好的硬件设施和独特的教学理念，对学生进行实践教育，让学生通过实践活动，达到国防教育的目的。

二、学校教育中开展国防教育存在的问题

（一）学校对国防教育的重视程度不够

“应试教育”仍然是学校教育中存在的一个重要问题，对学生成绩、排名、考试的片面重视，使学校忽略了学生的全面发展，片面重视应考学科，忽视学生的素质教育。许多学校将国防教育的开展停留于表面的理论学习，流于形式，缺乏系统的教学、统一的国防教育教材和规范的课程体系，国防教育的形式较为单一，多数以队列训练为主，教育形式缺乏创新性。

（二）国防教育的师资力量不足

随着国家对国防教育的重视，国防教育已经成为学校里必不可少的课程。与此同时，国防教育教师的需求显著增加，但是学校中缺乏专业从事国防教育的老师，尤其是对中小学来说，国防教育的老师多是兼职，他们可以进行军事理论的教学，但是对于军事技能等实践课程缺乏专业性，对于学生的教学不能确保达到实际效果。

（三）国防教育的保障制度不够完善

新生军训是学校进行国防教育的重要措施之一，但是随着对军训要求的提高以及军训学生的增多，军训工作的保障难度也逐渐增大。军训场地有限、军训教官数量有限等，多数学校的军训就是在操场上进行队列训练，造成军训难以达到预期效果。

三、校外教育中开展国防教育的意义与优势

（一）可弥补学校教育对于国防教育的缺失

校外教育拥有独特的教学条件、开阔的场地、较为完备的国防教育设施、专业的国防教育教官，国防教育的课程设计能够利用校外教育场所的特点和规律，发挥校外教育的课程优势。例如课程开发设计以学生为主体，以学生感兴趣的内容为基础，

重视学生的感受和体验，强调学生的多元化发展。相比于学校教育中国防教育的单一性和片面性，校外教育中的国防教育更具有多元性和创新性。

（二）可充分利用校外教育的资源优势

与学校教育固定的课堂、固定的教学内容相比，校外教育无论是教学场所还是教学内容都具有得天独厚的优势。校外教育在国防教育课程设置的过程中，可以利用营地课程的特点和规律，发挥活动课程的优势，达到“知情意行”的统一。从学生的兴趣培养、个性发展、能力锻炼等方面出发，强化校外教育的育人功能。

（三）可实现学校教育与校外教育的良好对接

校外教育是学校教育的补充与延伸，在学校中无法完成的国防教育课程，在校外教育中可以得到良好的实施。因此校外教育应加强与学校教育的有效衔接，积极推进学校与校外营地的合作，共同开发国防教育的课程。

四、校外教育中开展国防教育的策略及建议

虽然和平与发展仍然是时代的主题，但并不意味着和平是绝对的和平，每个人都要具有忧患意识，在和平的环境中学校应加强对大中小学生的国防教育，增强学生的国防意识。学校教育可以发挥其校内师资队伍的优势，加强对学生国防教育理论知识的教育，与此同时，校外教育营地要利用自身条件，增加国防教育的创新性、开发具有校外教育特色的国防教育课程、加强与学校的沟通联系、充分利用社会资源等，做到学校教育与校外教育的有效结合，开辟国防教育学校与校外教育场所的新型合作模式。

（一）增加国防教育的创新性

国防教育作为学生思想政治工作的一部分，在进行国防教育的过程中，一定要将思想政治教育融入其中，增强国防教育的创新性。校外教育应注重开展大型活动，由于校外教育在师资队伍、教学场所、教学素材等方面比学校教育具有显著优势，因此，校外教育利用“八一”建军节、“十一”国庆节、“全民国防教育日”等特

殊节日，组织学生开展大型的爱国主义教育活动，并与国防教育相结合，如参观革命战争纪念馆、军事纪念馆等，对学生进行爱国主义教育。国防教育还可通过媒体宣传增加活动影响力与宣传范围，以点及面，使更多人意识到国防教育的重要意义，增强国防教育观念。

（二）课程开发建设中结合校外教育特色

校外教育不同于学校教育，既没有统一的教学书籍，也没有可供参考的教学大纲，在这种情况下，校外教育就要充分利用社会资源和自身资源优势，按照“活动课程”理论依据，建立自己的课程体系。例如可根据各年龄阶段学生的身心特点以及学校教育的需求，注重学生的全面发展，创建国防教育为主的课程体系。

（三）加强与学校、社会单位的联系

校外教育营地要积极整合学校、社区、文化教育机构等的校外活动资源，探索建立校内校外有效衔接的工作机制。校外教育营地可以充分利用社会资源，将社会资源纳入国防教育活动中，将红色资源融入现代国防教育中，从经典战事、战斗英雄等历史中获取灵感，通过文艺表演等活动形式传达历史，影响学生，增强学生国防意识、爱国情感。

（四）通过“复训”巩固军训长期效果

虽然许多学校会将对高一新生或者大一新生军训放在校外营地，通过专业的教官队伍进行军训，但是由于军训时间短暂，多为五天或者一周，很容易使军训沦为“走过场”，结束以后，学生就把军训抛到脑后。即使取得了短暂的效果，但是如果不加以巩固，军训的目的与意义也只是浮于表面。因此校外教育可以根据学生实际情况，与学校进行沟通，对学生每年进行“复训”，使军训成为一项长期的课程，巩固军训效果。

五、总结

在新时代强军梦的背景下，要加强对大中小学生的国防教育，就需要探索不同

的路径。学校除了必要的国防教育课程，还可以充分利用校外教育的资源，做到校内校外相结合，学校与校外营地相互补充，校外营地与社会单位相互配合，创新国防教育新形式，提高国防教育的有效性与影响力。

参考文献

［1］罗立新，丁飞．大学生国防教育的意义、内容及其素质教育功能［J］．安徽电子信息职业技术学院学报，2003（6）：10-13.

［2］马安勤，陈敏．高校大学生国防教育的意义、现状与对策［J］．辽宁行政学院学报，2009（1）：113-115.

［3］李卫衡．高校国防教育途径研究［D］．长沙：中南大学，2006.

［4］余明江．论地方高校党校开展国防教育的意义及工作策略［J］．长春理工大学学报（社会科学版），2011，24（6）：101-103.

兵器博览馆在全民国防教育中有效育人模式的探究

祝雪君，胡　锐

摘　要：国防教育基地是全民国防教育的中坚力量，其中的兵器博览馆是实现全民国防教育的有效资源。但目前的国防教育存在“广而不深”、针对性不强等问题。此外，兵器博览馆在全民中的普及率不高，影响力不广。本文拟以受众为导向，通过调查法、观察与访谈法、文献分析法进行量性分析，探究兵器博览馆在全民国防教育中的有效育人模式，制订全民国防教育高效利用兵器博览馆的具体措施。本研究旨在研究全民国防教育的育人模式，将兵器博览馆这类公共资源的利用率最大化，充分实现其教育功能。

关键词：兵器博览馆；全民国防教育；量性分析；有效育人模式

一、选题的意义与国内外研究综述

（一）选题的意义

全民国防教育是指为社会全体民众所提供的国防教育。实行全民国防教育以满足全体民众的基本教育要求为目标，向全体民众普及国防知识，培训军事技能，促使全民形成正确的价值观和人生观，增强全民的国家自豪感、自尊心、自信心和凝聚力。全民国防教育的目的在于形成全民国防教育自主意识，激发全民爱国热情，强化全民国防意识，鼓励全民通过不断学习来提升自我，丰富生活的同时为国家和人类发展尽一份绵薄之力。

改革开放以来，我国综合实力日益增强，经济蓬勃发展，全民生活水平发生了翻天覆地的变化，但是全民文化素质发展与经济发展不平衡。此外，我国仍面临着复杂而严峻的国内外形势，为了使我国屹立于世界民族之林，全民国防教育的重要性不言而喻。全民国防教育的重要一环是继承和发扬中国优秀传统文化，只有如此才能让全民不被外来文化冲昏头脑，真正做到取其精华、去其糟粕。我国全民国防教育的有序开展需要国家、教育基地等多方的共同努力，也需要充分利用各种资源。

兵器博览馆是一种公共资源，它馆藏丰富，拥有完善的军事装备。因此，它是全民国防教育的有力推手，尤其在青少年的国防教育中扮演着举足轻重的角色。走进兵器博览馆，仿佛置身于兵器变迁的历史长河中，我们的宗旨是“讲活武器装备，讲好英雄故事，传承红色文化”。然而，目前我国全民国防教育一直存在“广而不深”、针对性不强和流于形式等弊端。此外，不少中小学生沉迷电子游戏，将兵器发展历程的了解视为“无用论”。面对这些现实，我们必须要反思全民国防教育中的方式方法，并适时调整，这对于提高民众国防意识和树立爱国思想具有重要意义。和平与发展是世界一直以来追求的主题，处在和平年代的今天，我们更应该居安思危，密切关注“国之利器”的发展。

（二）研究的价值

本文拟通过访谈、调查问卷等方法来制订全民国防教育有效应用于兵器博览馆的具体措施，探究将兵器博览馆这类公共资源引入中小学教育的有效模式，实现公共资源的教育服务价值最大化，为提升国防素质教育教学效果提供有力的保障。当下，对兵器博览馆进行改革，以使其适应新时代的国防教育要求，形成多层次、高效率的国防教育网络体系，充分发挥兵器博览馆的“育人”功能，从而促进全民国防教育踏上新阶段，使其成为新时代下全民国防教育的中坚力量，这具有重要的创新意义和实用价值。

（三）国内外研究综述

兵器博览馆是人类兵器变迁史的见证，它集教育、体验、科普、展示于一体，四大功能相辅相成，使其成为全民国防教育的有力工具。有学者提出，当下的兵器博览馆要适应时代发展的潮流，适时地完善，才能充分发挥其教育功能。

顾敏（2019 年）提出，随着人类文明的发展，信息科技引导着社会公共资源——兵器博览馆迈入了数字化时代。广义上的各类博览馆，其文化及公共服务功能已不再仅局限于书籍、期刊、报纸和文献收藏的传统资源管理。现如今兵器博览馆以信息技术媒介为依托，适时加入了新鲜的元素，使得馆藏资源利用率最大化。这一与时俱进的改变，会更好地满足公众日益增长的文化需求。

何青松（2020 年）认为，拥有五千年文明历史的中国在社会政治、经济、文化不断变迁的过程中，涌现出振奋人心的红色革命优秀文化具有极大的创造性价值。兵器博览馆作为文化资源保护和传承的重要机构，将会有效地保护和传承红色革命优秀文化。

王红星（2020 年）表示，兵器博览馆应该成为蕴含着宝贵的中华优秀传统文化和红色革命优秀文化的资源集成地。在此基础上开展丰富多彩且富有吸引力的社会教育活动，会使得兵器博览馆教育功能中的文化传播作用加强，可以进一步发挥优秀文化影响力的积极作用。

国外也日益重视国防教育，有些国家甚至采取立法等手段来强制推动国防教育的有序开展，足以证明国防教育的重要性。

英国的国防教育，以《民防法》为法律依据，以全民为对象，主要内容包括爱国主义教育、基本防务知识和相关法律等。

俄罗斯国防教育的核心是培养公民的爱国精神以及服务国家、保卫国家的意愿，由国家、学校、军队和社会 4 个层面配合展开。

在瑞典，国防教育以全民为对象，只要在预备役范围内，无论王公大臣还是平民百姓，都必须毫无例外了解军事知识，掌握军事技能。

目前国内外关于全民国防教育的研究如火如荼，形式不拘一格；有些研究为本文提供了翔实的参考资料，为本文后续的论据和论点提供了充足的理论基础。然而，在关于“中小学生的国防教育”“有效的国防教育方式方法”等方面的现有研究中，尚未发现其他类型的社会公共资源与全民国防教育相融合的相关研究，尤其是以博览馆、博物馆等资源作为研究对象的更是寥寥无几。因此，在全民国防教育中充分利用兵器博览馆资源，制订切实可行的具体措施，即兵器博览馆的有效“育人”模式，进一步促进全民国防教育的针对性发展。

二、本研究的主要思路

（一）研究的目标

（1）本研究将兵器博览馆这类社会公共资源引入中小学国防教育，制订全民国防教育高效应用于兵器博览馆的具体措施，充分发挥其教育功能，为提升国防素质教育教学效果提供有力保障。

（2）立足受教育主体，以“从全民中来，到全民中去”为原则，提高兵器博览馆这类资源的利用率，完善和开发兵器博览馆更多“育人”功能的实施细则。

（3）增强全民的忧患意识和国防意识，颂扬中华民族文明史，弘扬爱国主义精神，推动兵器博览馆成为爱国主义教育、国防教育、科普教育的“大课堂”。

（二）研究的内容

（1）在兵器博览馆中，针对目前能够提供的全民国防教育服务项目，深入分析其中存在的不足。

（2）调查分析兵器博览馆对上海市中小学生的切实服务需求，针对性地设计兵器博览活动以达到寓教于乐的目的，以适应不同年龄阶段的中小学生。

（3）构建兵器博览馆的线上服务平台，充分利用网络渠道使受众轻松便捷了解相关知识，实现全民国防教育的全时空育人功能。

（三）研究的方法

（1）调查法。用于对实验对象基本情况的调查，主要是以问卷调查的形式进行，并对实验数据进行统计分析。

（2）观察与访谈法。观察与访谈学生在参观兵器博览馆过程中的各种表现（态度、兴趣程度、行为表现、参观反应情况等），作为分析研究的直接证据资料。

（3）文献研究法。作为研究的基础，对国防教育方面的文献资料进行搜集、整理及 Meta 分析。

总体来说，主要采用的是一种结合着量性分析的质性研究方法。

（四）实施步骤

首先以中小学生为研究对象，按上述内容确定调研提纲，其次对课程开发进行问卷和访谈调查，再对相关文献进行综合分析，从而提出课程开发的具体策略，以使兵器博览馆的资源利用率最大化。研究思路见图 1。

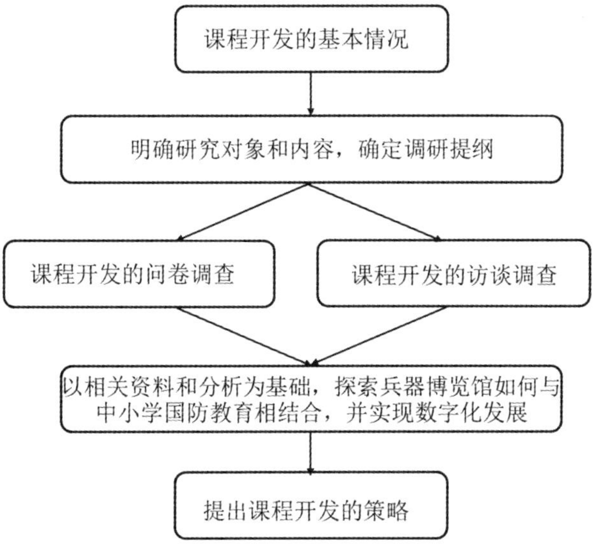

图 1　研究思路

三、关键问题和创新点

（一）关键问题

（1）现状调研，需求开发。知悉当代上海中小学生对国防教育的态度和对兵器博览馆的兴趣和需求。

（2）完善现有资源，充分创新开发。包括完善主馆建设、开发兵器博览馆文化创意展区等。

（3）优化资源建设，加强互动体验。建设数字博览馆，新建市民体验墙、市民红色文化体验日等。

（4）全体民众国防教育，多元模式并行。推出系列专题体验式教育模式、成立兵器文化体验基地联盟、实行分众性的讲解模式。

（5）线上线下联合，扩大教育宣传。与知名自媒体平台合作，实现高质量、精准化推广。

（二）创新点

本文以中共中央、国务院发布的《中国教育现代化 2035》为依托，研究包括两方面的内容：一是将兵器博览馆的资源引入中小学国防教育中，实现中小学国防教育资源的拓展；二是将现有社会公共资源进行数据化和在线化，从而保障资源的有效流通，促进国防教育与现代信息技术的有效结合。如采用 JAVA、多库设计、跨库关联、多频道动态网页生成、流媒体视频点播、VR 技术等多种现代技术手段，自主设计数据库结构，游客可远程浏览并使用兵器博览馆特色资源；灵活使用微信小程序、直播平台等媒介，不断拓展特色资源全媒体服务领域，有效填补兵器博览馆在线服务的不足。

四、研究成果

本文通过实际调研发现，目前的兵器博览馆在软件和硬件方面存在一些问题，因此需要更新软件和硬件设备，使兵器博览馆成为馆藏丰富、与时俱进的现代化展示平台。如开发智能周界提醒系统，以此来规范全民的不文明参观行为，提高管理能力；搭建无线场馆控制系统，让民众在参观时有更好的体验，让管理更加便捷。

为了使兵器博览馆更全面地发挥其“育人”功能，兵器博览馆要注入新鲜的血液。紧随科技发展的新时代潮流，兵器博览馆要旧貌换新颜。如升级改造全息投影方案，通过多通道巨幕融合和全息影像展示技术相结合，将展厅打造成国际一流的高科技展示平台。巨幕背景墙可展示精心选择的视频、动画、图表、文字等多媒体信息，滚动展示我国武器装备的发展历程。全息投影设备可以给民众带来一场关于国之重器的视听盛宴，让人们更加全面地认识新航母、驱逐舰、护卫舰等。激发起民众的兴趣，增强兵器博览馆的文化传播功能。

本文坚持“以人为本”的原则，调研了上海市中小学生对兵器博览馆的兴趣点，发现他们认为军旅生活及军事科学是特殊的、具有神秘性的、离自身的生活实际十分遥远的，因此，我们应该把重点放在深度体验上。根据上述事实，兵器博览馆需要重新设计军事体验馆的方案，设置丰富的、参与性强的互动体验环节，从而达到“寓教于乐”的目的。从空间角度出发，以认知体系成就发展空间，梳理流畅的观览路线，将军事体验馆按不同的兵种设计主题项目，向学生普及国防知识，使学生畅游于军事海洋，感受现代国防力量，了解国防意义。其次，以兵器博览馆中的展品为依托，开发实时情景教育课程。如设计探访装甲运兵车、潜望镜原理等课程，并配备专业的老师，及时解答学生在体验中遇到的各种问题。此外，让中国兵器博览馆系列国防教育课程进入学生的课堂，配合任课老师的教学活动。如在历史课堂上引导学生模拟真实的历史场景，让学生们能不忘历史、不忘初心、砥砺前行。

五、结论

本文通过问卷调查、访谈法和文献分析法来探索兵器博览馆在全民国防教育中的有效育人模式，旨在将兵器博览馆这类社会公共资源的利用率开发至最大，推动现代化国防教育体系的进一步完善。通过综合分析，本文认为应该基于目前兵器博览馆的不足之处加以改进、开拓新的课程，使其充分地施展教育功能。本文探索了一些措施，包括筛查兵器博览馆的软件和硬件设备障碍，并进行相应的整改与升级；紧随新时代的趋势，以科技引领兵器博览馆，将其打造成充满智慧的博览馆，既方便管理又给参观者带来一次与众不同的军事体验；此外，以全民的兴趣为出发点，设计丰富多彩的文化体验馆，增加参与感强的互动体验活动，紧紧抓住中小学生的好奇心，让兵器博览馆与传统课堂相结合，设计场景化教学，让学生在历史世界中遨游，使校内与校外的教育有效融合，达到学生认识兵器、铭记历史的作用。

参考文献

[1] 何青松.立德树人视域下高职院校国防教育探析[J].湖北开放职业学院学报，2020，33(4)：91-92.

[2] 王红星.美国 ROTC 培养模式对我国高校国防教育的启示——基于军民融合发展的视角[J].湖北开放职业学院学报，2020，33(3)：16-17.

[3] 顾敏.立德树人背景下高职院校学生国防教育与思想政治教育耦合初探[J].无锡南洋职业技术学院论丛，2019(17)：83-86.

[4] 赞颂辉煌成就、军民同心筑梦——上海市开展 2019 年全民国防教育日宣传活动[J].生命与灾害，2019(10)：33-35.

[5] 赵德清.深化思想认识狠抓工作落实不断开创新时代全体民众国防教育工作新局面[N].湖州日报，2019-10-08(7).

基于营地资源开发体验实践课程的探究

——以东方绿舟为例

张俊丽

摘　要：营地教育作为家庭教育和学校教育的延伸和补充，在青少年教育中担任着重要的角色。青少年教育受到政府、社会、家庭各个不同领域的重视，旨在为青少年提供全面发展的机会，让青少年能全面健康地成长。而营地教育也在不断的发展和成长，由最初的校外实践到素质教育，逐步形成营地教育的概念。这种教育模式不仅被广大家长和社会所接受，其本身也在不断成长和改善，但是在发展的过程中也出现很多弊端。随着人们对营地教育认识越来越深，现有的营地教育课程及课程体系已经渐渐满足不了孩子们的成长需求，由于社会对综合型人才培养的需求和国家强调人才强国的战略，营地教育课程内容的充实和体系的完善刻不容缓。如何构建适合青少年发展需求的、多样化、丰富性、针对性和教育性的课程体系，这是营地教育目前所面临最大的问题之一。

关键词：营地课程；资源优势；开发路径

目前，政府大力推动和推广营地教育、建设国家级营地，硬件设施已不断完善，但是软件设施尚且滞后。如何贯彻落实国家对营地教育的推动政策，推进营地教育方针的有效实施，利用营地资源优势开发新的体验实践课程，是本文研究的出发点。

一、东方绿舟课程背景及概况

“营地课程”是指以学生的兴趣为基础，以与学生学习和社会生活密切相关的各类现实性、综合性、实践性的直接经验为内容，以培养学生的创新精神、实践能力及体现对知识的综合运用为主要目的的一类新课程。营地课程主要是在国家的教育目标和教育方针的基础上，在自然环境下开展的青少年综合素质教育活动。

营地课程是指学生在学习生活中获得的知识和经验的总和。包括有目的、有计划的学科设置、教学活动、教学进程、课外活动以及环境和氛围影响。营地课程是校外教育课程的一部分。

当前，国际国内对于营地依然没有统一和明确的概念，各个国家的营地课程基于本国有不同的特色和亮点，并在互相借鉴的基础上加以创新。比如在课程设置方面，俄罗斯重视对青少年爱国主义的培养和对生命意义的探索；美国户外营地与戏剧、艺术、音乐等结合，十分注重与学校合作，利用学校场地开展夏令营；日本没有营地概念，但是有自然学校，注重促进青少年建立本国风土的自然观，在此基础上理解和传承日本文化、日本精神。

那么，作为中国特色的营地，应该发挥何种作用，该如何基于本土营地资源进行课程开发。目前的研究为数不多，多是学校的校本课程开发研究。营地教育课程开发，要求营地充分挖掘自身的自然资源、文化资源、项目资源以及营地周边基地具有实践教育价值的资源，开发出“主题＋营地特色体验项目”。

东方绿舟作为上海市教委直属事业单位，同时也作为国家研学示范营地、国家生态环境科普基地，东方绿舟营地课程体系主要包含了国防教育、公共安全、研学实践、环保科普、国际交流等课程板块，创建了以国防教育、公共安全为主题的综合实践活动，以研学实践为主题的研究性学习，以环保科普为主题的体验实践性课程。户外拓展活动丰富多彩，逐步形成了东方绿舟营地课程特色。

从课程功能上来讲，营地课程属于普及型课程；从课程时长来讲，营地课程属于短课程，以体验实践活动类型为主。总体来讲，户外营地课程内容可以构建为四横四纵十六类的结构体系，即国防军政训练、农村社会实践、生活生存体验、主题创意活动四个板块。

基于营地户外和自然的基本底色特点，以及东方绿舟国际化营地的定位，对标《中小学综合实践活动课程指导纲要》，拥有丰富资源的东方绿舟依然具有很大的课程开发潜力，而对于营地教育课程专业化的需求随着人民对于美好生活、美好教育的向往而愈发凸显，营地的价值在新时代背景下被更加放大，开发建立绿舟特色、中国特色、国际视野的营地课程很有必要。

二、东方绿舟的营地资源优势

（一）丰富的自然资源

营地机构占地面积 13.3 万 m^2 以下和投资额 1 000 万元以下均占比近 60%，超过 70% 的营地教育机构存在实践不足 5 年的现象。（数据来源：北京大地溪客）

东方绿舟面积 373.3 万 m^2，其中水域面积 133.3 万 m^2。由智慧大道区、勇敢智慧区、国防教育区、生存挑战区、科学探索区、水上运动区、体育训练区、生活实践区共八大园区组成，具备天然的水域环境、户外环境条件等。基于营地户外自然资源的特点，东方绿舟营地可以开展户外成长课程，比如营地周末攀树、渡河、拓染活动课程等，这些课程的开展正是得益于东方绿舟本身丰富的小森林、河道、湿地资源，然而并不是全国所有的营地都具备开展此类课程得天独厚的条件，东方绿舟智慧大道区的雕塑建筑构筑起营地优良的人文资源。

（二）有力的政策资源

处于长三角生态绿色一体化示范区的核心区域，结合长三角淀山湖生态修复基地的揭牌等政策优势，借助国家研学示范营地、国家环保科普基地等挂牌优势，国际营地背景优势，东方绿舟成为教育部挂牌的国际青少年活动中心。2019 年 11 月，中共中央、国务院印发《新时代爱国主义教育实施纲要》；2020 年 3 月，中共中央、国务院印发了《关于全面加强新时代大中小学劳动教育的意见》，政策支持为营地教育事业发展创设了良好的生态土壤。

（三）多元的人力资源

近年，具有不同学科背景的毕业生进入营地，比如环境工程、化学、生物、新闻等专业，东方绿舟可以进行跨学科或者基于学科背景的营地课程设计。天时地利人和背景下的营地课程开发大有可为。

三、基于营地资源的课程开发路径

基于研发部的工作思路营地课程开发的路径，大致如下：成立小组——需求评估——确定目标——编制课程——课程实施（推介）——课程审定（评价）。

成立小组：以营地研发部牵头，各一线部门教师共同参加。以营地学农课程设计为例，在研发部牵头下，研学实践部、国防教育教学部老师代表也参与其中。

需求评估：教师自发或在专家指导下，对学生的发展需要以及营地的资源进行评估，评估学生发展的需求、兴趣等，这对于营地课程设计具有直接的导向作用。另外，对应国家层面以及地方层面文件要求，确保营地课程设计与国家以及地方层面保持规范一致，但是同时又要具有营地的资源特色。如在营地学农课程的设计中，对标中共中央、国务院印发的《关于深化教育教学改革全面提高义务教育质量的意见》和《上海市学生农村社会实践教育指导大纲》，部分板块的课程在传统基础上进行了改编；同时，结合营地资源，比如野花区的插花体验课，寻梦园的植物定向课程等，都是基于营地原有资源，结合营地特色课程开发出的集营地户外运动以及劳动教育元素为一体的课程。

确定目标：根据《中小学综合实践活动课程指导纲要》，结合营地自身开发能力、资源以及课程实施条件，确定课程开发目标及方向。

编制课程：在课程实施前，课程方案制订主要包括课程目标、课程内容或活动安排，安全措施等。

课程实施：由教育研发部协同各一线部门负责具体实施课程。

课程审定：对实施后的课程进行评价，一方面来源于学生家长的反馈，另一方面来源于营地教师的反馈及教师代表、专家的评价。

四、基于营地资源的课程开发原则

（一）对标国家政策和文件精神，服务国家战略

在国家层面，对营地教育有指导意义的有《中小学综合实践活动课程指导纲要》《高级中学学生军事训练教学大纲》等；在地方层面，上海制订了《上海市学生民

族精神教育指导纲要》《上海市中小学生命教育指导纲要》和《上海市学生农村社会实践教育指导大纲》，这些文件有利于户外营地编写相关课程时，整体把握、实施课程目标与内容，做到有的放矢；确保整个课程体系框架得以不断完善，有利于营地对所开发课程的审议与管理；确保户外营地作用的发挥及营地特色的张扬，做到统一规范。比如，2020 年学农课程的设计中，东方绿舟营地严格对标国家及上海市文件。另外，2021 年国家出台了关于劳动教育实施的意见，今后在学农课程的设计与实施过程中，可以做到积极创新。

（二）符合学生家长和市场的需求

营地的课程开发要满足市场的真正需求，才有更大的空间和生命力。例如新冠肺炎疫情期间的亲子周末营课程，正是结合后疫情时代回归自然的需求和亲子关系的重塑过程。

（三）对接学校教育学科知识

课程的开发应尽可能地与青少年校内课程的学习内容相关联，同时又有别于其内容，在更为开放的时空里进行合理的延伸和拓展。营地的课程通过让青少年在校内的学习实现自然的延续，从而促使校内外的课程学习一起形成促进全面发展的合力。

（四）符合营地户外自然的特点

比如自然教育板块的课程，基于淀山湖水域，东方绿舟可以开展湿地保护、水文监测等环保科普类课程。

（五）基于教师特色，保持规范性与创新性相统一

课程开发必须合乎课程的基本要求，有目标、有内容、有方法、有评价，同时营地教师还要充分发挥自己的专业特长，充分彰显自己的锐意创新，从而开发出风格鲜明、形式新颖、深受青少年喜爱的特色课程。比如周末营活动中，营地教官发挥自己的舞蹈专长开设的湖畔瑜伽活动；研发部基于湿地保护设计的小小湿地修复师活动、植物定向活动等，都是在基于营地资源基础上，发挥营地教师多元专业特色开展实施的，做到课程规范性与创新性的统一，趣味性和知识性的统一。

基于研学实践对学生心理健康发展的探索与研究

——以东方绿舟研学活动为例

刘培琴

摘　要：现阶段，很多中小学生是独生子女，因家庭环境及社会环境的影响，很多学生的心理健康问题日益增多，中小学生心理健康教育的现状也不容乐观。而研学实践活动蕴含着丰富的心理教育资源，无论对学生的智力因素，还是非智力因素如认识自我、学会学习、合作精神、探究意识、人际交往、自我教育等方面的培养，都有着积极的作用。研学实践是促进学生心理健康发展的重要途径，具有内在逻辑性和实践可行性。但研学实践教育活动中存在的问题也不容忽视。研学目标偏离、学校和研学实践基地/营地不能有效衔接、缺乏整体规划、缺少专业的研学实践指导老师、对学生安全问题的担忧顾虑、缺乏家长的理解和支持等，严重制约了研学实践对学生心理健康发展的积极作用。本文以东方绿舟“与国同梦　你我担当”研学实践活动为例，对研学实践促进中小学生心理健康发展进行分析，以问题为导向提出针对性的改进策略，提升研学实践实效，推进中小学生身心健康。

关键词：研学实践；心理健康

一、背景及其意义

（一）研学实践是当前教育领域的重要课程

2013 年发布的《国民旅游休闲纲要（2013—2020 年）》（以下简称《纲要》），

是我国首部有关研学旅行的国家级政策文件，《纲要》提出要“逐步推行中小学研学旅行”的设想。2014年8月国务院下发《关于促进旅游业改革发展的若干意见》（以下简称《意见》），《意见》要求“研学旅行要纳入中小学日常教育范畴”。2016年12月，教育部等11部门联合印发《关于推进中小学生研学旅行的意见》，指出要“将研学旅行纳入中小学教育教学计划，与综合实践活动课程统筹考虑”。2017年7月，《教育部办公厅关于开展2017年度中央专项彩票公益金支持中小学生研学实践教育项目推荐工作的通知》文件提出“研学实践教育”概念。系列文件的相继发布，表明研学实践教育已受到了国家的高度重视。

在国家的支持和推动下，全国各地的研学实践教育逐步开展起来。研学实践也成为各学校、各教育单位、教师、学生乃至家长的关注重点。各界对研学实践教育相关的研究也日趋增多。

（二）当前我国中小学生的心理健康问题日益被重视

随着社会的发展，心理健康日益被人们重视，中小学生的心理健康教育成为教育界研究的一项重要课题。

多起校园案件、升学压力、家长及社会环境的影响，造成学生心理问题日益增多，我国中小学生的心理健康面临很多需要解决的问题。

研学实践活动蕴含着丰富的心理教育资源，为学生心理健康发展提供了有效平台。

二、研学实践活动是促进学生心理健康发展的重要途径

教育部印发的《中小学心理健康教育指导纲要（2012年修订）》通知中提出心理健康教育的具体目标包括：使学生学会学习和生活，正确认识自我，提高自主自助和自我教育能力，增强调控情绪和人际交往能力、承受挫折、适应环境的能力，培养学生健全的人格和良好的个人心理品质。心理健康教育的主要任务包含：培养学生身心健康、社会责任感、创新精神和实践能力，成为德智体美劳全面发展的社会主义建设者和接班人。

研学实践能够让学生从被动学习变成主动求知，教师“传道授业解惑”演变为“合作求学”。老师的知识和才能变为学生求知的资源，老师只是作为“引路人”的角色

而存在。学习方式变为自主探究、分享交流、体验实践、合作共勉。教学目标更注重方法、技能与情感态度价值观，研学实践活动课程内容蕴含丰富的心理健康教育因素。从这些可以看出，研学实践作为促进学生心理健康发展的途径，有其独特价值。

所以，可以将研学实践作为促进学生心理健康发展的重要途径。

三、研学实践活动促进学生心理健康发展的实证分析——以“与国同梦　你我担当”主题研学实践为例

（一）“与国同梦　你我担当”主题研学实践方案主要内容

“与国同梦　你我担当”主题研学实践是东方绿舟营地为贯彻落实中共中央关于围绕庆祝新中国成立70周年深入开展爱国主义教育活动精神而特地设计组织的中小学生研学实践。通过牵手井冈山、遵义、南昌、延安、甘肃、西藏、新疆等革命老区的学生，追寻红色足迹，传承革命精神，感悟爱国的深刻内涵，从而领悟自己作为中华儿女的光荣与作为中国人的责任，坚定理想信念，激发昂扬斗志，勇担强国之梦。“与国同梦　你我担当”主题研学实践方案主要内容见表1。

表1　“与国同梦　你我担当”主题研学实践方案主要内容

阶段	单元课程	研学任务
前置课程	第一单元： 1. 知识竞赛； 2. 准备问题； 3. 寻找家乡英雄人物	1.“建国70周年知识竞赛”（东方绿舟提供）； 2. 阅读行前资料包，准备3~5个问题； 3. 寻找并采访家乡英雄人物，制作短视频 / 美文 /PPT； 4. 准备具有家乡特色的才艺节目
实地考察与探究	初遇上海（东方绿舟会师）	从家乡开始“长征”。途中自愿成立研学实践小组，制订研学实践及小组工作计划。记录一路经过的地区名称，并查找这些地区的革命英雄及该地区对于对国家发展的贡献。胜利大会师于东方绿舟
	第二单元： 寻初心之地	寻初心之地（中共一大会址、嘉兴南湖红船），树理想信念
	第三单元： 访文化之根	访文化之根（上海广富林遗址、青浦博物馆、朱家角古镇），强文化自信
	第四单元： 探复兴之路	探复兴之路（上海中国航海博物馆、洋山深水港、钱学森图书馆、上海交通大学、东方明珠、徐汇滨江大道），晓强国战略

表 1（续表）

阶段	单元课程	研学任务
实地考察与探究	第五单元：筑强国之梦	筑强国之梦（东方绿舟国防教育、国家安全教育、公共安全实训），担民族重任
后置课程	第六单元：“绿舟杯”征文活动	1. 小组讨论、回忆、领悟、反思、总结； 2. “绿舟杯”征文活动

（二）“与国同梦　你我担当”主题研学实践促进学生心理健康发展

1. 培养学生自我意识，使学生正确认识自我

“与国同梦　你我担当”研学实践学生来自全国8个革命老区，来上海参加研学实践活动，内心充满期待的同时，也夹杂着彷徨、胆怯。针对这些学生的特点及研学实践教育主题，我们设计了前置课程“采访身边的英雄”，让学生亲自去了解身边“无名英雄”的案例，让学生通过研究活动的调查、采访，制作成短视频或美文。学生通过参与活动，形成内心矛盾冲突，在解决内化矛盾的过程中矫正认知，获得触及心灵深处的感悟，形成积极向上的情感因素。在开营仪式上将孩子们的作品进行展示，树立自信。这一主题研学实践活动让孩子们对自己的行为和心理状态进行反思与调控，他们在一次次的反思调控中可以更加清楚地认识自我，了解自己的心理现状，从而能够更好地进行自我心理构建。这样的研学实践活动教学比心理健康教育更有效。

研学实践活动过程中，学生参加小组讨论或制订计划，要求每个人独立思考、尊重对方意见并积极交换意见，每个人要分享自身经验和体验以提高个体的成就感与继续参与的决心，对自我意识和责任感的体现贯彻始终；学生对自我意识的要求体现在辨识自我情绪、精准的自我觉察、提高自我效能以及意识到自身的需求和优势。研学实践课程可以丰富学生对自我的体验和感知，高度激发其自我意识，促进学生自我同一性的获得和健康人格养成。

2. 培养学生合作精神，提高人际交往能力

目前的在校学生大多是独生子女，受家庭和社会不良因素的影响，许多学生养成了自私、自利，唯我独尊的不良习惯，合作意识、人际关系都比较差。研学实践活动一般都是以小组为单位的主要形式自主开展，这也是本学科特点。在小组学习

过程中，教师放手让学生自己组织，商量制订研究方案，自己分工，自主探索。教师引导学生采取合作式互助学习，鼓励学生参与小组讨论，大胆发表自己的见解，并与组员一起研讨各种疑难和解决问题，分享成功的喜悦。

“与国同梦　你我担当”主题研学实践之前置课程“采访身边的英雄”，南昌第十二中学魏紫琪同学在研学小结中写道：通过这次活动，我们小组得到许多收获。首先，我对身边平凡岗位有了更为深入的了解。我们对平凡岗位上的工作人员进行了采访，加强了我们与陌生人之间的交流能力，也增进了友谊。另外，在活动时，我们小组成员间要合理分工，各小组成员之间的工作需要协调，我还要对活动有整体的调控，在做事之前，我要对事情全面考虑，然后制订计划，与同学们交流讨论，最后再具体实行计划。从这次活动中我也学到了处理事情的各种方法，我不仅增长了知识，也锻炼了能力。

3. 培养学生学习能力，促进学生心理健康

教育家苏霍姆林斯基曾说过：“人的心灵深处，总有一种把自己当作发现者、研究者、探索者的固有需要，这种需要在学生精神世界尤为重要。”研学实践活动注重学生的“研究性学习”，倡导探究学习方式，它强调的是如何让学生学会学习。研学实践课程致力于问题的解决，以问题为导向，充分调动学生的积极性和主体性，提高学生学习动机。学生通过自主的探究活动逐步解决问题，逐步形成喜爱质疑、乐于探索、勤于思考、乐于在探究中获得新知的心理素质，对学生学习心理的发展搭建了平台，起到促进作用。

“与国同梦　你我担当”研学实践之上海中国航海博物馆研学，以任务为导向：习近平总书记为进一步深化中国与东盟的合作，构建更加紧密命运共同体，提出“21世纪海上丝绸之路”的倡议。请同学们构想并完成当代和古代丝绸之路折叠大书。在确定需要研究解决的问题以后，学生以小组合作学习形式进入具体解决问题的过程，本阶段实践、体验的内容包括：①搜集和分析信息资料。对信息资料进行筛选，选择对本课题研究具有重要关联的、有价值的资料；有条理、有逻辑地整理与归纳资料等。②初步的交流。学生将自己初步研究的成果在小组内交流，认真对待他人意见和建议，正确地认识自我，并逐步丰富个人的研究成果，培养科学精神与科学态度。③进行创新设计。学生在任务过程中既能积极主动参与活动，独立思考问题，

又能与伙伴互相帮助、同肩同进，还能积极主动处理好各种人际交往关系，主动与伙伴交流沟通，共享活动成果。学生的学习心理品质得到很好的发展。

4. 培养学生学会生活

“生活即教育”是陶行知教育思想的主线和基石，他指出：“生活教育是生活所原有，生活所自营，生活所必需的教育。教育的根本意义是生活之变化。生活无时不变。”研学实践活动是基于学生的直接经验，密切联系学生自身生活和社会生活，体现对知识的综合运用的实践性课程。

“与国同梦　你我担当”主题研学之上海城市规划馆研学活动“城市规划馆垃圾分类达人”，学生学会干湿垃圾的区分，可回收与有害垃圾的区别等相关知识，通过物品贴纸来模拟记忆，尝试设计制作简易垃圾箱，并进行实物垃圾分类的操作。通过这些实践，学生学会了如何科学处理生活垃圾。学生在活动中获得积极体验和丰富经验，形成对自然、社会和自我之间内在联系的整体认识，体验并初步学会问题解决的科学方法，形成强烈的社会责任感和良好的个人品质。

（三）“与国同梦 你我担当”主题研学实践中存在的问题

1. 准备不充分

“与国同梦　你我担当”主题研学实践存在的问题有准备时间仓促，物料、安全预案、研学指导策略、总结反思环节的设计、探究活动的深度、对 8 个地区不同年龄不同情况学生的安排未能有足够的细化准备。如垃圾分类贴纸过小但来不及调整，影响学生活动兴趣及活动效果；南京东路行走，由于准备不充分，未能设计“找一找上海老店”任务等，影响研学实践育人效果。

2. 课程设计的合理性需加强

课程内容多，安排较为拥挤，每个研学实践基地不能保证学生体验实践的时间及深度，导致学生被动“赶场子”，行程匆忙，不能充分发挥研学实践活动的作用。

3. 与 8 地教育主管单位及学校的沟通不够充分有效

与 8 地教育主管单位的沟通极为不易。此次研学实践与各地教育主管部门多次沟通，力求意见统一，并能积极配合与支持营地组织的研学实践。因各地参与学校较多，研学实践活动未能与学校充分沟通，对参与学生的情况未作详细了解，安排的活动不符合各地学生的身心特征、认知特点及需求，不能满足各地学生成长的需要。各带队老师的作用也未能充分发挥。

4. 缺少专业的研学导师

研学实践面向的是学生整个的生活世界，具有开放性特征，它强调学生综合运用各学科知识，分析问题和解决问题，因此教师要基于学生已有的经验和兴趣，打破学科界限，使各学科知识在研学实践活动中得到延伸、综合、重组与提升，使学生的综合素质得到提高。

而本次学校老师与第三方研学指导老师对研学内容及知识量的准备严重不足，研学实践开始前又缺少系统培训和专业知识的筛选，研学实践过程中对学生的引导及评价不能及时与有效，导致研学实践效果不理想。

四、研学实践对学生心理健康发展的促进实效

（一）精心规划基于学生心理健康发展的中小学生研学实践

1. 合理整合课程资源

研学实践活动和多种资源整合，本身可以给学生的心理健康发展提供充分的空间。但如果没有灵活地将研学实践活动和心理健康教育整合起来，就会造成研学实践活动流于形式，让心理健康的发展受到资源的制约，这与追求资源整合，多元视角、动态结构的研学实践类课程的基本要求是背道而驰的。

研学实践活动形式多样、内容多样，在实践中没有专门的教材和研究范围，所以，课程内容和活动都相当广泛；而学生的心理健康状况、心理发展水平不同，研学实践活动可以将心理健康教育与研学实践教育活动有机结合，如与中华民族传统美德教育、国防教育等有机结合，多渠道进行课程资源开发。依托多样化的研学实践内容，在研学实践活动中搭设平台，通过学生喜闻乐见的活动形式，构建全方位、立体化的研学实践活动模式，如教育生活化、“生本”化等，以人为本，将心理健康教育与研学实践教育活动整合在一起，在活动中促进学生心理健康发展。

2. 有效衔接学校

研学实践中，营地与学校的有效衔接包括营地指导老师与学校老师分工协作的

有效衔接及课程内容的有效衔接。营地与学校嫁接课堂时，将学校的办学理念、办学特色、教育内容等融入其中，根据学生的身心发展特点、需要和实际情况，提供可选择的主题。

研学实践活动实施过程中，围绕课程内容，营地研学指导老师与学校老师在活动的引导、生活与安全管理、评价等方面各司其职、优势互补、共同作用，增强研学实践促进学生身心健康发展的实效。

3. 以学生自主发展为核心

自主发展包括学会学习与健康生活，是心理健康的核心内容。自主发展强调能有效管理自己的学习和生活，选择正确的学习方法，对学习进程的评估和调控，学生乐于学习，不断完善自己的人格，能够积极乐观地面对生活以及能够正确自我评价，有明确目标的自我管理能力。研学实践可以设计多元化的主题，创新研学实践方式，将研学实践做出“精彩”，引起学生的兴趣，不再只是“参观景点”，让学生乐于研学，提升研学实践的质量，对学生心理健康的发展也能起到促进作用。

4. 完善评价体系

与传统学科不一样，研学实践活动的评价不过分强调结果的科学性，而是将关注的视角指向学生获得结果和体验的过程，注重学生在活动中的表现。只有着眼于学生发展的评价，才能正确认识学生、发现学生的个性特点，使学生获取面对未来的勇气和信心。

如在“航海博物馆迷你书”制作活动中，一位男生的“迷你书”虽然不美观，但非常有创意，而且看得出这个作品花了很多心思，我对这个男生的耐心与细心表示了肯定，其他同学也对这个同学刮目相看。激励性的评价增强了学生求知的自信心。

在研学实践过程中，研学指导老师可以通过对话交流、执笔测试、自我反思、小组资源共享与现场观察的评价方法，关注学生参与活动的态度，关注学生解决问题的能力和创造性，关注学生学习过程与方法，关注学生的交流与合作，关注学生的动手实践以及获得的经验与教训。评价内容应尊重层次性与差异性特点，突出学生个人优势和素养的提升，让学生个性与才能在科学评价的影响下得到充分施展与发挥，增进学生正向体验。

（二）进一步为中小学生研学实践提供保障

1. 合理规划研学实践活动，明确教育目标

整合多方优质研学实践资源，包括优质的研学实践营地（基地）、研学机构、旅行社、文化场馆等，实现资源共享，为研学实践教育开展提供资源支撑。根据学生的身心发展规律及需要，与学校共同合理设计研学实践计划，明确教育目标，精心打造研学实践课程与实施方案。改进研学实践中的教学行为，创新教学方式，让学生从研学实践活动中获得身心健康发展。

2. 优化研学实践指导教师队伍，加强教师行前培训，提升教师研学实践教学水平

研学实践活动的实施效果，既与学生的学习活动紧密相连，又与教师的教学活动密不可分，可以说，教师教的质量与学生学的质量决定着研学实践的质量。而教师队伍建设是保证研学实践质量和育人效果的重要因素，因此，必须加强研学实践中教师队伍建设，切实提高教师的能力和水平。

研学实践具有跨学科与综合性特点，这就要求研学实践的指导教师应包括各学科任课教师，而不是单一学科教师或只由班主任担任。这应由学校成立研学实践指导教师小组，综合各学科任课教师。在研学实践活动开始前，对各学科指导教师进行培训，培训内容包括此次研学实践活动的目的、内容、活动流程；研学基地知识普及；对学生在研学实践过程中可能提出的问题进行预测和准备；研学实践活动中教师的指导方式、任务分配；安全问题培训及突发事件处理等。学校应努力提升教师的知识整合能力，观察探究学生的能力，使教师在研学实践过程中，能够及时捕捉学生动态生成的问题。

3. 建立安全保障机制

建立安全保障机制，将安全保障落到实处，让学生、家长、学校不再担忧学生的安全问题，放心大胆地开展研学实践活动，积极推动研学实践，实现研学实践有效促进青少年健康成长。

4. 政府要制定法律法规，相关部门出台优惠政策，提供政策和经费支持

研学实践坚持公益性原则，对于中小学生开展研学实践的经费来源，除了学校、

家庭、教育部门支持外，社会企事业单位等也要为研学实践提供必要经费支持。政府可以制定法律，规范政府、学校、社会、家庭共同承担的多元化经费筹措机制，对一些经济困难的家庭可以减免费用；旅游部门可以通过减免景区门票费；交通部门对于学生出行的交通费用给予优惠政策。从而减轻学校、家长、教育部门的压力，协同推动研学实践发展。

5. 加大对研学实践的宣传指导

研学实践的宣传，可以让学校、家长、社会知道研学实践的重要意义，正确理解研学实践教育，改善教育思维和行为，主动和研学实践营地（基地）就研学实践内容建立合作关系，共同努力培养适应社会发展的全面人才。

信息化技术在校外教育“匍匐前进”教学活动中的应用

钱　建

摘　要：十九大报告提出，要坚定实施科教兴国战略、人才强国战略等一系列重大战略。报告还提出，必须把教育事业放在优先位置，加快教育现代化，办好人民满意的教育。

加快教育信息化发展，是对全面推动教育现代化的有力支撑。新时代教育信息化必将带来教育理念的创新和教学模式的深刻革命，必将成为促进教育公平和提高教育质量的有效手段，必将成为泛在学习环境和全民终身学习的有力支撑，必将带来教育科学决策和综合治理能力的大幅提高。本文探讨将信息化技术应用在校外教育的“匍匐前进”教学活动中，尝试在教学课堂主战场应用信息化技术，形成普惠效应。

关键词：信息化技术；校外教育；教学活动

新时代教育信息化要以应用为导向，以基础建设营造应用环境，以教学、科研拓展应用渠道，以培训促进应用效能，以评价提升应用水平，重点推进“课堂用、经常用、普遍用”，实现从少数人应用到广大师生普遍应用，从课外应用到课堂教学主战场应用，从展示性应用到日常性教学应用，逐步形成普惠效应。

一、信息化技术在“匍匐前进”教学活动或训练中应用的研究现状

本研究通过文献查阅法对信息化技术在“匍匐前进”教学活动中应用的研究情况进行了资料检索。

在中国知网中文数据库中，以“匍匐前进”为主题的文献共151篇。从学科层面分，其中针对教育类的共68篇，针对军事、体育类的共12篇，针对自动化技术、

信息技术方面的共 7 篇，其余主要针对文学、金融经济、医学与卫生等方面。

在对涉及教育、军事、体育、自动化技术、信息技术方面的 87 篇文献逐一查阅发后现，目前尚无针对“匍匐前进”活动或训练应用信息化技术的相关研究。

二、校外教育中“匍匐前进”教学活动

“匍匐前进”是一种军事术语，指的是以躯体贴近地面，通过手臂和腿的攀爬方式，使身体整体前进的一种运动方法。这种方法主要用于军事训练及实战中，在一些户外活动、灾难逃生中也有运用。

校外教育中的“匍匐前进”教学活动多在国防教育课程中设置，在一些安全类实训课程中也有设置。

东方绿舟把“匍匐前进”教学活动作为单兵战术基础动作教学任务列入国防教育的基本军事技能科目，组织学生在草地上学习匍匐前进的动作要领，培养参加国防教育学生的单兵战斗素养。教学过程中，先是教官在开阔的草地上示范，学生跟练；学生经过在开阔的草地上反复练习，掌握基本动作要领后，移步到匍匐前进训练场训练并测验。

三、当前“匍匐前进”教学活动存在的一些问题

匍匐前进训练场示意见图 1。训练场一般布设限高绳或限高网，以促使训练的学生在训练期间不触碰限高网（绳），实现训练目标。一般军事上的匍匐前进训练场的限高网（绳）多用带刺钢丝网（绳），训练要求也更加严格，而学生训练用的限高网（绳）多为普通网（绳）。

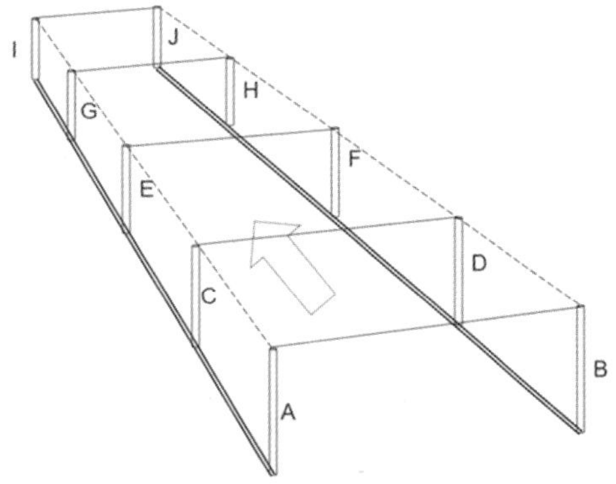

图 1　匍匐前进训练场示意

不论钢丝网（绳）还是普通网（绳），在训练和测验过程中，教练员对学生的训练情况多是通过掐秒表和目测的方式实施评价的。测验结果误差较大，漏判误判的情况也较多，还会存在一定的主观性，使得教学评价无法公正客观地评价学生的参训情况。长此以往，训练成效必然受到一定的影响，效果难以显著地提升。

东方绿舟每年组织实施的“匍匐前进”教学活动受训量将近10万人次。目前，此类主观评价为主、客观评价误差较大的教学活动，很难形成一定规模的教学评价数据，也不利于数据整体的统计和分析。

四、信息化技术在“匍匐前进”教学活动中的应用探索

由图1匍匐前进训练场示意可以看出，训练场一般由两排整齐排列的、若干个相同高度的、垂直于地面的立柱构成，设定AB为入口处，IJ为出口。常规的匍匐前进训练场中，所有立柱顶端一般布设限高网（绳）。

以下讨论在训练场中信息技术手段的应用情境。

（一）运用信息化技术实现高精度自动计时

在匍匐前进训练场的入口和出口处布设电子传感器，即在图1中AB处和IJ处分别布设电子传感器。电子传感器采用相互对射的红外线或激光技术，也可以使用其他技术。

当训练学员通过AB入口处时，AB处电子传感器自动触发启动，信息系统自动开始为该学生计时；当学生到达IJ出口处时，IJ处电子传感器自动触发启动，信息系统自动为该学生停止计时。通过信息系统，以及布设在入口处和出口处的电子传感器，实现高精度自动计时功能。计时的精确度会得到显著提高，并能通过电子屏现场展示训练成绩，为教官教学带来极大的便利，也能帮助学员第一时间了解自己的训练情况。

（二）运用信息化技术实现记错

1. 运用信息化技术实现匍匐前进触网记错

在匍匐前进训练场所有的立柱（A、B、C、D……）顶端限高网（绳）的位置，

布设电子传感器。这一部分电子传感器采用相互对射红外线或激光技术，也可以使用其他技术。

当学生从进入入口处开始，到离开出口处的训练期间，如果身体的任何部位离地高度过高，就会被布设在立柱顶端的电子传感器自动感应，感应信号实时传输至信息系统。信息系统自动记录该学生触发电子传感器的时间、触发位置，统计触发次数，通过显示设备反馈给教学现场。教官可以根据信息系统反馈的信息现场纠正学生的动作，进行教学。教官还可以以通行时间、触网次数等基本要素，预设一套评价机制，让信息系统根据预设好的评价机制直接输出评价结果，供教官和学生参考。

2. 运用信息化技术实现匍匐前进错误动作记错

当前的信息技术已经可以通过视频图像数据和机器学习实现检测并解释与周围环境的距离，此类技术目前主要应用在汽车自动驾驶上。我们可以在匍匐前进的现场教学中，参考此类信息技术，设计姿态分析系统应用于教学，成熟后可以推广到其他教学场景。

在匍匐前进训练场周边架设若干视频摄像机，从不同角度俯拍训练场。当训练学生从入口处开始进入训练区时，视频系统将拍摄到的图像传输到信息系统，由信息系统对图像数据进行检测和机器学习，对比匍匐前进的正确姿态，经系统分析后，计算出学生姿态的正确率，并自动抓取明显的错误姿态、予以标注，供教学参考之用。

这部分技术目前属于前沿科技技术，从汽车自动驾驶领域头部企业的应用情况来看，这类技术还有很大的提升空间，建设成本比较高。实现该类技术应用于教学场景，尚需要进行一系列深度探索性的研发和必要的成本控制。

（三）运用信息化技术实现回看

在匍匐前进信息化系统中设计视频或图片的回看功能。信息系统把视频摄像机拍摄的学生训练的视频存储到服务器，学生训练完成后，教官通过回看的形式向学生展示训练动作，让学生自己回看对比，并对视频进行保存，对必要的节点予以标注和记录。通过教官的指导，综合知识的运用，科学的反复训练，学生可以自主地掌握动作要领并纠正，学会正确地匍匐前进。

（四）运用信息化技术实现数据统计与分析

在将信息化技术应用到匍匐前进教学时，应先将学生的信息导入信息系统中。每次训练时，信息系统把训练和考核的真实数据记录到对应的学生，形成参训学生的训练成绩数据库。数据库主要记录学生训练时和测验时分别完成匍匐前进的时长、触网次数、触网的位置、姿态正确率等主要数据。

经过一定的时间积累和训练人次的积累，信息系统收集到足量的匍匐前进训练关键数据。信息系统对相关的数据进行分析，给出一些数据结果。教官就可以根据大数据结果进行教学相关的分析研究，以研究学生训练情况、学生差异、体能变化等情况，从而及时调整教学方案。

五、信息化教学数据研究成果的应用

通过数据统计和分析，教官可以对参训学生进行系统的研究。比如，对所有参训学生某一年龄范围内的男女成员训练结果、过程等要素的差异性分析，研究男女训练成绩的结果、过程等要素的差异与导致差异的原因，针对男女学生制订针对性的教学和训练方式等。

教官还可以研究不同年龄层次学生的触网情况，研究来自不同区域学生的评价成绩，研究相同年龄学生近年来的数据变化等。

通过对多种要素多种形式的研究分析，最终形成大数据报告，甚至通过深度研究形成相关教学指数。这类大数据报告和指数具有极高的参考价值，可以供本单位教学研究参考，也可为各学校、各级教育管理部门对了解当前学生军训、身体素质等情况提供高价值的参考。

教育信息化是教育现代化的基本内涵和显著特征，信息化技术应用在校外教育“匍匐前进”教学活动中，就是把以教育信息化全面推动教育现代化这项工作抓紧、抓好、抓实，切实抓出成效。

信息化技术在校外教育定向越野课程中的应用

陈莹利，钱　建

摘　要：推进信息化技术在教育中的应用是践行教育部《教育信息化 2.0 行动计划》的重要举措，“充分利用信息技术开展教学方法改革”“构建新型教育教学模式”，对目前的教学理念、综合评价等提出了更高的要求。作为校外教育和学校体育课的重要课程内容，真正实现定向越野课程的信息化，推动定向越野课程的智能化、便利化具有重要意义。

关键词：信息化；定向越野

一、东方绿舟定向越野课程的现状

大多校外教育组织者在具备开阔的野外活动场所的情况下，组织青少年开展不同形式的定向越野运动，以促进青少年身心健康。

东方绿舟作为上海市青少年校外活动营地，组织青少年开展定向越野活动是列入学生国防教育固定科目长年开展的。我们一般每课组织 5~8 个教学班同时开展，活动人数一般有二三百人，活动时间为 1 小时左右。

活动时，教师先将各教学班随机分成 5 个组，然后给每个小组发放一套活动器材。活动器材包括一张地图用于了解活动区域地形和线路任务，一枚指卡用于到达指定点标时打卡，以及一个指北针用于判断方向。教师讲解活动方式和要求后，各班级学生以小组形式集体行动，按地图标定点标完成点标打卡任务。最后，按打卡正确率和完成时间给参加活动的小组评定成绩，并以各小组成绩累计作为班级成绩。因为是小组形式的定向越野活动，所以在活动时除了锻炼学生识图、用图、体能、心智等方面能力外，还注重团队之间的合作意识和集体意识。

总体来说，由于缺少教学手段、工具和实施载体，缺乏现代教学的实施载体，教师只能根据过往教学经验，重复讲解、示范、总结的教学模式，该课程的各个环节教学仍处于“手工劳动”的原始阶段。

二、定向越野课程中应用信息化技术的必要性

定向越野不仅是校外教育中的重要课程，越来越多的学校体育课也将其作为培养学生综合素质的内容。它开展的目的并不只是娱乐性教学，它的本质是发挥促进素质教育的功能和作用。例如培养学生的认知能力，提高学生识图用图的能力，培养学生的地图素养等。研究如何将信息化技术应用到定向越野运动中，不仅可以为定向越野运动的课程信息化建设提供理论支撑，还能为其他的校外教育课程提供借鉴意义，推动信息化技术在教育现代化中的广泛应用。

如何将信息化技术应用到教学当中，推动教育智能化，减轻教师的教学负担，以学生更乐于接受的方式提高教学质量、达到教学目的，才是实现教育信息化、推动教育现代化的重要研究内容。

让定向越野运动减少人工操作，实现教师队伍的信息化建设，利用信息技术手段开展教学，使学生在真情实景中自主学习、自由探究，也对教师如何提高信息化素养提出了新的要求。

不仅定向越野的课程建设需要利用信息化，教师在教育手段里也应增加信息化的内容，从而进一步了解学生的活动动态、体能状况等，开展基于学生个体数据的分析和教学改进研究。

三、定向越野课程中信息化系统建设

如何将信息化技术应用到定向越野课程的教学中，是本文讨论重点。无论是从理论还是实践方面，都将为校外教育中的课程建设开辟新的研究方向。本文立足于教师及学生层面，分别进行研究分析，根据现有课程中的不足之处，课堂利用多媒体技术和运动手环等，使教学更加便利化、智能化，从而提高教学质量。

我们通过文献资料法、专家访谈法、教师座谈法、逻辑分析法、实地调研法、实践研究法等多种研究方法，充分了解目前定向越野课程中存在的不足，剖析在开展定向越野教学的过程中所面临的现实困境及内在原因，从而确定需利用信息技术进行改进的方向，由此开发出一套适用于定向越野课程的信息化管理系统。

该系统主要由定位信标、通信基站、定位手环和管理系统几部分组成。定向越野活动实施中，教师在管理系统中规划设计学生的活动地图，学生佩戴手环按照设计地图开始活动。活动中，手环通过部署在园区的信标进行定位，再将定位信息和手环活动轨迹通过基站传输给管理系统。管理系统获取手环活动中的相关信息，根据收集到的反馈数据，计算出当次活动成绩；对比历史数据，计算出参考数据和分析图表，在汇总全部参训活动信息的基础上，综合大数据，形成相应的参考信息，为科研提供依据。

营地园区范围内部署的信标和基站点位示意见图 1。其中大圆点表示基站，共部署 53 个；小点表示信标，共部署 300 个。

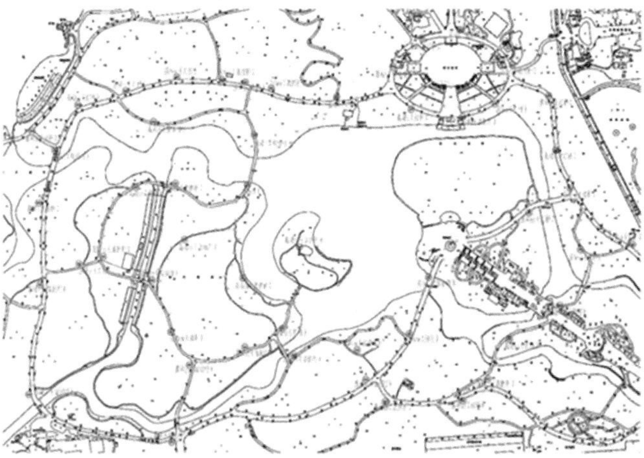

图 1　营地园区范围内部署的信标和基站点位示意

四、定向越野课程中信息化技术的应用实践

在开发的这套定向越野课程信息化管理系统中，主要包括了人员管理、活动线路管理、专用手环替代指卡、活动过程和成绩管理等多个方面，实现定向越野课程的信息化。

（一）通过定向越野活动管理系统进行人员管理

定制的活动管理系统服务端的应用系统，对参加活动的学校、班级、人员予以记录和管理，记录各班级活动小组的分组情况。

在学生活动前，系统自动从数据库获取参加定向越野活动的相关信息。活动中，教师按照原有的课程组织形式进行分组，并通过系统记录分组的相关信息。

（二）通过定向越野活动管理系统进行活动线路管理

教师通过定制的定向越野活动管理系统服务端的应用系统，在虚拟三维地图上，设置好打卡点标。在组织中，按设计好的任务和线路实施，并向服务端的应用系统回传活动数据。

（三）定制定向越野专用手环替代指卡

本次实践将指卡改为定制手环，手环内集成了低功耗定位传感器等电子器件，内置户外定位功能。手环记录学生自活动开始至活动结束期间的位置信息、打点信息等，通过部署在活动区域内的基站，反馈至定向活动管理系统。

（四）在定向越野活动管理系统中进行活动过程和成绩管理

实践通过手环反馈的打卡信息，对比教师设计的组别和活动路线，按评价规则，计算出学生活动的最终评价结果。实践中，学生如遇到意外或其他特殊情况，可以通过手环主动报警，提醒巡查老师前往查看和处置。

五、实践中困难及解决思路

本次实践研究计划实现学生手环在全园区实时定位。但在实践中存在一定困难，使得该设计在有限的资金范围内无法实现，主要有以下原因。

实践研究原计划采用卫星定位的手环定位方式。卫星定位技术的优点是定位精度高，传输数据的实时性高，且不需要布置定位信标和通信基站；缺点是卫星定位功耗比较大，手环有限尺寸的内置电池续航时间仅能支撑约 1 小时，不能满足周期性教学实际应用。

鉴于手环续航时间的问题，实践研究考虑了蓝牙信标定位和蓝牙基站通信的组合技术。蓝牙技术的优点是功耗极低，续航时间理论值在一周以上，可以满足周期性教学需求。缺点是需要在园区范围内部署足够多的蓝牙信标，以确保定位精度的准确性，还要部署足够多的蓝牙基站，以确保手环信息能及时传输给管理系统。

综合上述定位技术的优缺点，我们在实践探索时为保障教学活动中手环的工作时间，选用蓝牙组合技术，并在园区内布设若干信标和基站。鉴于信标和基站数量有限，本次实践研究中牺牲了定位的覆盖范围和通信的实时性。

另外，原计划在手环内植入心率传感器和计步传感器，受实践建设成本和建设时间周期影响，以及手环功耗等诸多因素影响，本次实践考虑将此类内容在后期升级改造中实施。

六、定向越野课程中信息化技术应用的现实意义

定制的定向越野管理系统，利用定位手环回传学生的位置信息、打卡信息等，可以对校外教育中开展的定向越野课程进行改进，使教师实时掌握学生活动过程中的基本情况。信息系统计算出学生活动成绩，对教学实践具有示范性的研究探索意义，也对提升信息化教学应用具有前瞻性的引领作用。手环定位和相应的报警设置，提高了教师在组织活动中处置安全事项的主动性，降低了活动的安全风险。改进系统在活动中采集的学生活动大数据，为教学分析和研究提供了支撑，为教育管理部门了解和掌握学生体质情况提供了依据。

定向越野运动中的信息化建设，利用信息化技术改善定向越野教学中的教学设备、教学方法，可以提高教师的教学效率，调动学生的学习积极性，改善教学质量，为校外教育其他课程的信息化建设提供参考与启发，使新媒体技术在教学中能够得到广泛应用，推进教育现代化。

信息化技术在校外教育入营环节中的应用

李　琴，钱　建

摘　要：新时代教育的主题是加快推进教育现代化，建设教育强国。教育信息化是教育现代化的特征之一，使用信息化是新时代的趋势、教育改革的必然。未来的教育，必然是基于网络环境更加开放的教育，更加重视学生个性化和多样性，引导学生主动探究和快乐学习。因此，对信息化技术在校外教育入营环节中的应用探索具有现实意义。

关键词：信息化技术；校外教育；入营教育信息化系统

一、现状和背景

（一）研究现状

信息化技术在校外教育特别是入营教育环节的研究在我国目前阶段的文献和资料并不多，类似的科研成果基本属于空白，根据搜索到的资料，尚无与此相关的研究。营地国防教育有准确性、稳定性、可控性、持续性等特征，入营教育是国防教育的开始环节和重要环节，故本文以营地国防教育的入营教育为研究对象，探讨将信息化手段运用于校外教育入营教育的可能性。

（二）研究背景

东方绿舟营地的教育理念、目标定位为信息化技术在入营教育中的应用探索提供了得天独厚的基础。营地努力创建中国青少年大型综合实践的“绿舟方案”，对标中国实现教育现代化战略、上海全球卓越城市定位和打响上海文化品牌要求及率先全面实现教育现代化的目标，全面推进“智慧绿舟”，不断提高教育信息化水平，打造具有相当影响力的信息化营地，高效依托信息化手段，探索国防教育新模式，促进在线教育，形成线上线下融合的“双螺旋”模式。但营地信息化运用的远大前景和目前存在的教育信息资源匮乏、软硬件投入比例不平衡、师资信息化水平不高、线上课程活动开发少、评价手段单一等问题存在着矛盾。

二、当前入营环节的现状

东方绿舟营地当前的入营流程主要为教官对接从大巴下车的学生，学生领取衣帽、进宿舍后学习内务、集合参加入营仪式等部分。本研究通过观察、问询等方式，发现目前的入营环节存在着几个方面的问题。

（一）接车环节费时费力

国防教育以区为单位，每批至少有 2 000 名学生。运载着数千名学生的大巴车驶入地球村如一条长线，集中在未来广场等待的教师教官们此时散开去找自己带领的班级，并在短时间内将入营流程向学生交代清楚，至少需要 5 分钟时间。

（二）领取衣帽环节秩序混乱

衣物分 170 cm 以下、170~175 cm、175 cm 以上三组，尺寸不一。当领取衣帽处超过一个班时，现场秩序会出现一定程度的混乱，从而延长了领取时间，导致大家匆忙取走衣帽，基本来不及更换合适的尺码。

（三）其他问题

教官对安全事项特别重视，需要在领取衣帽后、整理内务后、全员大集中三次向学生告知安全注意事项，这对教官的嗓子也是个不小的负担。

教官反映最累的环节是带队环节，在营地带领学生需要不停地走动，范围大、距离长，容易导致身心疲惫。

此外，还存在部分信息传达到学生时有遗漏、学生大意导致忘带东西、开营式前面集结的时间长等问题。

在接学生进宿舍前这段时间，容易出现时间紧任务重、人力成本略高（一个班配备一名带队教师、一名营地教官或教师）、营地教官教师疲惫的现象，最重要的是，没有完全达到校外教育要求的充分发挥学生的自主性和合作性的目的。

三、信息化技术在其中的应用思考

对于信息化技术的运用，除了微信、QQ 等常用的通信服务应用程序，可以探索建立入营教育信息化系统。

（一）信息化技术在入营前的作用

入营教育信息化系统可设置学校、学生、营地版块。学校事前录入学生的信息，包括衣帽尺寸、特殊情况等，便于后台的分析和统计，营地可根据这些信息，通过平台分配学生宿舍，统计相应衣帽数量。学生版块又分信息版块、任务版块、体验版块、互动版块、评价版块等方面。

1. 信息版块

学生通过信息终端登录入营教育信息化系统，输入基本信息后，模拟成虚拟人物，即可在信息版块获知自己所在的连队号、连长和班长名字、宿舍号、床号及取衣服、三件套的地址等信息。

2. 任务版块

任务版块中有学生阅读的入营须知、安全须知、物品清单文本，有需要学习的教官教授内务的视频，可为学生提供暂停、重新播放、变速播放、下载等选择，借助技术手段，根据学生自己的学习速度，实现不需要教师教官在场或提供帮助的因材施教。学生通过学习、答题完成这部分内容，学生完成的情况作为最终评价数据之一。

3. 体验版块

体验版块有三维模拟地图，里面标注了地球村大巴下车处、取衣处、宿舍名称、小卖部、中国餐厅等，学生虚拟人物可以在平台上跟着地图导航行走，体验入营流程。营地、学校的通知在系统上方滚动，同时发放到虚拟人物的信息版块里。

4. 互动版块

互动版块中，参与学生可以提出问题，对文本、视频不懂之处向系统发出问题求助，由学校教师、营地教官、学生群体给予解答。学生通过互动版块，可以头脑风暴，可以参与学生自主管理委员会等学生组织的评选工作，可以对考核评价提出意见和建议，还可以与同一批入营的其他学校的同学在平台上通过虚拟人物进行交流、讨论，充分参与到营地学生事务中。营地可以把学生的问题进行分类，改进教学、更新视频。

5. 评价版块

教育部综合改革司提出：“改进结果评价，强化过程评价，探索增值评价，健全综合评价”。对于学生评价，要围绕学生这一需求侧，全面推进学生评价改革，坚持以德为先、能力为重、全面发展。而实际上，数据挖掘、学习分析学、内容分析学等技术和学科的发展，使得发展性评价有了技术保障。评价版块中，一部分运用信息技术对于学生阅读文本、观看视频、线上答题、完成体验、互动交流等在平台上完成的环节进行发展性评价，更好地激活学生的学习内驱力；另一部分，由带队教师、营地教师或教官对学生在入营时的表现进行评判，可与离营时的表现形成发展性增量评价，从起点看变化。

（二）信息化技术在入营时的作用

入营时，学生按照之前文本的、视频的、网络模拟的学习环节，在一定的时间内，于营地地球村完成“下车、领服装、找宿舍、领三件套、整理内务、按时集合、参加入营式”等全部环节，完成入营相关事宜，锻炼自主能力、团队合作能力。学生也可以登录平台根据内务视频学习，对点寻找宿舍。带队教师、营地教官只需作为引导者、评价者，解决学生的求助，对学生的行为进行考察和引导，对学生的表现进行观察和考评，评价成绩将保存到学生的虚拟人物评价版块中（如对帮助同学的行为进行加分并说明）。

（三）信息化技术的优势

入营教育信息化系统的活动设计把学生的“自主、合作、体验、创新”作为重要目标，贯穿于课程设计、课程实施、课程评价、教学效果反馈的全过程。入营教育信息化系统依据校外教育主题及学生已有的知识经验和生活尝试，设计适合学生的学习活动，引导并帮助学生简单地经历、体验入营过程，让学生自觉主动地参与校外教育环节和活动过程，引领学生领会“公民”的责任，感受自主独立的个体实践与互相帮助的集体生活，符合营地、学校和新时代的教育要求。

入营教育信息化系统在学生版块放置了入营前的文本、视频，与学生在营地入营时完成的任务相互关联，基于情境和问题的设置，关注学生在真实情境中解决问题的能力，运用启发式、探究式、研究式的教育方法，培养学生“自主、合作、体验、创新”的能力。虚拟人物完成具有一定挑战性任务的设定更容易引起学生的兴趣，进行沉浸式体验，提高学生的动手动脑能力、学习能力、实践能力。学生参与评价标准的制订和学生事务，能够把握自己的学习效果，积极地去满足评价标准的要求，激发主人翁意识，提升参与兴趣，培养学生的社会责任感、创新精神和实践能力。互动版块可以增强学生的交流能力，提升学生的学习体验，让学生成为学习的主动参与者和主角。

同时，入营教育信息化系统的使用可以推进信息化手段与校外教育教学的深度融合，解放带队教师、营地教官的生产力，让他们的角色从台前走到幕后，由教育者、主动者变成引导者和评价者。鉴于学生个体差异和多种认知倾向，学校教师和营地教师与教官进行目标导向的探究、跟进性的指导和持续的过程性评价，能够使学生的学习活动得到有效支持和监督。

总之，入营教育信息化系统的引入可以精简流程，有序衔接各环节，提高学生安全意识，解放师资生产力，提高效率，缩减时间，还可将入营教育设计成自主化、有趣味和更智慧的课程活动，体现“处处有知识、时时受教育”的营地理念。

四、总结

入营教育信息化系统针对的只是校外教育的入营环节，而信息化技术可以无时不在、无处不在。如果能精心设计校外教育各环节，形成比较完善、完整、全面的信息系统，一定能帮助营地更宏观、更精准地进行学生分析、管理、评价，系统推进育人方式、管理机制、保障服务机制改革，解放更多的人力物力，激发学生的学习热情，培养学生的综合能力，建立以学生发展为本的新型教学关系，变革教学组织形式，改革学生评价方式，达到教育现代化、信息化的要求。

参考文献

[1] 刘自成 . 以评价改革牵引教育领域综合改革 [N]. 中国教育报，2020-12-26.

[2] 陈琳，陈耀华 . 以信息化带动教育现代化路径探析 [J]. 教育研究，2013，34（11）：114-118.

[3] 刘倩 . 新时期中学生国防教育现状分析及对策研究 [D]. 西安：西安理工大学，2018：12.

[4] 李学良，杨小微 . 论基础教育现代化 2030 的前景展望与路径选择 [J]. 河北师范大学学报,2017,19(5)：26-30.

[5] 尉迟文珠 . 浅论以信息化带动教育现代化 [J]. 教学与管理，2015（33）：5-7.

[6] 舒悦 . 浅谈信息化时代背景下教育现代化的深化 [J]. 中国教育学刊（信息化与现代教育技术），2015（7）：73-77.

[7] 李强，鄢一龙 . 中国特色教育现代化与全面现代化 [J]. 教育理论与实践,2014，34（13）：22-25.

[8] 顾明远 . 试论教育现代化的基本特征 [J]. 教育研究，2012，33（9）：4-10.

第二篇
教学实践——行是知之成

中小学德育教育在校外教育中的体现

杜澎枫

摘　要：众所周知，我国自古以来就是礼仪之邦，因此在我国的基础教育阶段，国家对于学生德育教育的开展、思想道德修养的培育是相当重视的。德育教育是中小学思想政治教育的核心，是素质教育的重要组成部分，对中小学生的三观形成有着极强的导向作用。随着时代的发展和进步，素质教育和校外教育的比重加大，德育教育和校外教育的联系愈加紧密。本文试从德育教育和校外教育现状、校外教育在当前形势下对开展德育教育的作用、今后的融合趋势和方向等方面进行分析。

关键词：德育教育；校外教育；新形势；联系与融合

一、中小学德育教育现状

（一）德育总体特征

可以说，德育教育在我国教育体系尤其是基础教育体系中一直占据着比较重要的位置。我国古代就有“修身、齐家、治国、平天下”的说法，其中“修身”就是这一切的基础。可以看出，从古至今，我国教育从来不曾放松过对于个人道德修养的要求。新时期以来，随着教育观念的逐渐改变、素质教育观的提出和基础教育改革的不断深化，德育教育越来越受到重视，无论是中小学等基础教育阶段，还是全日制普通高校，都开设了各类德育教育课程。可见德育教育对于青少年学生思想道德修养的提高，正确人生观、价值观、社会历史观的形成有着智育、美育、体育等其他种类教育无法替代的作用。德育教育是提高国家和民族思想道德素质的基础教育，是能真正把青少年学生培养成合格公民的教育，它重在人格塑造和习惯的养成，在基础教育阶段这些往往会被忽视。为此，《中共中央、国务院关于深化教育改革，全面推进素质教育的决定》这一文件的下达，才将德育教育的基础地位真正落实。

（二）校外教育的现状与发展

目前校外教育在中国的发展形势还是不错的，各类文化课程的校外辅导班一定程度上弥补了学生在学校学习的不足，更重要的是各类文化宫发展如火如荼，开展了诸如声乐、书法、珠算、演讲、主持等诸多门类的素质教育学科，除此之外还出现了各种实践教育基地，让孩子们可以真正做到在玩中学、在学中玩。同时，校外教育的发展也给传统的教育教学方式带来了冲击，以“读”为例，学校教育的含义可能只是阅读书籍，校外教育可能教孩子学会读图表，读各类非纸质文本，根据时代需求，提升孩子们的核心能力；再以德育教育为例，学校向学生灌输安全知识和安全观念可能由于条件限制只能照本宣科，而校外教育可以带学生去各类安全教育馆，通过器材的展示和案例的解读，加强学生们的情感体验，通过体验式教学激发学生的学习兴趣，提高学生的实际应变能力。

二、校外教育在德育教育中的作用

（一）校外教育的特点

1. 四位一体，服务对象庞大

现在的校外教育早已不是20世纪刚刚起步时少年宫一家独大的局面，从分工看，中国的校外教育机构已经分成了四个大类：少年宫、活动基地和场馆、培训机构、托管机构。从服务对象看，校外教育相比传统的学校教育更有针对性，活动形式和内容更为丰富、服务人群更为庞大，甚至成人也可以接受校外教育的培训。其中由青少年活动中心和校外教育活动场所组织的活动得到了官方和学术界的认可。从整体校外教育的发展而言，在历经了半个多世纪的变迁之后，已经出现了多元化机构并存的局面，青少年校外活动营地的不断完善带动了教育功能多元化，在当前形势下，校外教育对基础教育的促进和补充作用已经越来越明显。

2. 政府社会协同办学

以前的少年宫由政府投资，随着社会发展，社会资本开始进入校外教育市场，学校和校外教育基地、政府之间会更加紧密合作。校外教育机构的整体发展为各界学生提供良好的食宿环境，校外教育机构作为主办方来组织活动，而学校和校外教育实践营地共同负责活动的具体实施，开展了国防教育、研学旅行、夏令营等一系列活动。这种“委托开展”的形式，规避了活动的收费风险和安全责任，有利于校外教育的健康发展。我们已经在上海看到了这一趋势的逐步流行，校外教育实践营地为中小学生提供场地，同时与校方保持良好关系，对双方都是大有裨益的。

3. 重视素质教育和能力培养

一般来说，校外教育是指学校教育之外的社会性教育活动。学校教育强调的是共性，按照既定的教学计划和规律性的知识性课程来培养青少年学生。学校教育一向以知识性课程为先，强调的是标准化培养，最大程度上兼顾每一个学生，却忽视了个体学生的特殊情况。校外教育则注重学生的个性化培养和素质发展，强调兴趣、实践、技能在教学中的重要性，认为每个学生都应该享受到特色教育，强调天性的发挥和能力的培养，鼓励学生和社会进行接触。学校教育与校外教育在促进儿童和青少年的发展中扮演着不同的角色，且具有不可替代性。因此，学校教育和校外教育只有在资源优化、课程综合、师资流动等方面加强合作，有效综合，相互取长补短，最大程度上发挥各自的项目优势，才能更好地促进青少年学生的健康发展。

（二）校外教育对德育教育的促进作用

校外教育形式的多样化对于传统学校教育中只能照本宣科的德育教育是一个重要的补充，以国家安全教育为例进行说明。对青少年学生加强思想教育对促进国家安全，尤其是政治、社会安全是极为重要的。因为青少年学生思想还不成熟，极易被煽动，成为妨碍社会安全的人员，但是照本宣科很难引起学生共鸣达到教育目的。此时，校外教育对于德育教育的促进作用就体现出来了。我们可以对学生进行校外教育，比如带他们去国家安全教育馆参观展览。在教学过程中，区别于常规的课堂教育，引导学生走出校门，建立起与社会实践相结合的教学模式，使学生在实践中强化知识技能的掌握。国家安全教育馆自开馆以来，已经为大批学生进行了安全教育、爱国主义教育等德育教育，深受学生欢迎。这再次证明了单纯的说教进行德育教育是行不通的，而是要以多样的活动和深度的情感体验为辅助，这恰恰是校外教育所擅长的。

三、德育教育和校外教育的深度融合

今后的德育教育和校外教育依然有着相互融合的机遇，比如在爱国主义德育教育中，针对教学结构不合理的问题，国家需要更多地重视校外教育的开展，将更多的资金和人才投入到校外教育，特别是军事国防教育。课程的设置和开展，应将更多的时间放在课外，平衡校内和校外教育的比重，更加重视军训和其他军事化教育，应有计划地进行军事体验教育。学生在进行军训的过程中，应由教官和师长向他们明确其作用，让他们能够合理利用时间，获取更多的实践经验。在进行实践的过程中，应不忘向学生进行爱国主义理论知识教育，从而完成实践与理论知识相结合的教学目的，使爱国主义教育更为全面。在各类军事德育教育中，重实践、重体验、重互动，体验过程中应该适当弱化教官的角色，因为中小学生依赖感很强，教官角色不宜过重而削弱中小学生在活动中的体验感。安排的活动应该和国防与军事有较为密切的联系，量不宜过大，应该以体验、认知为主。比如可以安排冷兵器认识、热武器认识、名人事迹介绍、相关视频播放等内容，加以成员之间的互动、游戏、比赛等，有意识地营造一种竞争氛围以提高学习效率。在活动过程中，要做到动静结合，不可压抑儿童好动的天性，也不能忽视理论知识的传授，同时在营地生活中，青少年之间容易发生摩擦，教官要善加引导，做好安全措施。教官可以与同学们在营地同住，在相互交流了解的过程中灌输集体主义精神，也可以让同学们感受教官的平易近人，可谓一举两得。更加具体和深度的融合，则需要教官们在今后的教学过程中注意留心和挖掘，开发出德育教育和校外教育融合的新模式。

四、总结

校外教育随着时间的推移发展得越来越好，可以推测今后在基础教育中的比重也应该是不断扩大的，作为基础教育中最重要一环的德育教育，包含了爱国主义教育、安全教育、传统文化教育、团队精神教育等，这些都会和校外教育产生千丝万缕的联系。作为基层教官，应该明白，照本宣科的教学方式已经成为过去，现在的学生需要多样化的活动内容和深度的情感体验，因此，探索德育教育和校外教育融合的新模式势在必行。

参考文献

［1］袁德润，陈敬．实践视域下青少年校外活动的教育特质［J］．荆楚学刊，2016，17（1）：66–69.

［2］刘登珲．转型的阵痛：新时期我国校外教育课程建设问题透视——对华东地区十二所校外教育机构的访谈分析［J］．全球教育展望，2016，45（1）：73–83.

［3］王海平，康丽颖．少年宫教育与学校教育并协发展的轨迹——中国少年宫教育变迁的新制度社会学分析［J］．首都师范大学学报（社会科学版），2015（5）：133–139.

青少年校园足球梯队建设路径探究

——以校园足球U15国家队东方绿舟集训为例

陈莉莉

摘　要：本文以全国青少年校园足球工作领导小组办公室从全国遴选的24名足球运动员组成的校园足球U15国家队在东方绿舟集训为研究对象，旨在探究校园足球运动员的培养机制，以及当中出现的问题，并提出相应的对策。本文通过文献资料法、访谈法、比较研究法进行分析，认为此次校园足球U15国家队的集训活动是体教融合的、非常好的实践和探索。校外足球运动员的培养应做到资源整合，全方位做好训练保障；立德树人，牢记足球育人使命；科学周密，做好训练的组织与运行；围绕中心，做好宣传教育工作。在后续工作中，还应注意计划更连贯周密，符合学生的身心发展规律；全面育人，加强学生的文化课学习；体教深度融合，打通小初高大学贯通体系；加强教练员培养，提高整体水平。此次校园足球U15国家队的集训，为我国校园足球小将们提供了非常好的平台，使得足球小将们得到了充分的锻炼，展示了我国足球少年的风采，又为推动青少年校园足球的文化建设提供有益尝试。

关键词：校园足球；集训；体教融合

一、研究目的

全国青少年校园足球工作领导小组办公室通过2018年全国校园足球夏令营初中组总营，从全国遴选了24名足球运动员，这些运动员组成的校园足球U15国家队在东方绿舟集训。本文以这24名足球运动员为研究对象，旨在探究校园足球运动员的培养机制以及当中出现的问题，并提出相应的对策。

二、研究方法

（一）文献资料法

在中国知网、日本雅虎网等搜索校园足球、日本青少年足球等相关研究成果，以及中日足球运动对比研究的相关论文共计 100 余篇。

（二）访谈法

根据本文的需要，我们访谈了校园足球 U15 国家队教练范志毅、国作金，上海体育学院传媒学院教授肖洪波，上海大学体育学院副院长刘兵，华东师范大学体育学院副教授刘桦楠，上海市青少年校外活动营地——东方绿舟书记杨昕等专家。另外，我们还访谈了参加此次集训活动的 24 名运动员、1 名队医和 2 名随队记者。

（三）比较研究法

本位对比了中日青少年足球梯队建设的政策、措施、运动员组成等，以及相关的研究成果。

三、结果与分析

为贯彻落实《教育部等 6 部门关于加快发展青少年校园足球的实施意见》《中国足球改革发展总体方案》精神，完善校园足球竞赛体系，加强足球队员的思想觉悟和政治高度，此次集训不仅在足球专业竞技上对队员给予训练，还从政治、思想和道德方面有计划地对其展开教育。此次集训无论是队员的个人成长还是梯队建设的探索都进行了有益的尝试，并收获了很大的成效。

（一）资源整合，全方位做好训练保障

1. 教练员

教练员是与队员接触时间最长、影响最大的存在。教练员的一言一行，对队员的训练指导方式会直接影响到训练的效果。

本次集训的教练组是由马永明（德）、范志毅、国作金组成。马永明教练是德

国籍，旅居中国多年，且一直致力于足球的青训活动，是一个地地道道的“中国通”。范志毅教练作为前中国职业足球运动员，现任上海申花足球俱乐部青训总监兼预备队主帅，有非常丰富的实战经验和青训经验。国作金教练是原山东足球队名将，曾担任中国国家队、青岛海牛队等队伍的教练及领队，现为大学教授，致力于校园足球与职业足球的融合。在教练资源方面，本次集训可以说是做到了职业与校园、国内与国际的融合，算是最佳配比。

在教练员和队员第一次见面时，范指导与国指导就对队员明确了规矩、训练计划与要求，对处于懒散状态的队员来说，起到了非常好的作用，可以使得他们迅速进入日常训练状态，缩短了适应融合的时间。

2. 训练场地

本次集训的实施单位是东方绿舟，地处上海市西郊，不仅远离城市的喧嚣，与上海上港青训基地仅几步之遥，毗邻上海市母亲湖淀山湖，自然环境优美，是不可多得的青少年体育运动训练场所。

除了优渥的自然环境，东方绿舟作为上海市青少年校外活动营地，是全国研学实践示范营地、上海市爱国主义教育基地、上海市公共安全实训基地、全国环保科普基地，已开发有体系完整的研学实践、国防素质教育、公共安全、环保科普等课程。

由于此次训练时间紧、任务重，作为实施单位的东方绿舟除了做好相关保障工作以外，还要充分利用已有的教育优势和资源，为队员们提供研学实践活动。在公共安全实训馆，教练带领队员们学习了轨道交通安检规则、轨道交通上遇突发事件如火灾、停电、毒气泄漏等情况下的紧急处理办法，以及心肺复苏、人工呼吸等急救措施。在中共一大会址纪念馆，教练带领队员们铭记那些开拓者、探索者、奋进者，传承好红色基因；在东方明珠电视塔，领略改革开放40余年的沧桑巨变，感受上海的城市魅力。

（二）立德树人，牢记足球育人使命

在集训中，这支由全国各地临时组建的队伍，在教练员的带领和全体队员的共同努力下，能够迅速地彼此适应和融合，成为一支能够迅速投入比赛的队伍。此次集训使队员的适应能力、配合能力有了非常大的提高，对队员为国出征的集体荣誉

感和家国情怀的培养也起到了至关重要的作用。

在同世界顶级青少年足球俱乐部的比赛中，尽管三场皆负，但每场比赛中都能够进球。这不仅是我国校园足球取得的阶段性成果的具体检验，更展示了良好的校园足球风采和中国青少年积极向上的精神风貌。

（三）科学周密，做好训练的组织与运行

1. 对症下药，因材施教

时间紧任务重，且队员均为未成年人，分别来自不同的俱乐部、普通学校、足球学校，体能不同、技术基础不同、前期接受的训练不同，势必为本次集训带来了更大的挑战。针对这些情况，教练组为本次集训制订了科学周密的训练计划，每天两场技战术训练，上下午分别进行；前期以磨合性训练为主，后期以技战术配合为主，体能训练贯穿始终。对不同的运动员实施不同的训练计划，对来自俱乐部的队员以体能保持和技战术提高为主，对来自学校的队员以提高体能和技战术训练为主，对有伤病的运动员以恢复性训练为主。每周安排与俱乐部青训队比赛一次，增进队员之间的配合默契，并提高耐力。

2. 以赛代练，成效显著

为了能以最快的速度让来自各个俱乐部和学校的运动员们磨合，形成默契，进而能够将教练的技战术应用到位，在短短 25 天的集训中，教练每一周都会安排队员们进行一次比赛。赛前，在教练的带领下，全体运动员通过观看视频分析对手的比赛风格和技战术水平，教练提前排兵布阵；赛后，根据此次比赛的情况，教练给出分析和讲解，并根据运动员的表现在接下来的训练中进行针对性训练。

通过一次次的比赛，队员们不仅个人的技战术水平得到了很好的提升，队员之间的配合也越来越默契，为之后的德国之行奠定了非常好的基础。

（四）围绕比赛，做好宣传教育工作

通过比赛让集训成果得到及时有效的宣传和报道，加强足球文化的宣传和推广，进而推动校园足球的发展。“足球比赛是检验足球水平很好的方式，也是体现足球礼仪和规范的时机。”本次集训配备有专门的文字记者和摄影记者，从集训之初到

结束，不间断的在校园足球官方微信公众号等媒体上发布消息。这些报道，不仅向外界发出了校园足球的声音，使得外界了解校园足球，更是从校园足球的角度弘扬社会主义核心价值观，振奋民族精神，让校园足球走进更多人的视野。

四、结论与建议

总体来说，本次集训是一次非常好的体教结合的案例，成效比较明显。本次组队和集训活动由全国青少年校园足球工作领导小组办公室主办，得到了各个学校和俱乐部的大力支持，是校园足球发展和青训体系结合的一次重要尝试，是深化体教融合的有益探索，但仍然有很多可以改进和提高的地方。

（一）计划更连贯周密，符合身心发展规律

此次集训的队员是 2018 年全国校园足球夏令营初中组总营从学校和各个俱乐部选拔而来，队员的能力有差别，学校和俱乐部的训练方法等有很大的不同。这对教练组制订训练计划提出了更高的要求，如何平衡学校足球和职业足球，同时还能最快速地磨合队伍，提高技战术能力，是本次集训的难点。

反观日本的相同年龄段足球运动员的培训策略则较为连贯和周密，有统一的教材和教学目标。日本半职业联赛“从小学开始，根据各年龄段青少年生理和心理特征，分阶段设计了详细的训练计划，依次往上分别是 U12、U15、U18 等各年龄段，训练的连贯性和一致性保证了运动员扎实的技能基础。”校园足球 U15 运动员是学生的身份，也有运动员的身份，都在育人的大的目标下。

（二）全面育人，加强文化课学习

“我国青少年足球后备人才的培养主要还是靠体育系统来进行，目前大多数青少年足球培养机构采用半天训练、半天文化学习的‘三集中’形式。”本次集训时间从 7 月 24 日到 8 月 10 日，之后的德国之行从 8 月 11 日一直到 8 月 20 日，几乎贯穿了整个暑假。在这期间，全体队员完全没有进行文化课学习。文化课本就薄弱的队员，如果完全没有学习文化课，则不利于其个人的成长。文化课学习的缺乏，不仅仅存在此次集训活动，在一些俱乐部，这个问题更加严重。

像这种集训活动，队员们学龄相同，文化课的水平也基本一致，可以配备一名老师，根据其学龄、年龄以及训练情况，有针对性地设置一定课程，既不脱离文化知识的学习，又可以利用这段时间引导队员们树立正确的人生观、世界观、价值观。

（三）体教深度融合，打通小初高大学贯通体系

校园足球是体育与教育相互融合的、非常好的范本和有益尝试，其中也有很多体制机制上的融合需要及时作出调整。

在访谈此次校园足球 U15 国家队教练员时，教练员表示这是一次非常成功的体教融合的案例，希望后续可以有更好的发展。队员则表示对未来出路的不安，是走职业运动员的路线进入职业队，还是通过特招进入大学。走职业运动员路线，拼不过从小就进入职业俱乐部梯队的运动员；通过特招进入大学，文化课又欠缺很多。这也是为什么学校很少有学生愿意进入足球队的原因。教育部门必须研究出可行的足球特殊人才的招生制度。

只有体育隶属于国民教育序列才能解决“人才培养”和“发展出路”的问题。真正的体教融合，是真正地做到像学校教育一样，打通小初高以及大学的育人体系，让足球运动不仅是强身健体的一种手段，更是有足球特长和足球梦想的孩子的一种成长路径。

（四）加强教练员培养，提高整体水平

影响足球发展的关键因素是师资，且已有研究表明教练员对体育参与者的行为具有显著影响。校园足球，不仅要加强青少年运动员的培养，更重要的是要加强对教练员的培训与培养。近年来，体育界教练员的丑闻层出不穷，教练员私自收受红包，对运动员非打即骂、甚至猥亵，这些事件从一定程度上反映出教练员队伍的良莠不齐，所以，必须加强对教练员的培训。

日本作为足球运动强国，一直非常注重对教练员的培养，提出了“三位一体”的培养体系，即教练员培养、青少年培养、各类国家队培养。大面积的足球水平的提高要靠教练员去指导，指导者的水平高低，直接影响着各训练中心的训练工作，训练中心的另一项任务是指导者培养。这对我国是非常有益的借鉴。

五、总结

“特色学校 + 高校高水平足球运动队 + 试点县（区）+ 改革试验区 + ‘满天星’训练营”，这“五位一体”的校园足球立体推进格局，取得了重要的阶段性进展。作为校园足球的重要一环，U15 集训是“在校园足球搭建的竞赛、选拔体系不断完善的基础上，强化与体育、足协、国际顶尖足球俱乐部、阿迪达斯等国际化社会组织的合作。”

此次校园足球 U15 国家队的集训，为我国校园足球小将们提供了非常好的平台，使得足球小将们得到了充分的锻炼，展示了我国足球少年的风采，又为推动青少年校园足球的文化建设提供有益尝试。相信在不断的努力和尝试下，我国的校园足球一定越来越好。

参考文献

［1］孙晓娟，吴澳．校园足球对青少年身心健康的影响［J］．西部素质教育，2018（15）：62–63.

［2］中国驻日本大使馆教育处．日本校园足球发展情况简介［J］．基础教育参考，2016（5）：69–71.

［3］项和平，徐金山．中日青少年足球后备人才培养状况比较分析［J］．上海体育学学报，2008，32（5）：90–94.

［4］毛振明，刘天彪，臧留红．论“新校园足球”的顶层设计［J］．武汉体育学院学报，2015，49（3）：58–62.

［5］沈建敏，应孜，高鹏飞．校园足球发展的顶层设计与底层回应［J］．北京体育大学学报，2017，40（4）：83–88.

［6］张明，孙科，李玫，等．日本足球教练员培养经验及启示［J］．体育文化导刊，2018（12）：71–75.

［7］朱宁．日本足协“三位一体”强化体制中青少年培养模式［J］．体育与科学，2002（4）：18–21.

东方绿舟拓展课程对于高中生核心素养培养的作用

黄晶鋆

摘　要：上海市青少年校外活动营地——东方绿舟作为校外教育的排头兵，近二十年来的办学过程中始终秉持着“自主、合作、体验、创新”的核心理念，在中学生素质教育的领域取得了丰硕的成果。本文以东方绿舟拓展课程为切入点，阐述了拓展活动在培养中学生核心素养的过程中所起到的作用。

关键词：中学生；核心素养；拓展训练

一、拓展课程的产生背景

中学阶段是学生的身体发展和心理发展最为重要的时期，中学阶段的教育对于提高我国国民的基本素质和培养创新型人才具有特殊意义。如果不能对他们进行引导和帮助，势必会影响他们的健康成长。近年来，拓展训练作为一门新兴的课程，在各行各业受到了广泛的关注，受训者经过亲身经历实现学习和掌握技能的目标，“在做中学、在玩中学”，从而增强他们的能力。

二、拓展课程的作用

拓展训练也叫体验式培训，它让学员置身大自然以及各种特殊情境中，达到放松身心、磨砺意志的目的。组织者大多利用户外体验活动，引导学生进入各种模拟情境，进行各种身心训练。拓展训练起源于第二次世界大战，最初的目的是培养年轻水手以提高战斗力和生存率。针对中学生开展拓展课程，其重要目的就在于使学生的核心素养得到锻炼以适应社会的竞争。中学阶段对于学生来说不仅是生理和心理的重要发展期，也是他们形成“三观”的奠基期。在此阶段，提升学生的创新能力、动手实践能力等核心素养尤为重要。目前我们所接触到的中学生大多是独生子女，在其成长的过程中往往会有人际交往的问题；其次，由于学业压力的影响，各种各样的补习班充斥着孩子们的生活，越来越少的交流时间逐渐养成了中学生的闭锁心理，不愿轻易袒露自己的内心世界、不敢与人坦诚相待、对自己缺乏自信心，在交往中事事回避处处退缩，这些都不利于人际交往。那么拓展训练就是能解决这些问题的“灵丹妙药”吗？答案当然是否定的。但古人云：不积跬步，无以至千里。在东方绿舟体验的课程可能成为撬动地球的那个支点。

三、拓展课程中教师承担的角色

在很多人的眼里，拓展课程形似游戏，但正是因为这一点往往更能激发学生们的兴趣。对于中学生来讲，越是没有接触过的东西越有吸引力和挑战性。教师通过合理的课程设计让学生们的核心素养在活动过程中得到激发锻炼。为了完成团队任务，团队成员需要密切的沟通与协作，这在无形之中为同伴间的沟通创造了更好的条件；拓展训练的分享与讨论环节，也为学生提供了展现自我、表达自我的机会，加强了学生之间的了解，增进了学生间的沟通交流。如“信任背摔”，有些人在最开始不敢往后跳，但是在团队成员的支持与鼓励下，他们勇敢地完成了挑战任务，这不仅仅增强了他们的自信心，还增强了与同伴间的感情，增加了同伴间交流的机会。在“急速 60 秒”中，学生的任务是将代表 1~30 的数字信息卡片按照由小到大的顺序拾起来，在挑战过程中，学生需要将卡片上的信息转换成数字，这能活跃他们的思维，提高应变能力和对所学知识的运用能力，从而提高学习技能。在“穿越电网”中，学生在活动的过程中难免会触碰到铁圈而导致活动时间的延长，在这样的压力下经常会引发队员之间的意见不合，但为了最终完成任务，教师这时候就应该引导学生们控制自己的情绪，加强自我管理。

四、拓展课程中存在的问题

在拓展活动的过程中，随着完成程度的不同，团队会出现各种各样的问题，作为教师在这一过程中针对不同的问题进行适当的引导，让学生们自主地去解决这些问题。学生通过这些活动获得一些新的知识与技能，加强同学之间的沟通与交流，使学生重新审视自己，使同学重新认识自己。在数年的教学工作中，我见证了无数次学生们参加拓展活动后所发生的改变。比如身材较胖的 A 女生在参加诸如徒手营救和穿越电网的活动中因为自己的身材而自卑，对自己没有信心，但在活动中班集体充分发挥了团队的作用，不断鼓励该女生，给她安排合适的角色和任务，让她能够获得和其他学生一样的体验。活动结束后该女生的激动之情溢于言表，在后来的几天学习生活中也更积极地融入团队当中。再比如男生 B，在很多时候是大家眼中的“问题”学生，不服管教、特立独行，喜欢彰显自己的个性，这类学生着实让不少老师头疼。在拓展活动中可以根据该男生的性格特点对其进行有针对性的安排，比如安排他作为活动小组的队长，让其担负起一定的责任，同时也能满足其表现欲，更投入地参与到活动中。课后该男生坦言第一次体会到了当领导的感觉，也深感作为一个领头人的不容易，在营地生活的其余时间里男生 B 明显比之前更愿意接受老师的管教。

五、总结

学生的成长不仅仅是一板一眼、照着课本以及老师的言传身教来实现的，自古以来学生的成长也离不开体验这一环节。开展拓展训练这类体验式课程，促进学生核心素养的培养，才能让学生适应社会的发展。我们常常说通过素质教育让学生更好地适应当今社会，这不仅仅与学校教育有关，更不可能仅仅依靠东方绿舟的几天活动完全改变学生的认知，更与家庭和学生自身息息相关。家长应该给孩子更多的自由空间和闲暇时间，让他们参与社会活动，增加孩子与外界接触的机会，从而提高他们的社会适应能力；学生自身也应该多多参加班级活动及社会活动，促进自身的全面发展。

参考文献

［1］王小红 . 拓展训练对高中生社会适应能力影响的研究［D］. 大连：辽宁师范大学，2018.

［2］杨明 . 拓展训练的起源与教育意义［J］. 今日科苑，2009（22）：286.

浅析校外教育资源的整合和利用策略

王 莹

摘 要：校外教育是教育系统里必不可少的一部分。教育资源丰富、层出不穷的校外教育机构也为学生的校外学习提供了场所，在一定程度上增加了学生的可选择性，为学生的发展提供了有利的空间。充分整合和利用校外教育资源，也成了我们关注的热点。

关键词：校外教育；资源利用

一、以校内教育为基础，整合校外教育资源

当代校外教育不再像以前一样，仅仅是对校内教育的补充、扩大和发展，两者是一种教育资源的互补，两者相辅相成，是实现素质教育的必要途径。多种多样的资源为学校和教师提供了广阔的空间。我们应该认识到，不是所有的资源都供我们使用，整合校外教育资源是对资源合理利用的一项基础性工作。整合校内外教育实现资源效能的最大化，对推动校外教育具有十分重要的意义。资源整合要以学生为出发点，以社会教育需要为立足点，了解当下社会对学生现阶段的要求以及学生的知识水平，根据周边已有的资源进行比较，筛选出对学生有用的内容整合到综合学习中，使之具有一定的系统性、结构性。以上海市青浦区为例，青浦区资源较为丰富，区内有全国示范营地东方绿舟、公共安全实训馆、朱家角古镇、大观园等。上海市青少年校外活动营地——东方绿舟是校外教育的基地，承担着上海乃至全国学生的校外教育工作，有着属于自己的品牌文化课程。我们可以依托东方绿舟，以东方绿舟为出发点设计合理的相关周边的校外课程。东方绿舟本身就拥有一些校外课程，如高空项目、拓展项目、水上项目、自然项目、人文项目生存体验等；而在这些课程中，可以通过对周边资源的选择使其更加丰富，非常值得学生去体验。例如用于生物课程的动植物、微生物；用于地理课程的水文和地貌、天气和气候；用于艺术

课程的自然景观等等。校外课程通过对自然资源的整合，使学生在与自然亲密的接触中，既能领略湖光山色、享受自然之美，也能看到大自然凶险的一面，感受自然的伟力。例如拓展项目中的定向越野，我们可以结合朱家角古镇的地理风景，设计不同的定向路线，让学生在识图看图中感受古老巷子的别样风韵。再纵观这些物质资源，有哪些是可以互补的，哪些是东方绿舟缺乏的课程资源，如其周边的公共设施图书馆、博物馆等，无疑是重要的课程资源。

二、校外教育资源的利用

对已开发整合好的资源利用的过程中，学生可以在实践中感受体验。针对学生水平的差异，校外教育可以提出不同的要求、设定不同的目标，紧密联系学生的实际，帮助学生更好地掌握学校教育里比较抽象或缺乏生活经验的内容，让学生通过多种渠道进行选择。校外教育的资源利用过程中，不仅要求学生走出校园，同样也要求校外课程走进校园。选择恰当的教育资源，采取合适的方式用在学生的校内学习中，构建校本课程。开发校本课程是利用校外教育资源的重要方式之一，学校根据教育教学的实际情况设计课程。学校可以利用东方绿舟的智慧大道，对本校学生的需要进行科学分析，让学生掌握其中的智慧人物相关的历史故事，近距离观察感受智慧人物。

三、总结

校外教育资源的整合和利用离不开教师的智慧，现阶段要加强教师队伍的建设，尤其是教师信息化网络的培训。网络资源的利用是不可缺少的，尤其是受新冠肺炎疫情的影响，学生目前无法集中到公共场合进行学习，只能借助网络进行学习，教师应掌握基本的网络授课形式。现代的教育为学生的发展学习创造了非常优质的内外部环境，把握利用这些优质的资源，让学生充分了解、体验中华文化的博大精深，树立远大的理想，这也是作为教师的要求和期待。

参考文献

[1] 卢晓明. 让学生喜欢成为校外教育的重要指标[J]. 上海教育，2011（6）：36-37.

[2] 王雅铭. 浅谈少年儿童校外教育的重要性[J]. 黑龙江科技信息，2012（26）：179.

浅析学农研学实践课程的特点

——以校外教育营地为例

黄爱梅，刘　未

摘　要： 研学旅行是推行素质教育的新内容与新方式。新时期的劳动教育具有全面育人、发展学生核心素养等特点，文章以校外教育营地为例，阐述了研学与劳动教育相结合的学农研学实践课程特点，对助推研学旅行和劳动教育的开展起到积极作用。

关键词： 研学旅行；学农课程；教学方法

2016年11月，教育部等11部门印发《关于推进中小学生研学旅行的意见》，将研学旅行纳入中小学生教学计划，并要求有针对性地开发自然类、历史类、地理类、科技类、人文类、体验类等多种类型的活动课程；2019年6月，国务院发布了《关于深化教育教学改革全面提高义务教育质量的意见》（以下简称《意见》），“五育并举”是此次《意见》对素质教育的创新定义，不仅仅是德智体美，更应加强劳动教育，学生生活实践、劳动技术和职业体验教育。校外教育紧紧围绕育人的中心职能，利用其得天独厚的教育资源，组织实施了“学农研学实践”课程，充分发挥劳动综合的育人能力。本文以《上海市中小学劳动教育实施纲要》《上海市学生农村社会实践教育指导大纲（试行）》等文件内容为背景，以校外教育营地为例，论述学农课程中的一些特点。

一、课程主题突出

劳动教育除了力所能及的家务劳动，学校值日和校园劳动外，学生还应在相应的田地、山林、草场参加农业生产等实践活动。为使学生掌握基本农业知识和农事操作技能，校外教育营地的学农课程，依据营地特色及其周边资源，制订了农耕翻地、湿地养护、果树花卉种植、蔬果采摘、水稻收割、唱田山歌等相关实践体验课程；同时还聘请专家对现代农业的特征及其发展趋势进行讲解，对学生从理论到实践进行教与学的活动。

二、课程内容丰富

学农课程的综合实践性较强，不仅有课本上的综合知识，社会上也有一定的实践性，是提升学生综合学力和个人素质的综合课程。因此根据上海新课程方案及“两纲”的要求，校外教育营地制订了丰富的课程内容，整个学农的课程分为四大板块，分别是田园劳作、生活管理、学习探究和文化展示，四大板块相辅相成，安排学生以小组形式参与每个板块并进行轮转，在体验过程中一步步引导学生去思考和探索。

三、以动手操作为主导的实践体验

陶行知曾说教的法子要根据学的法子；学的法子要根据做的法子。教法、学法、做法是应当合一的，陶行知视“教学做”为一体。“做”是核心，他主张在做上教、做上学，这意味着学生必须要亲自参与整个知识的建构，在亲身经历的过程中去学习知识、体验情感。教学设计的时候需要打破传统的“填鸭式”教育模式，让学生在动手实践中领悟知识或者技能，并形成个人的理解。以农学体验课程中的“田园劳作”板块为例，在农耕翻地时学生需要通过了解耙子、铲子等生产工具的结构再来进行翻地，在翻地的过程中不仅要知道翻耕土地的意义，还需要知道日常所需要除去杂草的种类；在果树、花卉的种植时要了解不同种类物种的种植知识，了解土壤、季节等环境因素对种植的影响。学生在实践当中，不仅体会了一锄一铲的艰辛，还加强了团队合作与交流。“这次的学农研学实践活动让我印象非常深刻，我不仅认识了部分杂草的类别，还知道了很多的地理知识，如果是在课本上来学习这些知识，过不了多长时间就会忘记，但是这次通过动手实践，我不仅能够记住，还完全理解了。”这是参加过学农课程的学生说的话，实践证明动手操作是学生们收获最大的一个环节，也是学生们最喜欢的一个环节。

四、以问题为导向的拓展学习

有什么问题就解决什么问题，因此以问题为导向的拓展学习可以使学生的好奇心更加浓厚。在好奇心的驱使下，以问题为导向，学习的内容和形式就会十分丰富。在学农课程中，可以结合这一教学方法来提高学生的探究能力与兴趣。例如在学农课程中的学习探究板块中，教师通过张马村田园定向活动，给每个小组分发了调查问卷，如“张马村农情园中有哪些动物种类？”“张马村农情园有哪些主要农作物？”“张马村农情园的主要布局包含哪些区域？”这些都是学生需要寻找的答案。学生通过寻找、小组讨论进而得出结论，在这个过程中学生自主思考和探究，更能加深学习印象，激发学习热情。

研学旅行是学生通过集体旅行、集体食宿的方式走出校园，有利于推动全面实施素质教育，创新人才培养模式，引导学生主动适应社会，促进书本知识和生活经验的深度融合；研学旅行的灵魂是实践育人，时代在变，劳动教育和过去十年、二十年前相比有很大不同。劳动教育要适应时代发展的特点，社会和时代在变化，劳动教育要有新的形态；要针对大城市劳动教育资源的特点，结合不同年龄段孩子身心发展的规律和特点，开展相应形式的劳动教育。校外教育营地将研学旅行和劳动教育相结合，从营地出发，再到周边农学资源，在看、做、思考的过程中让学生形成直观而具体的印象，通过学农课程，让学生们充分体验玩中学的魅力所在，更能懂得生活靠劳动创造，人生也靠劳动创造。

浅析营地校外教育教师的角色定位

——以东方绿舟为例

王伟霞

摘　要：近年来，随着国家对研学实践的不断重视，营地校外教育教师担负的任务和职责也越来越多，不仅要承担营地相关的国防素质教育课程，也要担负起研学实践教学等相关工作，要成为营地先进教育理念的传播者，因此校外教育教师的角色定位呈现多样化的特征。本文主要介绍了研学实践背景下校外教育教师的角色定位，这其中包括知识的传播者、研学导师的践行者、教科研的探索者等角色，力求促使营地校外教育教师能够顺应时代要求，在教学过程中不断提升自己。

关键词：校外教育；营地；教师；角色定位

一、角色以及教师角色的定义和内涵

角色在很早以前一直用于戏剧舞台，是戏剧舞台上的专业用语，是指在戏剧舞台中担任的某一个特定的人物。随着社会的发展，角色的定位也随之发生变化，不同的学者对于角色的定义也不尽相同，有的学者将角色等同于人的社会地位，我国学者认为角色包含了很多社会性因素，这其中包括社会地位、社会期待、角色扮演者、社会关系地位等因素。因此教师角色即社会对教师的一种心理期待和要求。

校外教育作为学校教育的延伸和补充，是青少年实施素质教育的重要组成部分，对孩子们的全面发展以及个性的成长起着举足轻重的作用。营地校外教育教师通过组织一系列的军事拓展课程和研学实践活动，让青少年在做中学、在学中做，对青少年的身心健康发展起着重要的作用。校外教育的教师要敢于承担应付的责任，为孩子们的健康成长保驾护航。

二、东方绿舟营地校外教育的特点

东方绿舟营地作为上海市和全国最大的青少年校外活动营地，是上海市落实科教兴国战略的重大举措。东方绿舟营地的园区内有知识大道区、生存挑战区、拓展训练区、国防教育区、科学探索区等区域，有战伤救护、拓展训练、军事定向、勇敢者道路、公共安全实训等一百九十多项活动体验课程，承担着为全市高中学生提供国防素质教育的责任，每年超过十万人次的高中学生到东方绿舟营地接受为期五天的国防素质教育，为全市青少年提供了丰富多彩的校外活动场所和课程体验。除此之外，随着国家对研学旅行工作的重视，东方绿舟营地已成为全国首批重点示范性研学实践基地之一，至今已有来自全国各地的数万人次的研学师生和团队到营地研学，为青少年提供了丰富的研学实践课程。

三、营地校外教育教师角色的定位

营地校外教育教师是营地校外教育理念的践行者，随着社会的发展，学校和家长对教师的期望也越来越高，校外教育教师在促进孩子全面发展和个性成长过程中的作用也越来越显著。针对营地校外教育的特点和独特优势，营地校外教育教师的角色应该呈现多样性特质，本文将从以下几个方面阐述营地校外教育教师的角色定位。

（一）知识的传播者

无论什么年代，教师职业的特殊性都使得社会对教师的期望和要求越来越高，也正是由于社会对教师职业的期待和要求，使得教师在教育生涯的过程中一直扮演着教书育人的角色，无论是校内教育教师还是校外教育教师，都在人类文化发展和知识的传递中发挥重要作用。在家长和学生的心目中，教师就是一个知识的宝库和百科全书，校外教育教师不仅仅具备学校教师的丰富的科学文化知识，同时也具备丰富的校外教育知识。例如东方绿舟营地的无线电测向课程要求教师把无线电测向的知识传授给学生，军事定向课程需要教师把定向越野等知识传递给每一个孩子，战伤救护的课程需要营地校外教育教师将心肺复苏等救护知识教授给学生，让学生掌握紧急救护的常识和技能，这是学生在学校无法获取的知识。营地教师的作用就是尽可能把对社会、个人有用的知识和技能传授给每个孩子，这些知识不同于学校教育所教的知识，这种知识传授有利于开拓学生的眼界，促使学生博学多才，同时提升孩子们社会生存的技能。知识传播过程就是以学生为主体的主动的、积极的连贯过程，教师在这一过程中主要发挥引导作用。

（二）营地精神文化的传递者

东方绿舟营地一直秉承“自主、体验、合作、创新”的理念，通过一系列丰富多彩的课程体验激发学生求知的热情，作为校外教育的教师自始至终将这种独特的文化教育理念放在心中，在军事定向、无线电测向、勇敢者道路等课程中努力培养孩子们的团结协作的精神，勇于挑战的勇气，敢于创新的理念和逻辑思维的能力。教学过程传递给孩子们这种教育理念和我们对校外教育的思考和探索，同时也践行了营地的教育理念和精神。

（三）言传身教的执行者

古人云：“其身正，不令而行，其身不正，虽令不从”，这其实就是说明了言传身教的重要性。教师的言谈举止对孩子们健康成长有潜移默化的影响，校外教育教师也不例外。校外教育教师没有固定的三尺讲台，无论是酷暑严寒还是刮风下雨都一直坚守在教育的一线，这也从侧面激励着孩子们要有吃苦耐劳的精神。尽管国防素质教育课程只有五天，但教师们的言谈举止在孩子们的心目中播下了一颗小小的种子，因此作为校外教育的教师要在各个方面严格要求自己，牢记自己作为教师的职业使命，提高自己的修养，努力成为学生心目中的楷模。

（四）教科研的探索者

教育科研水平是检验教师专业化水平的重要指标，随着教育改革的深入，社会对教师的教科研要求也越来越高。无论是校内教育还是校外教育，教育科研已经成为了热点话题。营地对教师的教科研要求也越来越高，定期举行教科研培训和课题研究来提高教师的教科研水平。2020 年的新冠肺炎疫情给全国教育事业带来了挑战，校外教育也遭遇了前所未有的挑战，4 月份营地举行了为期几个月的教科研培训，教师不断探索、交流、合作，将自己在教育教学过程中发现的问题、教学经验和教训总结出来，并上升到理论的高度进行分析、概括和总结，最终形成科研论文和课题。提升教科研水平是校外教育发展进步的需要，也是校外教育教师提升自身专业化发展水平的需要。

（五）研学导师的践行者

随着国家对研学旅行的重视，东方绿舟营地作为全国首批示范性研学实践基地之一，每年承担的研学任务也越来越多。营地校外教育教师在承担国防素质教育的同时，也要担任研学导师的角色，要跟来自全国不同地区的孩子们一起吃、住、行。在这一过程中，研学导师是家长、是老师、是朋友，要关注学生的衣食住行、健康安全，倾听孩子的心声，分享欢乐和幸福，同时要肩负起教育管理的角色，要维持学生秩序，组织学生活动，协调人际关系，评价学生表现等。

四、总结

除了以上角色，营地校外教育教师扮演的角色还有很多，无论是哪个角色，营地校外教育教师的目标就是传递营地校外教育的理念，开拓孩子们的眼界，促进孩子们个性成长和全方面的发展。

参考文献

［1］杨颖．课改中教师的角色定位［J］．中国校外教育，2009（9）：31.

［2］黄雅丽．终身学习社会背景下教师的角色定位［J］．福建师范大学学报（哲学社会科学版），2003（5）：120–122.

试谈校外营地活动中的教育机会及备课策略

苏　豪，吴必煌

摘　要：校外营地的户外活动充满了教育的机会，这些机会具有重要的教育价值。教育机会是有规律可循的，具有奇妙、冲突和不协调等特征。教育机会可以从主体、目的、时机、频率等角度进行分类，有助于我们把握它们。教师可以通过备课，抓住一个个机会来实施教育。本文探讨如何针对教育机会开展备课的策略，主要有要善于抓住机会，利用好机会的时效性；要紧紧围绕教学目标，解决实际问题，避免盲目引导；要能及时应对意外情况，在既定目标之外提供新的思考；要充分利用活动分享。

关键词：教育机会；校外营地活动；备课策略

一、营地教师需要针对教育机会开展备课

在组织某重点高中的若干班级开展“步调一致”活动时，其中两个重点班多达五十多人。结果，重点班比人数少的班级落后。于是重点班学生跑过来抗议比赛不公，要求本班也减少人数，再来比过。如何回应这些学生的质疑呢?

我宣布了比赛成绩后，说：“同学们，刚才因为大家都知道的原因，我们的比赛成绩可能有点不公平。对于同学们的质疑，我是认可的，我要大大地表扬你们敢于质疑。但我这里不是正规比赛，因为我无法在有限的时间里不让一些同学参与活动，你们愿意让一些同学不参与这项团体活动吗？”学生们回答：“不能。”我说：“我相信你们将来会成长为社会的栋梁，也会领导人数或多或少的团队，但人数多就该跑得慢一点吗？难道我们十四亿的中国人，就注定要跑在世界的后面吗？”学

生们纷纷鼓掌。我继续说："现实是，我们想在经济建设方面跑得比任何国家都快！所以，跑得慢的班级需要检讨，我们如何跑得更快一点；跑得快的班级也应该检讨，我们该如何跑得更快一点。大家说，对不对？"学生们回答："对！"

在这次活动受到质疑时，我抓住机会，通过讲道理，把学生的思想引导到更高的层面上，取得了很好的教育效果，这也展现了随机应变的教育魅力。

在校外营地的户外活动中，充满了教育的机会。所谓教育机会，就是指在教育活动中正常或者非正常出现的，能够带来教育思考改变的各种教育事件。校外营地的教育，主要是教师通过抓住一个个教育机会来实施的。教师需要利用情况发生的机会，趁机施行教育。文喜看山不喜平。教育机会就像一件件突兀的大山和小山，给人深刻的观感。借助这些教育机会，能够达到比较深刻的教育效果。

从某种意义上说，发掘和把握教育机会的能力，体现了一位教师的水平。看似即兴地发挥引导，实际上是长期经验的累积和总结。为了更好地搞好教学，校外营地教师需要研究教育机会，开展有针对性的备课。

二、教育机会的特征和分类

为了把握教育机会，我们需要研究教育机会。教育机会作为教育事件，概而言之，有如下的特征：

突兀。教育机会有时候不知从哪里突然降临，在计划和预料之外，现有手段很难应对。

奇妙。如果某个问题被奇妙地解决了，其背后的思维就值得重视，完成活动的人和团队就值得好好深究。危机，有危险有机会，才奇妙。

冲突。例如两个孩子争吵起来了；有的孩子被排挤了；有的孩子被欺负了；有的孩子被冷漠和不当对待了；双方都不合作；东西弄丢了、摔坏了；会错意了、意思弄反了，等等。这些表现突出的问题就是可贵的教育机会。

困难。困难需要克服。但克服困难的人，无论体能、情绪、经验可能都不足够；如果失败了，是坚持还是放弃？教师此时的作用至关重要。

教育的机会可以有多种分类方法。

第一，按照活动主体，教育机会可以分为个人的教育机会、团体的教育机会。

对于个人的事情，个别解决；如果是团体的事情或普遍的事情，需要集中解决。

第二，按照活动目的，教育机会可以分为知识与技能教育机会、过程与方法教育机会、情感态度与价值观教育机会等三种。教育的引导，最终促使学生在这三个目标上得到提高。

第三，按照出现的时机，教育机会可以分为活动开始的教育机会、活动进行的教育机会、活动结尾的教育机会等三种教育机会。

第四，按照出现的频率，教育机会可以分为常规的教育机会、意外的教育机会。常规的机会容易预见和预设，意外的机会不容易预见，这对教育者在活动中的控制力带来挑战。

第五，不同年龄层次的学生，其心理和生理特点不同，呈现的教育机会也不同。调皮和玩闹是小学生的特点，心理不成熟是初中生的特点，主观意志强是高中生的特点。小学生的问题常常来自能力不足，初中生的问题常常来自心理不成熟，高中生的问题常常来自个性问题。

三、如何针对教育机会进行备课

一个教育事件，只有经过教师的正确运用才能成为教育机会。备课帮助教师发掘并把握教育机会。

备课的教师，眼睛虽然没有看到，但心里应当想象到教育机会的出现情境。活动开始时教师通常需要关注团队的价值认同、规则确认、人员沟通；活动进行中，教师需要关注团队冲突、任务困难、意见分歧和安全问题；活动结尾阶段，教师需要进行总结和分享，促使学生在思维和情感上升华。教育机会就蕴藏在其中。

针对教育机会，本文总结了以下四点：

第一，善于抓住机会，把握时效。

机会稍纵即逝，机不可失，时不再来。我在组织一次亲子自然科普活动中，注意抓住机会，把握时效，对孩子们进行了适当的教育。第一天，小朋友们要组建小队，画队旗，设计队歌和口号，选出小队长。这些孩子们为了当上小队长争得面红耳赤。但第二天早上，只有彩虹队队长陈乐昊带着妹妹提前三分钟到达指定地点，其他孩子都迟到了。在其他孩子到达之前，我和陈乐昊进行了对话。

我问陈乐昊：你是队长吗？

答：是的。

问：那你的旗帜呢？

答：忘了。（满脸的不好意思）

问：那你的队员呢？

答：忘了。

问：你觉得自己有不对的地方吗？

答：是的。

当孩子们都到齐后，我还是当众表扬陈乐昊兄妹俩准时到达，这又是另一个教育机会了。

第二，围绕目标，不要盲目。

一次亲子自然科普活动中，其中一项是竹筏渡河。为了避免在渡河过程中站在竹筏上弄湿鞋子，我让大家把鞋子和袜子都脱掉。结果，有好几个小朋友害怕小草扎痛脚，都光着脚踩在他们的队旗、救生衣上。于是我上前，坐在草地上，双手拄地，对小朋友们说：各位小朋友，想不想学一招，小脚马上不怕小草了？你们像我这样做。小朋友们马上坐在草地上，双手拄地，纷纷欢呼：脚不痛了诶。大人们都在偷乐。我接着说：你们现在还怕不怕小草了？小朋友们有回答怕的，也有回答不怕的。总之，我们通过这个方法，吸引了小朋友们的注意力，减轻了他们的畏惧心理。

第三，应对意外，创新思考。

例如，本文一开头提到的案例，提升了学生们的视野。下面仍然以我们的亲子自然科普活动为例。争当小队长，是许多小朋友的强烈愿望。有个小男孩一直不服气一个小女孩，他们都想要当小队长。最后，矛盾公开化，两个小孩大声吵起来了。我看到这种情况，先是让他们小组投票，意外的是当时人无法凑齐。于是，我对双方说：你们愿意用划拳来决定吗？双方都同意了。一局之下，小男孩输掉了。他还要再来一次划拳比赛。我对小男孩说：叔叔欣赏你的勇气，但按照规则，你既然没有约定三局定胜负，就要接受输赢，于是这个小男孩同意了。通过这个案例，我发现新一代孩子的自信和规则意识，比老一辈人强多了。

第四，总结交流，批判思考。

在活动末尾阶段，一般要进行活动分享。对活动的分享，要以事实为依据，以活动目标为指针，提高学生的思维水平和情感认知。

我认为总结分享有个不好的程式，就是凡事都拿团队合作来解释。做得好了，取得胜利了，是团队合作的结果；为了取得更大更好的成绩，必须坚持团结合作。若干年前，笔者旁观一场“铁人三项”。比赛获胜的选手发言就是这样谈体会的，他的发言赢得了热烈的掌声。我当时想，难道比赛落后的队伍就不团结了吗？取胜之道，另有原因吧？这样的总结分享，就成了好好先生说话，你好我好大家好，起不到提升思维的作用。

四、总结

我认为，应当提升批判性思维在总结分享中的作用。具有批判性思维的学生，对于他人的意见不盲从，善于做独立思考和批判分析，敢于当众表达。这样的学生才是我们素质教育的培养模范。

参考文献

［1］叶存洪 . 用足各种教育机会［J］. 江西教育，2013（10）：10.

［2］王贞虎 .“教育机会”很必要［J］. 辽宁教育，2015（10）：26.

［3］陈燕萍 . 把握教育机会，让学生在活动中成长［C］. 江苏省教育学会 2006 年年会论文（综合二专辑），2006.

寻向活动在校外德育教学中的应用

姜未扬

摘　要：校外教育在全面实施素质教育的过程中对学生个性及道德品质的培养发挥着重要作用。如何在实施校外教育的过程中，正确引导和培养青少年的思想品德和正确的人生观、价值观是每项课程设计时必须考虑的问题。

关键词：寻向；德育；社会主义核心价值观

一、课程设置理念

“寻向”一词出自东晋诗人陶渊明的《桃花源记》：既出，得其船，便扶向路，处处志之。及郡下，诣太守，说如此。太守即遣人随其往，寻向所志，遂迷，不复得路。意思是寻找以前所做的标记。东方绿舟营地的寻向活动主要包括识图用图军训课程、无线电测向军训课程和大型活动拓展课程。为了贯彻落实党的十九大精神，坚持树德立人的教学理念，培育和践行社会主义核心价值观并贯穿整个营地校外教育教学全过程，让校外教育成为社会主义核心价值观践行和传播的主阵地之一，拓展教育教学部的寻向活动教研组，近年来不断尝试和改进寻向教学课程和教学方法来提高德育教学质量。本文旨在总结近期的一些教改心得体会，不足之处望领导和同仁们批评指正。

二、课程设置

（一）识图用图军训课程

识图用图军训课程是高一军训大纲里的必修课程，它是军事地形学的基础。我们利用营地的地形资源，制作了范围3公里、比例尺为1 ：10 000、体验活动路线分别为600米和800米的军事地形图作课件。学生在体验活动前通过教师的授课，学习并初步掌握军事地形学的基础知识，比例尺换算和标定地图的技能后，教师鼓励并指导学生利用这些基础知识技能完成指定体验活动。课程中我们尝试从两个方面进行德育教育，一是从社会主义核心价值观之一的“诚信”入手。“守时”是诚信素质的其中一方面，本课程的体验活动要求学生需在规定的时间内返回终点，当体验活动完成度和返回的规定时间有冲突时，超时完成活动返回终点还是准时返回终点但无法完成活动的选择就摆在学生面前，不管他们的选择是哪个，教师都可以在评价时通过座谈交流、学生代表发言等教学手段进行诚信教育。二是从社会主义核心价值观之一的“爱国”入手，教师在授课时利用图片影像等课件拓展一些中华民族传统文化经典讲解，比如军事地形学经典文集《孙子兵法》，现存最古老的地图“马王堆帛地图”，四大发明“指南针”等等。通过学习了解这些中华民族辉煌历史，提高学生对本民族的认同感和归属感，进一步引申到对祖国光明未来的自豪感和使命感。

（二）无线电测向军训课程

无线电测向军训课程是高一军训必修课程，它是通过利用无线电测向机探寻接收隐蔽电台的拍发呼号并记取正确“密码”的活动。本课程我们主要从社会主义核心价值观之一的“友善”开展德育教育。实际教学过程要求学生在初步掌握无线电测向机的基本使用方法技巧后，以7人左右的活动小组完成体验实践活动，通过每一组只给予一套测向器材的教学安排，促使他们在体验活动时尝试维系良好人际关系，协调好各自的分工，最大限度利用好现有的人力物力资源，努力避免由于活动器材的匮乏而带来的团队关系紧张，创造友善和谐的合作氛围。同时，教师通过体验活动中对学生团队的观察，适时加以点评，加深学生对活动中出现的各种现象的反思，从而达到既定的德育教学目标。

（三）大型活动拓展课程

大型活动拓展课程主要是针对成人团队或非军训学生团队而设计的寻向课程，

10 人左右为一组，通过识别地图辨别方向，依次到达 8 个指定地点，并在指定地点完成相应的任务，最后返回终点记取成绩。今年我们成功开展了多次这样的寻向活动，比如上海侨办的“寻根之旅”，全国中小学足球夏令营等，都取得了非常好的反响。本课程的德育教学切入点是社会主义核心价值观之一的“爱国”。爱国，自古至今都是中国社会始终强调的个人品格，也是中华民族标志性的集体精神。课程中我们特地设计了一些能激发学员爱国热情、践行爱国主义情怀的教学环节，比如到达智慧大道区域，找到毛泽东雕像，在雕像前拍一段全队朗诵《七律·长征》视频；到达国防教育区，找到红军长征纪念广场东侧“红军长征雕像”，全队摆一个与雕像一模一样的造型拍集体照；在智慧大道“四大发明广场”，找到 3D 立体画“辉煌中华”，全队站在长城城墙上拍集体照；到达趣桥世界区域，全队共同挑战“四渡赤水”的任务；到达素质测试园，完成“红军过雪山”的任务等。

三、课程设计的作用

通过营地特有的人文资源和完善合理的教学课程设计，开展这样的群众性爱国主义教育活动，对于激发参加课程学员的爱国热情，振奋民族精神，引导他们树立正确理想信念、人生观、价值观，继承和发扬爱国主义传统，具有十分重要的教育意义。

校外活动营地研学实践品牌策略

——基于东方绿舟的案例研究

石秦也

摘　要：研学，是一种独特的校外教育方式。在研学实践产业链中，营地一般处于中游地位，如何发挥自身独特优势在市场中站稳脚跟已成为重要议题。本文将引入“品牌”概念，基于上海市青少年校外活动营地——东方绿舟（以下简称东方绿舟）案例，从品牌定位与开发、品牌建设、品牌传播三个方面分析校外活动营地研学实践品牌策略。

关键词：研学实践；品牌策略；校外教育

东方绿舟作为校外教育基地，每年实施来自全国大中小学生实践教学 56 万余人次，2017 年，东方绿舟成为教育部公布的第一批全国中小学生研学实践教育营地。但东方绿舟从未停止在校外教育领域中探索的脚步，近三年来，它对研学实践品牌项目的开发与建设，就是其中表现之一。

一、研学实践活动现状

研学是一种由教育部门和学校有计划地组织安排，以中小学生为主体对象，通过集体旅行、集中食宿，以提升学生素质能力为目的，依托研学基地和营地载体，开展研究性学习和旅行体验相结合的校外教育活动，是衔接学校教育和校外教育的创新形式。多年前，伴随着全球化的发展，一些国家盛行以国际性跨文化体验教育为主的游学。如今，研学侧重点由“游”转移至“研”，突出育人之目的。2016 年，教育部等 11 部门印发《关于推进中小学生研学旅行的意见》，阐释研学的重要性，明确提出将研学纳入中小学教育教学计划。

在营地进行的校外教育，通常是让青少年们在校外教育老师的引导下，体验各项具有趣味性、创造性和教育性的课程内容，在实践过程中获得身体、心理、社交方面的成长。简而言之，理想研学是教育与旅行的有机结合，学生作为主动学习者，在体验与亲自实践中发现并掌握新知识。

在研学实践产业链中，营地一般处于中游地位，为避免“只旅不学”或“只学不旅”现象，发挥校外活动营地的自身优势，营地需要拥有打造优质研学实践品牌的思路。

二、东方绿舟研学品牌建设

东方绿舟拥有国防教育、公共安全、国际修学、拓展培训、研学实践、环保科普六大教育品牌。对企业来说，品牌是一种无形资产，其价值在于消费者形成区别于其他同类产品的“认知和体验”。为进一步提升东方绿舟在研学实践中的影响力，需要遵循“打造精品研学品牌”的思路。本文将结合研学案例，从定位与开发、建设、传播三方面分析东方绿舟研学实践品牌策略，予以未来发展启示。

（一）品牌定位与开发

1. 整合场地资源，共同协作保障

品牌定位的目的是制造差异，创造独特价值，营地应明确自我定位。东方绿舟以在校教育群体为主要服务对象，拥有 16 大课程实践区，主题内容囊括自然人文、军事国防、健康训练等，营地资源充实，包括名人雕塑区、素质拓展园、兵器博览馆、天然大草坪等。

东方绿舟是目前国内最大的综合性青少年校外活动营地，功能集成性是营地的最大优势。因此，整合营地强大的内部资源，是开发特色研学品牌的必要手段，包括大容量住宿空间、其他场地的课程配合、活动中的安保力量和后勤保障等。各部门之间的协作，是维持研学实践进行的重要力量。

2. 市内市外兼顾，开发研学线路

除了原有课程，东方绿舟也积极开发了上海市区及周边研学实践的具体线路，涵盖了历史雅趣、红色意趣、国情教育、国防志趣、生态野趣 5 种主题，与上海市及周边 20 余家营地、机构合作，如上海中国航海博物馆、上海科技馆等，利用社会资源，弥补不足之处（如营地欠缺的科学主题展览、历史文物展等）。为了扩大研学实践规模，寻求研学场所多样化，学习考察其他研学点课程综合开发，东方绿舟派出 16 个小分队，分赴 17 个省市实地考察研学线路。目前针对不同学段的学生一共设计了 14 条精品研学线路和 24 门研学课程。

东方绿舟采取营地内课程与营地外课程相结合的方式，把控研学实践全局，在有限的时间内最大化拓宽了研学实践内容。

（二）品牌建设

1. 符号系统：增强识别能力，表达核心价值

品牌符号系统主要包括名称、logo、图案等。东方绿舟的 logo 为园区内标志性建筑，在研学宣传视频中打上 logo，可以强化营地与研学实践之间的关联。

同时，东方绿舟会为每一次研学实践设定一个核心主题，表达此次研学实践的核心价值理念，如新疆喀什地区中学生赴上海研学实践活动主题为“礼赞新中国，争做好少年”，湖北宜昌研学实践主题为“国之重器，科创申城”等。

2. 产品与服务：打造精品课程，强化师资队伍

产品与服务的质量是品牌核心竞争力，研学课程地位的重要性不言而喻。东方绿舟根据不同年龄学生的认知、身体素质特点，开发了不同研学课程，分学段设置不同目标。如同样是让学生在历史文化类教学点上感受先贤伟业的研学课程，在对象分别为小学生与高中生时，教学形式和方法都是不同的，面对小学生语言更儿童化，通过游戏、提问等方式让他们自行观察、感受，面对高中生语言更理性严谨，知识拓展更多，且注重抽象思维的培养，要求学生归纳和提炼知识点。

东方绿舟研学实践活动内容分为营地内课程与营地外课程。为了获得研学效果反馈，东方绿舟利用数据平台，设计了问卷，学生可通过扫描二维码填写想法与建议，保证研学课程的自我调整。研学实践课程设计纲要见表 1。

表 1　研学实践课程设计纲要

课程名称			
适用学段		课时	
课程背景			
研学目标			
研学主题			
研学形式			
教师活动			
学生活动			
课程评价			

保证研学课程质量的前提是建设一支人才队伍。东方绿舟研学实践教学部经常会为教师提供内部培训与外部培训的机会，教师之间可以互相学习、交流研学实践的经验，以提升自身业务水平。

（三）品牌传播

品牌传播是构成品牌策略三大组成部分之一，系统有效的表达策略能快速提升竞争力效果。互联网颠覆了自上而下的传播结构，人成为了信息生产者，信息通过“人”的节点流向各处，人的主体地位得到凸显。由此，以微信、微博为代表的社会化网络媒体，成为维护公共关系与受众服务的绝佳渠道之一。

研学实践活动以东方绿舟官方微信平台与“小水滴”微信公众号为宣传阵地。以内容围绕研学主题的“小水滴”微信公众号为例，截至 2019 年 10 月，共推送超过 20 篇研学实践主题的微信文章，推送总阅读量超过 1 万次，微信二次传播总量达 800 次。二次传播指公众号内容被转发至朋友圈后，其他人通过朋友圈再次分享此话题，因此常被看作重要的传播效果指标。推文内容的质量保证来源于“小水滴”微信公众号拥有一支各有专长的运营队伍，保证审阅畅通，内容形式全覆盖。

以湖北宜昌研学实践为例，由于研学实践批次人数较多，辐射面更广，因此在研学实践品牌传播过程中起到了重要作用。“小水滴”微信公众号系列推送文章一般在师生离营 1 天内发出，每一篇推文里，都强调了“国之重器，科创申城”的主题，强化了受众印象，为避免审美疲劳，公众号采取不同表现方式展示研学成果，有常规图文编辑，有较为活泼的 H5 小程序，也有 3 分钟左右的视频。据统计，湖北宜昌研学系列推送文章共 7 篇，平均阅读量达 434 次，其中最高阅读量达 920 次。

除新媒体扩大的传播效能，东方绿舟依旧重视传统媒体，尤其央媒、沪上媒体的传播力，《新民晚报》《文汇报》都曾报道东方绿舟研学实践活动，使得营地研学实践品牌的传播效能叠加。

三、总结

习近平谈到，教育的根本任务是立德树人，研学实践的根本目的是立德树人、培养人才。东方绿舟打造精品研学品牌的尝试，正是对此的积极回应。其中，场地资源整合、课程与线路设计、师资队伍、传播影响力是四大品牌策略关键因素。

只有持续研学实践品牌化建设，把“为了每一个学生的终身发展”作为核心理念，不断提高研学服务质量，丰富研学实践内容，提高运营传播能力，提升自身影响力，才能在研学实践的浪潮中劈波斩浪，为建设教育强国贡献力量。

参考文献

［1］赵以燕 . 新时期校外教育活动品牌培育浅析［J］. 中国校外教育，2017（16）：1–2.

［2］李峰 . 校外活动营地课程建设的个案研究：以东方绿舟为例［D］. 上海：上海师范大学，2012.

［3］胡航舟 . 研学旅行课程设计研究——基于 T 市的案例［D］. 上海：华东师范大学，2019.

校外教育环保项目课程开发与实施的研究

许昊宇

摘　要：随着社会和科学技术水平的进步，环保概念在教育领域越来越受到关注，由于相关课程开发与实施的限制，环保项目课程作为校本课程难度较大，更适合在校外教育领域开展。本文从课程设计、课程开发、课程实施和多样化等方面对校外教育中开展环保项目课程进行了讨论研究，便于环保课程的进一步开发与实施。

关键词：校外教育；环保教育；课程开发

近年来，由于社会和科学技术水平的不断发展，越来越多的社会目光关注到了跨学科学习的重要性。在国家不断推行素质教育的大背景下，“可持续发展”在众多的教育领域和学科中被提及，环保知识的热度也在节节攀升。在日常生活和校内外公益活动中，学生们对于环保概念的接触非常频繁。在学校教育的学科性和应试性相对较强的前提下，多学科交叉内容的环境科学专业方面的知识，在校内教育中作为校本课程开展的时间、人力和经费成本较高，故在校外教育中开展更加适当。

一、理论知识、认知水平和习惯是课程设计的理论基础

环境科学作为物理、化学和生物等多学科交叉的学科，在校外教育活动中的大部分理论知识的基础应来源于学校课程，并反哺学校课程。校外教育需要根据小学、中学、高中相应的学科知识结构进行环保课程的内容设计。在学校课程基础之上，将多学科知识点综合应用在环境科学知识的教学活动中，加深学生对于该部分学科知识的理解和应用能力，加强校外和学校课程的联系，形成校内外教学效果双赢的

结果。

校外教育在设计课程内容时应充分考虑学生的认知水平和认知习惯，切勿操之过急、揠苗助长，要保证学生能够通过教师讲解和自身探究型学习活动进行知识点的理解和内化，使合理科学的课程知识内容能够在教育教学过程中快速地、有效地由学生自主融入自身知识结构中，从而保证教学效果。

高中学生已经具备了小学阶段自然科学和初中阶段的物理、化学、生物三学科的基础知识，并且处于价值观和世界观建立的初期，是非常适合进行环保知识普及和环保意识培养的阶段。校外教育应优先进行高中阶段环保项目课程的开设和尝试，通过与学校的沟通协调，获得教学效果的反馈，再进一步根据知识和认知水平向初中和小学阶段延伸并开发课程。

二、教学条件和可行性是课程开发的结构骨架

“纸上谈兵”不可取，所有的课程内容要落到实处，必须要根据自身教学条件和课程内容的可行性来进行适当取舍。在承办环保教育课程时，需要考虑校外教育机构自身的条件和师资力量。研究表明，2014 年我国校外教育成建制建筑面积大于 1 500 m^2 的机构已经达到 830 个，校外教育机构需要整合自身资源进行相应的课程开发。就好比美术馆和历史博物馆，如果在这类校外教育机构开展环保课程，其难度要远高于在科技馆开展相应课程。

课程内容的可行性是课程项目开展的必要条件。尤其是对于覆盖面极广的环保教育课程，可行性是非常重要的一项指标。环境科学知识可以小到过滤技术，也可以大到人工湿地工程，如果不考虑可行性，一味地提倡前沿性和学科性则无异于刻舟求剑。

要切实做好课程骨架的构建，必须考虑科学性、价值性、合理性、可行性、经济性和可持续性等众多因素，切不可盲目追求形式主义，看似“高大上”的课程内容，实则对学生个体和全面发展的帮助少之又少。

环境学科有水、气、声、渣四大领域，不可片面地认为自然风景秀丽等同于环境科学，犯了以偏概全和本末倒置的错误。在校外教育营地，除了“渣”，即固体废弃物处理方面的内容较难在教学场所进行非纯理论性课程，水处理、大气污染控

制和噪声方面，如果科学合理地利用各营地自身资源，都能对应地开发出可行性较强的课程。

三、探究型学习和亲身体验是课程实施的血与肉

环保项目课程作为校外教育的内容，要尽量减少教师讲解内容，应依靠开展探究型学习活动，充分发挥学生主观能动性，让学生通过亲身实践，主动地将在学校课程和生活中学习到的相关知识进行复习和整合，形成相对较为个性化和完整的知识结构。在课程实施的时候，要充分考虑到学生探究过程可能遇到的问题和教具的可操作性，避免出现大量成体系的超纲内容，比如污水厂好氧和厌氧生化工艺等艰深的知识点。

近来上海市乃至全国都在推广的垃圾分类，看似简单，实则非常考验青少年的责任意识和文明品质。环保课程中需要适当建立部分参观性质的课程，但不同于以往的博物馆、科技馆等展馆形式的参观，应当选取例如污水厂、垃圾填埋场、垃圾焚烧厂等环境条件相对恶劣的参观场所。只有学生目睹了堆积如山的垃圾和亲身感受了恶臭难闻的污水，才能将环保的重要性深深地刻在脑海里，充分地促进学生对于环保知识的认知，加强学生的环保意识。

探究型和体验性较好，并且不容易受空间和时间限制的课程具有更高的开发和实践价值。比如开发环境监测方向的课程，可以在营地内建立小型气象或水质监测站，让学生分组进行各项数据的监测活动。在活动的过程中，学生不但可以理解监测仪器的原理和使用条件，还可以锻炼其对于数据的分析判断能力，在学习环保知识的同时提高科学素养和科学研究的能力。再比如开发净水方向的课程，较为可行的内容是膜过滤。校内课程中已明确涉及滤纸过滤实验，而膜过滤的原理和适用情况可以由滤纸过滤延伸得到，使学生更易接受，拓展性地提供超滤、纳滤、反渗透等多种过滤技术，让学生进行自主探究型实验，充分地发挥学生主观能动性，在学习膜过滤相关知识的同时培养逻辑思维和动手能力。可以开发和实践的环保项目课程远不止这两项，只要做到知识、能力“两手抓”，而不是单单进行科普讲解的课程，注重学生科学素养和实践能力的培养，才是学生所需要的。

四、对校外教育多样化的展望

随着素质教育的全面普及，国民素质的不断提高，校外教育需要利用自身优势，进一步地整合资源，用好、用足各项资源，开展多样化的校外教育。

目前校外教育已经有许多的形式和不同的课程，比如军训的国防素质教育、历史纪念馆的爱国主义教育、博物馆的中华文化教育、美术馆的艺术审美教育等等。在不断推行青少年和儿童全面、个性发展的时代背景下，要利用好不断在发展的科学技术，开发更多之前由于时空、学科、领域等问题被限制而未能落地的课程。

学校教育筑根基，校外教育促发展。相信在教育不断改革创新的新形势下，我国的广大学生能够拥有一个更好的成长环境，成为综合能力更加优秀的国家栋梁。

校外教育课堂中小学生注意力的研究及培养方法

蔡 珍

摘 要：小学生课堂注意力是指学生在课堂上一定时间内集中地关注、反映某事物的能力。小学生不同于高年级学生，往往对外界事物充满好奇，这使得他们在课堂中无法很好的保持注意力，从而造成了学习效率低，在一定情况下也会干扰到教师的正常教学工作。本文主要分析校外教育课堂中，小学生注意力不集中的表现形式及原因，并从教师教学方面，提出相应的改进方式。

关键词：课堂注意力；小学生；校外教育培养

一、前言

"注意"是心理活动对一定对象的指向和集中。曾有人做过这样的一个背书实验，在注意力高度集中的情况下，读9遍就能背诵，而在不专注的状态下，读100遍才能记住。可见，提高学习效率的关键，是要提高学生的注意力。校外教育作为学校课堂教育的延伸，在培养小学生兴趣爱好、发展个性特长、增长知识与技能方面具有重要的作用。而在当今校外教育越来越受到关注的情况下，如何提高校外教育中小学生的课堂注意力就显得至关重要。小学生的注意力有何特点？表现形式如何？在校外教育的课堂中，教师如何提高小学生的课堂注意力呢？

二、概念界定

（一）注意力

注意力，是指一个人在某一时刻把自己的精力集中在所要反应的对象的能力。

注意力的专注程度在一方面可以直接影响学生的发展与进步。

（二）校外教育

校外教育是指在学校学习活动外，对未成年人进行的有目的、有计划、有组织的教育形式，通过实践活动对其进行兴趣、爱好的培养，以促进其个性的健康发展和综合素养的提高。

三、结果与分析

（一）小学生注意力的发展特点

注意力是学生高质量学习的重要保障。通过查阅文献发现，小学生注意力发展具有以下特点。

1. 由无意注意逐步发展到有意注意

相对于高年级学生来说，无意注意更多的是在低年级阶段。低年龄段学生神经系统的内抑制能力尚未完全开发，随着大脑发育以及年龄增长，有意注意逐渐提高。

2. 对直观事物的注意力占优势，对抽象事物的注意力在发展

低年龄段学生的知识储备较少，语言表达能力相对较弱，具体的、直观事物较易引起他们的注意。随着学生知识水平以及思维能力的提升，学生对于抽象事物的注意力会相应提高。

3. 注意力有明显的情绪色彩

一般低年龄段学生在关注某一个事物时，常伴有其他器官不由自主地协同配合，比如面部的表情、四肢。

4. 不能很好地调节和控制自己的注意力

小学生对自己感兴趣的事物往往比较难控制，对于一些新鲜的事物容易被吸引，对于抽象且复杂的事物不容易提起兴趣。因此在学习过程中，小学生很容易被外界其他事物所吸引，从而降低课堂的注意力。

5. 关注的范围小，注意力的分配和转移能力较弱

由于小学生的大脑发育相对不成熟，其所关注的范围较狭窄，对于注意力的分

配和转移就显得比较弱。

（二）校外教育课堂中小学生注意力存在问题的表现

与成年人相比，小学生注意力的保持力度相对较差，学生在不感兴趣的事物面前，无法做到专注，从而不能很好地完成课业。校外教育在教学形式、教学内容、教学方法等方面往往不同于校内教育。在教学中，教师通常会使用一个甚至多个教学用具，在形式方面也更加多样性，加强学生的主观能动性，从而使得学生们的注意力变得更加集中。对课堂内容感兴趣的学生注意力相对更专注，而对于课堂内容不感兴趣的学生，则提不起兴趣，他们通常具有以下几种表现形式。

（1）活泼好动，左顾右盼，在老师宣布上课时，很难做到立马安静下来，即使老师多次提醒，还是不能很好地执行。比如在学习“创伤救护”中，不能很好地听教师讲解包扎动作，无法正确地使用三角巾。

（2）在课堂上无精打采，心不在焉，偶尔沉浸在自己的世界里，不能很好地与其他学生融为一体。例如在进行小组建设项目中，学生无法融入自己所在的小组，不能很好地为集体出谋划策。

（3）粗心，毛毛躁躁，经常犯一些小错误。比如在校外教育课程“水到渠成”中，听讲不认真，容易忽略重要的知识点。等到真正完成任务时，错误百出，不能在规定的时间内完成挑战。

（4）做事拖沓，懒懒散散，效率不高。当老师宣布练习任务或挑战比赛时，不能很快地进入角色中，拖拖拉拉，积极主动性不高。

学生注意力不集中，在课堂教学中是一个非常严肃的问题。作为教师，不仅要明确学生不专注的原因，更要对学生进行合理的帮助。

（三）影响小学生课堂注意力的因素

小学生对新授知识的掌握和吸收，在很大程度上依赖课堂的注意力，良好的课堂注意力也是提高教师教学效果的保障。影响小学生上课注意力的因素有哪些呢？

1. 内在因素

内在因素主要取决于学生自己。比如学生的学习兴趣、学生的学习意志力、自律性、好奇心等。

2. 外部因素

外部因素主要是环境影响和突发事件干扰等。

四、小学生课堂注意力的培养

教师在教学的过程中，除了保证教学的专业性，还要明确所教授学生的心理特点，能够及时应对学生在课堂中的突发情况，对学生进行合理调控，提高教学效果。教师可通过哪些途径提高学生的课堂注意力呢?

（一）表情控制法

表情变化代表了一个人内心的变化，教师要学会合理地利用表情变化来提醒、警示学生，从而达到提高课堂效果的要求。一般在校外教育的课堂中，多是以实践活动为主，学生要主动地参与班级建设，对于注意力不集中的同学，一般教师很快就能发现，而且不专注的学生越多，对班级建设以及教学效果越不利。一般在课堂中,教师可以辅以肢体动作或者是身体的移动来引起学生的注意力,外加声音的配合,达到加强沟通交流的重要作用。

（二）暗示法

暗示法也能够起到提高学生的注意力的作用。如目光暗示，并配有语言的提醒，例如：“有的同学在干什么呢？”之类的暗示语。或来到学生身边，使学生结束自己的不专注行为。

（三）声音控制法

每个教师在都有着属于自己的专属特色——音色。教师的声音在很大程度上能够作为一种特色来吸引学生的注意力，可通过变换语调、音量、语速来引起学生的注意。例如教师语速由快到慢或者由慢到快，这时候学生可以通过教师细微的变化调整当前的状态，从而达到提高学生注意力的目的，在讲解中也可适当的提高音量。

（四）停顿吸引法

在校外教育课堂中，合理的停顿不仅能提高学生的注意力，还会引发学生的思考，从而进一步判断老师对于新的知识和技能的讲授。吵闹的环境中，突然的寂静可以很好地抓住学生的注意力。但是停顿的时间也要注意把握，太长或者太短都不能起到很好效果。

（五）姓名举例法

学生在课堂中经常出现左顾右盼、窃窃私语等情况，教师可以临时让学生站起来回答问题或者演示教师刚才进行的动作，无论对否，都不要过多地批评。比如学生们在学习如何“火中逃生”时，对于注意力不集中的学生，教师就可以及时点出其名字或者以此同学为例进行相应的情景假设，既可增强课堂氛围，完成教学任务，又可以提醒不专注的学生。

（六）竞赛刺激法

校外教育的课堂中，竞赛挑战可以说是老师们的法宝，不仅可以提高学生积极性，活跃课堂氛围，还可以让学生们在紧张激烈的环境中学会正确地对待成与败、得与失，可谓一举多得。

五、总结

校外教育的课堂形式多样、内容丰富，作为教师，要通过不断地学习、不断地积累经验，学会合理地运用教学艺术，真正地提高小学生在课堂上的注意力，从而达到预期的教学效果。

参考文献

［1］杨光辉，李月．新编心理学［M］．北京：现代教育出版社，2010.
［2］刘益民，张旭东，程甫．心理学概论［M］．北京：北京科学出版社，2006.
［3］张文新，高峰强，司继伟．心理学与教育［M］．济南：山东人民出版社，2006.
［4］朱智贤．儿童心理学［M］．北京：人民教育出版社，1983.

以美育德：校外教育活动中审美教育的探索与实践

——以“古法纸画”课程为例

代小梅

摘　要：校外教育活动是实施道德教育的重要途径之一，与学校中的道德教育有着本质上的区别。一般而言，学校的道德教育偏重于说理教育，但这种方法在校外教育活动中收效甚微。作为一名校外教师，在校外教育活动中会结合课程性质利用客观教学环境进行审美教育。例如，在“古法纸画”的教学中，引导学生通过亲身体验古代制纸的过程并融入“优美”和“崇高”两种审美形态，达到审美教育的教学目标，实现以美育德。

关键词：以美育德；校外教育活动；审美教育；探索与实践

一、以美育德的重要性

一提及“以美育德”，大家可能认为是21世纪才提出的。其实，以美育德最早可追溯到我国古代伟大的思想家、政治家、教育家孔子，《论语·泰伯》中记载“兴于诗，立于礼，成于乐”，这句话完美诠释了诗、礼、乐是教化民众的三种载体与手段，提出了审美教育思想。众所周知，孔子作为儒家学派代表，他一直都提倡道德教育，教化人心，仁者爱人，进而提出可通过诗歌和音乐这两种相辅相成的方式来达到情感教育和道德教育的目的，即以美育德。

从古至今，对于道德教育的重视有增无减，提高道德教育实效性的途径也是多元化的。在全国教育大会上，习近平总书记指出，培养德智体美劳全面发展的社会主义建设者和接班人，归根结底就是立德树人。而落实立德树人这一根本任务，不仅需要坚持素质教育，树立健康首位的思想，加强劳动教育，而且要坚持以美育人、以文化人，提高学生的审美和人文素养。不可否认，以美育德对提高德育的实效性起着不可或缺的作用，是落实立德树人根本任务的重要方式之一。

二、校外教育活动中的以美育德

学校教育作为教育学生的基本途径，校外教育作为教育学生的重要途径，两者都把立德树人作为教育的根本任务，将五育并举作为教学的重中之重。其中，校外教育在与学校教育协同发展中，不断取长补短，充分发挥自身的优势，丰富活动内容和形式，促进青少年全面发展。

东方绿舟作为上海市最大的校外教育活动场所，是上海市落实科教兴国战略和大力推进入职教育的一项标志性工程，始终寓道德建设于活动之中，融教育理念在实践之间。特别是在丰富活动内容和形式上，东方绿舟不仅借助劳动实践教育，也通过美育等多种形式落实立德树人的根本任务。如“古法纸画”课程是先让学生了解古法制纸的过程，在此基础上，通过“优美”和“崇高”两种审美形态完成古法纸画。这一课程不仅让学生掌握古法制纸的方法，还让学生在审美教育中实现以美育德，培育学生的心灵美、行为美，促进学生全面发展。

三、“古法纸画”课程的探索与实践

“古法纸画”课程最初的设想就是让学生在体验古代制纸的过程中融入审美教育，并在发散学生的思维方式上，引导学生借助园区内的花草植物，在制纸中加入花草植物，赋予制作思想，从而达到以美育德的教学目的。之所以会融入审美教育，是因为“审美教育作为关注人的意义世界、价值世界的情感教育，不仅与德育具有内在价值上的统一性，教育目标上的一致性，更具有独特的道德教育功能”，通过审美教育来提高道德教育的实效性是其他途径不可替代的。

经成熟的构思与设计后，要进入课程的实证环节。在“古法纸画”的示范课上，我结合当下新冠肺炎疫情现状，运用“优美”和“崇高”两种审美教育的形态引导学生借助古代制纸的过程来制作一幅疫情中最感动的画，并赋予和分享制作思想。其实，这节课分为三个环节：第一环节是学生了解并掌握如何制纸；第二环节是学生利用周边的客观环境资源，有选择地采摘花草植物制画；最后环节是要学生分享制画思想、意义，进而让学生在制画中感受疫情期间中很多人的负重前行与无私奉献精神。

“一千个人眼中有一千个哈姆雷特”，要培育学生的审美意识，提升学生的审美水平，需要从学生的情感世界里找寻，要尊重每一位学生的想法，才能得到有效的审美教育。所以，在“古法纸画”的第二环节和第三环节上，我分别采用“优美”和“崇高”这两种形态引导学生制作纸画，通过审美教育的升华实现以美育德。第二环节中，学生的四周除了基础设施外，还有富有生命力的花草植物，而这些花草植物其实是和抗疫中的每一位中国人一样，都在传递着积极向上的精神，我进而引导学生对花草植物有一份同情与恻隐之心，并让他们选择想要表达内心感受的花草来制作纸画。学生通过与花草植物建立起密切联系，可以培养他们的同情心、同理心和恻隐心，提高学生的审美情感体验。

在“古法纸画”的第三环节中，我采用“崇高”的审美形态引导学生解读自己的制作思想。每一位学生制作出来的纸画都是不尽相同的，想要传达的思想、意义也是不一样的。为了提高学生的审美能力，我首先引导学生对自己制作出来的纸画给予肯定，其次让他们用理性或者严肃的态度去诠释自己的制作，这可帮助学生从现实中领悟面对逆境或者困境时，如何磨炼人格、开拓情怀、提升个人修养。在“古法纸画”的示范课上，每一位学生都认真参与其中，主动积极诠释自己制作的纸画，最终达到了通过审美教育实现以美育德的教学目的。

四、“古法纸画”课程的实效性

“古法纸画”示范课比较成功地达到了通过审美教育提高道德教育实效性的目的。首先，每一位学生都了解并掌握了古法制纸的方法，并通过审美的视角去看待古法制纸，古法制纸不仅是中华优秀传统文化，更是一种美的表达。其次，学生运用古法制纸的方法，举一反三进行古法纸画的创作，这件事看似比较简单，但对于学生而言，这是发散性思维的集中表现，学生通过自己的认知世界来表达自己的思维、思想。最后，学生在阐述自己创作的意图时，非常积极、正能量，阐述的寓意都是让人印象非常深刻的。

我印象最深刻的是一位学生是这样描述自己的纸画的，“我用五根细树枝摆成了一个手掌，小指代表自己，我听党的话宅在家，不给社会添乱；无名指代表志愿者，他们无私又勇敢，为抗疫贡献出自己的力量；中指代表不畏艰险奋战在各个关键岗位的工作人员，比如快递小哥、警察等；食指代表的是医务人员，他们是最可爱的逆行者，不顾个人安危，勇敢地逆行，他们是守护人民群众生命安全和身体健康的坚强卫士！最后的大拇指代表的是我们的党，党中央把人民的生命安全放在首位，做出一系列正确的决定，团结全国同胞，众志成城、心心相印，让大家见证了一个充满热血与斗志，团结与担当的历史时刻，感谢国家感谢党，真的是此生无悔入华夏啊！”

五、总结

“古法纸画”这节示范课，不仅让学生体验到中华优秀传统文化的博大精深，还让学生在制作纸画中深刻领会万物的美感，而这种美感恰巧又可以给学生带来最直接、最深刻的感受，表达自己最真切的想法。其实，这节示范课，我也是感触颇深，从“古法纸画”这节课中，我不止简单地了解到每一位学生古法制纸的熟练程度，而且还能感知每一位学生的情感世界。

显而易见，“古法纸画”这节示范课渗透了道德教育，营造出一种感知美、体验美的氛围，我通过循循善诱、把握时机，引导学生敢于表达自己的想法，升华学生的思想意识，指导学生的行为。在美育中渗透道德教育，既可避免平铺直叙的说理教育，又可以引导学生用美的眼光欣赏艺术，并用艺术的美净化心灵，陶冶学生的情操，培养学生高尚的品质，进而让学生在德育和美育的作用下不断提升自我、重塑自我。

参考文献

［1］康宁.“兴于诗，立于礼，成于乐”本义管窥［J］. 甘肃社会科学，2014（4）：85-88.

［2］朱晓晖，邸俊燕.以美育德的高校审美教育研究［J］. 学理论，2013（24）：232-233.

搭乘科技之舟，助飞研学实践

——东方绿舟研学实践活动案例分析

吉　峰

摘　要：教育，是一个亘古不变的话题。从微观角度看，每个家长都在关注孩子的成长；从宏观角度看，培养出来的人才，深刻影响着一个国家的发展竞争力。

关键词：研学实践；案例分析

党的十八大以来，以习近平同志为核心的党中央高度重视教育工作，把教育摆在优先发展战略地位，提出立德树人是中国特色社会主义教育事业的根本任务。2018 年全国教育大会上，习近平总书记谈到，要培养德智体美劳全面发展的社会主义建设者和接班人。

在国家深化教育教学改革、全面发展素质教育的大背景下，研学实践成为综合实践育人的新领域则显得意义深远。上海市青少年校外活动营地——东方绿舟（以下简称东方绿舟）是教育部首批 14 家“全国中小学生研学实践教育营地”之一；2018 年，又成为教育部重点支持的 3 个国家级研学示范营地之一。近年来，东方绿舟一直在开发设计研学路线及课程的道路上不断探索，在科普研学方面已经积累了一些经验，获得了一些案例成果，我希望这些想法与收获，能为整个科普研学研究提供一些新角度，助力素质教育改革发展。

一、研学实践的理论意义

东方绿舟从 2002 年春天开始进行青少年学生的社会实践活动，2005 年春天接待了吉林长春东北师范大学附属中学的学生到上海进行的研学实践活动，同年又开展了中国人民大学附属小学的学生到上海进行的毕业旅行。这两所学校是东方绿舟最早进行研学活动、且持续时间最长的团队。

当然，我们现在最熟悉的研学文件来自2016年12月教育部等部门印发的《关于推进中小学生研学旅行的意见》，其中明确提出“中小学生研学旅行是由教育部门和学校有计划地组织安排，通过集体旅行、集中食宿方式开展的研究性学习和旅行体验相结合的校外教育活动，是学校教育和校外教育衔接的创新形式，是教育教学的重要内容。”

简而言之，理想研学是教育与旅行的有机结合。然而，针对目前出现“游而不学、学而不研”的情况，我们不仅要找到解决方法，还需追根溯源相关教育的理论基础。

其一，研学活动塑造现实学习情境。学生得以亲近自然、亲近社会。法国哲学家卢梭就主张实物教育是最佳的教材，激发学生自然而然的学习兴趣。

其二，研学活动设计需分学段进行。皮亚杰将儿童心理发展分为感知运动、前运算、具体运算、形式运算4个阶段。研学活动需要根据孩子们的年龄、身心特点设计教学环节。

其三，研学活动注重体验与亲自实践。东方绿舟拥有比较成熟的体验式学习课程，它主要的教育哲学理论整合于杜威的“从做中学”与罗杰斯的“以学生为中心”，他们均主张以学生为主体，提倡学生只有通过观察与行动，才能获得知识，所以教师要培养学生主动获取信息的兴趣与能力。大卫·库伯的体验式学习圈理论认为，一个完整的学习需经历体验、反思、归纳、实践检验4个阶段，并利用经验再进入新的学习循环。学生不断接收反馈并自行完成调整，最终内化为能力品质，从而拥有解决问题的能力。

研学实践不应是蜻蜓点水式的走马观花，它的教育学意义应贯穿每个阶段，我们将其总结为：通过科学方法训练，在互动体验中发现创新能力、提升思想品质，并能指导作用于实践，从而实现价值目标，让学生成为主动学习者。

二、东方绿舟研学实践活动案例

（一）前置条件：东方绿舟具备内外优势科技资源

东方绿舟以“自主、合作、体验、创新”为理念，融“童趣、野趣、情趣”于一体，统筹协调优质科技资源，积极推动资源共享和区域合作，开展研学实践活动。

东方绿舟拥有智慧大道、仿真航空母舰、地球村、公共安全实训馆等 17 个大课程实践区。其中，位于仿真航空母舰内的兵器博览馆，是我国目前规模较大的国防教育和军事科技示范性科普教育场馆，可通过科技手段实现战场环境模拟体验；园区内的上海市公共安全教育实训基地由 8 大类实训主题共 21 个分馆组成，通过虚拟现实（VR）、信息化 iPad 操控等科学技术，模拟或再现灾害环境。同时，东方绿舟作为国家级环保科普教育基地，利用营地自然环境资源展开多种形式的自然科普教育。东方绿舟有植物 420 多种，水域面积近 133.3 万 m^2。

我们整合周边资源，打破区域界限，积极推动与众多科普场馆、科研院校、研学营基地等的资源共享合作，开发不同科普主题的研学路线，包括以生态自然为主线的“生态野趣”、国防科工为主线的“国防志趣”、国情教育为主线的“申城神趣”等 5 大板块。

（二）明确科普研学主要目标

兵器博览馆科普课程包含“95 式”自动步枪模拟射击、“85 式”牵引加农炮体验式操作，潜艇战斗、生活体验等，以对标数学、化学、物理等校内课程为目标，让学生了解它们的基本结构与操作原理。

但科普研学的主要目标并非强调科学知识点的灌输，而是教师在科学方法的指导下，培植学生的科学思想，实现情感、态度、价值观的升华。上述科普课程不是为了让学生学会战场上的军事实战技能，而是要让学生在体验操作下，了解我国军事科技发展背后遵循的科学原理，感受到正是因为严谨务实的科学作风，我国的军事力量才会持续快速发展，从而落实立德树人的根本任务，弘扬爱国主义精神，增强学生对坚定“四个自信”的理解和认同，促进他们形成正确的世界观、人生观、价值观。

（三）科普研学实践的设计

东方绿舟科普研学课程的设计与开发，注重分学段设置目标，提高实效性。如小学阶段，学生先通过集体游戏体验，再进行提问和回答，达到初步发现、探索的有限目标，返校一周后进行经验回忆，加深印象。随着学段的增长，难度逐渐加大，高中生需要通过发现、关注、研讨、抽象思考的方式，达到训练研究方法的有限目标，返校后需提交符合初步规范的研学报告。

（四）科普研学实践的组织实施

如公共安全实训基地实训科普课程“户外避震与救助”。在正式上课前，学生将佩戴一个RFID智能手环。手环与学生身份进行绑定，不但可以实时监控学生位置，还能让学生在各个场馆的电脑上自主学习知识，后台将对答题情况、测试结果进行数据收集与统计。

情境导入。根据现场环境，以户外避震为主线，通过窄巷、街道模拟朱家角古镇街景发生地震，由于实训馆位于朱家角古镇旁边，受训学员具有较强的代入感，身临其境。

分组体验。课堂以学生为主导力量，将学生分为逃生组与观察组，一组进入户外地震模拟环境体验（包括实景街道模拟、声光电技术），一组利用现场显示屏设备进行观察。学生需要学习双手护头、弯腰低姿的逃生姿势，学习倒地后采取的侧身弓背护头保护姿势、7点互救措施等专业知识。

提出问题，讨论解决方案。我们以问题为导向推进课堂学习，如街道训练时，教师提问学生站点站位是否安全，同时立刻启动震动平台，让学生在组内讨论什么是安全、什么是不安全的避震点，讨论结束后分组展示各组答案，并在下一次体验中付诸实践，培养团结协作精神与集体荣誉感，锻炼学生分析、解决问题的能力。

验证学习效果，分享交流。在2~3次练习后，教师再次通过场馆内模拟手段营造余震效果，了解学生是否掌握正确的避险动作。在科普课堂结束前，邀请学生交流分享体验的感受，同时也可提升学生的语言表达能力。

我们认为，科普研学传递的不仅仅只有知识，最重要的是科学思维方式。东方绿舟的研学活动，尽可能让科普内容贯穿其中，加上技术力量的保障，让学生在实地考察、实践体验、手动创作、分享交流等路径中加深科学思维的训练，引导学生反复训练科学方法，探索、发现创造新的应用知识，做到教育意义上的“润物细无声”，这些能力也许无法立刻体现在试卷上，但它们像一颗种子埋在学生的心中，等待破土而出的未来。

三、展望未来

如今，东方绿舟已规划出 16 条国内研学路线和 44 条市内研学路线，深受全国各地乃至海外学生的欢迎。2018 年，我们组织开展的八大系列研学实践活动共惠及 67 000 余人；2019 年，我们组织开展的研学实践活动共惠及 10 万人次。

以上数据体现了东方绿舟的努力成果，但我们深知未来还有很长的路要走。习近平总书记在联合国教科文组织总部的演讲中提到："我们要积极发展教育事业，通过普及教育，启迪心智，传承知识，陶冶情操，使人们在持续的格物致知中更好认识各种文明的价值，让教育为文明传承和创造服务。我们要大力发展科技事业，通过科技进步和创新，认识自我，认识世界，改造社会，使人们在持续的天工开物中更好掌握科技知识和技能。"

这给予了我们深刻的启迪，教育，承担了一个国家的责任，一个时代的担当，我们要拥有宏大视野，把握时代脉搏，提升站位高度，既要仰望星空，也要脚踏实地。

我们愿一起努力，不忘初心，砥砺前行，以实践为魂，理论为骨，科技为翼，展研学实践之蓝图，在新生领域中不断求索，做出切实成绩，争取让研学的品牌影响力覆盖长三角、辐射全国，让教育力量落点于学生成长，为上海率先实现教育现代化贡献力量。

当前爱国主义教育的不足及矫正

李 勇，宋 林

摘 要：在当前的社会形势下，爱国主义教育是国家安全教育的重点。本文从当前国内形势及爱国主义教育的开展入手，通过对当前爱国主义教育方式及实际开展情况进行分析，找出其中的不足之处，并结合当前国内形势和教育发展，提出一系列建议，以求达到让爱国主义教育发展更为顺利的效果。

关键词：爱国主义；教育教学；国家安全

一、爱国主义教育当前形势

目前，我国正处于蓬勃发展阶段，无论是经济发展还是精神文明建设都处于历史新阶段。在习近平总书记的指导下，我国的青少年形成了比较成熟的国家安全理念，我国人民的国家安全意识也在不断提高。值得一提的是，在习近平总书记的指导下，爱国主义教育，尤其是国家安全和民族认同感成为当前教育教学的主要方向。从基础教育到高等教育，爱国教育所占比重日益增长，青少年对国家的认同感也日渐增加。我们的爱国主义教育正处于蒸蒸日上的阶段，在当前的教育大环境中逐渐成为教学主流。在这样的大环境下，不仅多所高校开设了爱国主义知识讲座，就连小学、中学也开设了相关课程，并组织了相关的班会和爱国影视观摩活动。在此影响下，大量青少年也开始走上街头，向广大群众宣扬爱国主义正能量，很多报道都提及了相关活动。十九大精神中对国家安全方面的内容已为全社会所接受，爱国主义教育不可谓不成功。

在大形势一切良好的基础之上，基于地方的爱国主义教育教学也在不断发展之中，各地的军事理论课程和国防安全课程都在不断完善之中。在诸多的爱国主义教育中，以上海、江苏等地的理论教学最为先进，以北京等地教学传达最为迅速。但是在一系列教学过程中，我们可以发现，理论教育课程开设过多，而实践教育较少。并且由于地域差异及院校差异，各地的军事教育和军训课程中尚存在很多不足。即使是蓬勃发展的理论课程，也出现了一些知识性错误和教学侧重点偏移的现象。除此之外，部分地区的爱国主义教育还有片面化和形式化的错误。在当前的教育教学之中，亦有部分学生对教学知识理解得不够深入等问题。我们可以发现，当前的爱国主义教育的形势是全面欣欣向荣，局部仍须调整。只有纠正了局部的问题，我国的爱国主义教育才能真正为国家的安全和发展提供动力。

二、当前形势下爱国主义教育的不足

爱国主义教育的重点在于国家安全教育。要想加强国家安全教育，就必须通过爱国主义教育、民族精神教育、国情教育、国防知识教育等，让学生学习国家安全知识，真正体会到爱国主义理论和实践相结合。因此，习近平总书记提出了“总体国家安全观”的全新概念，旨在让广大人民都有全面的爱国主义国家安全意识。但在具体教育的过程中，完成爱国主义的教育存在着一定的困难。首先，我们的教育对象主要是青少年学生，学生群体基数大，三观未健全，缺乏持续性的正确引领等因素都对我们的爱国主义教育工作造成了较大困难，且由于部分教师教学策略不当，这方面问题有被放大的倾向。其次，我们的教育教学手段通常是室内课程，课程设置不够全面，没有给大多数学生留下直观印象，而且过多的理论知识未和实践结合，不能体现实事求是的教学理念。这方面问题很大程度是由室外教育未得到全面普及造成的，此外，过于注重学科知识而忽略实际操作也是导致这方面问题的一个重要原因。再次，由于各个地方经济文化发展的不平衡，各个地区对爱国主义教育的侧重点也不同，这就导致了部分地区在教育过程中出现了一系列知识结构性偏差，这显然不利于爱国主义教育的平衡发展和全面发展。

在具体的教育教学过程中也有一系列问题。其中最为严重的问题是由于爱国主义课程涵盖过于广泛，因此教师在开展教学时易导致概念不清，对于知识的理解不深。比较典型的例子是，以往狭义的国家安全在经过“总体国家安全观”的提出而更新之后，部分政治课本并未改变原来陈旧的概念，而是依然沿用了旧概念的外延。

这就导致了目前的高中生乃至大学生对于总体国家安全观的定义极为模糊。除此之外，青少年对于其他国家安全相关的知识的认知也有或多或少的问题，相关课程的开发和教育亦有其缺漏之处。如上述例子一般的问题不胜枚举，可见我们国家的爱国主义教育尚有诸多不足，虽然在大环境下看似微不足道，但仍应该采取措施以防微杜渐，并且为国家安全考虑，只有解决了上述问题，才能使国家更加稳定，人民对国家的认同感也更高。

三、爱国主义教育不足的矫正

虽然当前的爱国主义教育存在一系列问题，但由于目前仍处于发展上升阶段，且问题的成因多为实践中的失误和偏差，故而要想解决问题，只需要改进实践方法，修正教学模式，坚定不移地走党的路线，根据习近平总书记的正确指导进行实践，那么这些问题的解决也并非难事。

针对当前青少年三观未健全、缺乏持续性的正确引领的问题，应向其明确习近平总书记所提出的爱国主义教育目的和方针，对他们进行针对性教育，同时提高教学力度，让他们能够真正认识到国家于人的意义，并且警惕西方国家的文化渗透，让他们坚定不移地走社会主义道路。除此之外，提高教育者的文化知识水平也是必要的。

针对教学结构不合理的问题，则需要国家更多地重视室外教育的开展。将更多的资金和人才投入室外教育，特别是军事国防教育。在课程的设置和开展中，应将更多的时间放在课外，平衡室内和室外教育的比重，更加重视军训和其他军事化教育，应有计划地进行军事教育，而非敷衍了事。学生在进行军训的过程中，明确军训的作用，合理利用时间，获取更多的实践经验。在进行实践的过程中，应不忘向学生进行爱国主义理论知识教育，从而完成实践与理论知识相结合的目的，使爱国主义教育更为全面。

在具体的实践教育中，我们必须明确当前的总体国家安全观，并由此来进行成体系的教育教学，以免出现上述教学问题。教师有必要优先对总体国家安全观的内涵和外延进行详细的解释说明。教师要让学生知道新的国家安全概念非常全面，包含了政治安全、国土安全、军事安全、经济安全、文化安全、科技安全、社会安全、网络安全、生态安全、资源安全、核安全、海外利益安全等 12 个方面的内容。在进行国防教育中，教师应明确当前最新的国家安全理念，并对学生予以普及。除此之外，对于国家的总体局势进行学习也是非常有必要的，教师应做到与时俱进，整体把握当前局势，并向学生明确国家安全于个人而言并不遥远，无论是学生还是教师，都要对自己的责任有一个清醒的认识，教师要用心教学，要让学生悉心接受。

基于以上措施，我国的国防安全教育将更上一个层次。在蒸蒸日上的发展中，局部的问题将得到充分补全，在爱国主义教育普及的大环境下，国家的地位将日渐稳固，新一代青年将对整个国家作出更大的贡献。

四、总结

爱国主义教育是我国国防教育的重中之重，是国家安全赖以维系的重心之一。只有从当前的爱国主义教育的教学实践中找出其中的不足，并通过实践加以修补，才能真正让人民理解并做到爱国二字，这正是爱国主义教育的目标。

参考文献

[1] 张丹 . 历史教学：爱国主义教育的助推器［J］. 甘肃教育，2015（5）：77.

[2] 王星飞 . 基于心理视角：从培育爱国心到理性爱国［J］. 湖北经济学院学报（人文社会科学版），2015，12（2）：5–6.

[3] 杨大荣 . 高等教育国际化背景下大学生思想政治教育改革研究［J］. 教育与职业，2015（30）：44–46.

对当前爱国主义教育实践的几点思考

黄小峰，陈大利，许陈云

摘　要：在当前的社会形势下，爱国主义的教育是国家安全教育的重点。本文从当前国家形势及爱国主义教育的开展入手，通过对当前爱国主义教育方式及实际开展情况进行分析，结合本人的工作经历和体验，对当前爱国主义教育实践提出了几点问题和思考，以求让爱国主义教育实践开展更加普及，取得更加高效的效果。

关键词：爱国主义；实践；学生

爱国主义教育是指教师通过一系列的教育行为让学生树立热爱祖国并为祖国建设奋斗终身的思想。一直以来，爱国主义深深根植于中华民族的血脉之中，是一种极其强大的精神力量，爱国主义教育对培养合格的社会主义事业建设者有着积极的推进作用，进行爱国主义教育是一项伟大的、长期的、系统的工程。

目前，我国正处于蓬勃发展阶段，无论是经济发展还是精神文明建设都处于历史新阶段。在习近平总书记的指导下，我国的青少年形成了比较成熟的国家安全理念，我国人民的国家安全意识也在不断提高。值得一提的是，在习近平总书记的指导下，爱国主义教育，尤其是国家安全和民族认同感成为当前教育教学的主要教学方向。从基础教育到高等教育，爱国教育所占比重日益增长，青少年对国家的认同感也日渐增加。在当前的教育大环境中逐渐成为教学主流。在这样的大环境下，多所高校开设了爱国主义知识讲座，小学中学采用宣传栏、班会和爱国影视观摩活动等形式开设了相关课程。在此影响下，大量青少年也开始走上街头，向广大群众宣扬爱国主义正能量，很多报道都提及了相关活动。

日前，教育部再次印发了《教育系统关于学习宣传贯彻落实〈新时代爱国主义教育实施纲要〉的工作方案》，提出了新形势下爱国主义教育的总体要求，对下一阶段的爱国主义教育进行了总部署，实际上也要求我们基层爱国主义教育从业者不断总结工作经验，改进工作方法，收到更好的教育效果。本文总结了当前爱国主义教育实践的几点思考。

一、当前的爱国主义教育，依然存在着理论课程较多，实践内容较少的情况

基于地方的爱国主义教育教学在不断发展之中，各地的军事理论课程和国防安全课程都在不断完善之中。在诸多的爱国主义教育中，以上海、江苏等地的理论教学最为先进，以上海、北京等地教学传达最为迅速。但是在一系列教学过程中，我们发现，理论教育课程开设过多，而实践教育较少。全国范围内，大型校外活动基地数量较少，学校还是优先进行理论教育，爱国主义教育实践在高校范围的开展和普及仍显不足。并且由于地域差异及院校差异，在各地的国防教育和军训课程中，尚存在很多不足。即使是蓬勃发展的理论课程，也出现了一些知识性错误和教学侧重点偏移的现象。除此之外，部分地区的爱国主义教育过于片面化和形式化。在当前的教育教学之中，亦有部分学生对教学知识理解不够深入。针对这个问题，青少年校外活动营地应该继续加强各高校的联系，利用高校新生军训的机会，向学生们进行爱国主义教育。

二、要重视学生们的思想

在长期的教学实践活动中，总有一些学生对来到基地进行实践活动有抵触情绪，甚至轻视我们这些基层爱国主义教育从业者，这个问题在高中和高校学生中较为普遍。有的学生认为，在当前经济全球化的背景下，进行爱国主义教育是没有必要的；有的学生爱国与爱社会主义不统一；还有的学生，爱国思想与爱国行为不统一，这些都是值得我们基层爱国主义教育工作者关注的问题。针对当前青少年三观未健全、缺乏持续性正确引领的问题，应向其明确习近平总书记所提出的爱国主义教育目的和方针，对他们进行针对性教育，同时提高教学力度，让他们能够真正认识到国家

于人的意义，并且警惕西方国家的文化渗透，让他们坚定不移地走中国特色社会主义道路。除此之外，提高教育者的文化知识水平也是必要的。现在学生们的知识水平日渐提高，很难再把他们当作单一的未成年人看待，尤其是高中及高校学生。高中学生处于叛逆期，高校学生已经形成了自己的价值观，知识丰富，见解也比较深刻，如果我们不能具备足够的爱国主义教育的相关理论知识，不能做到以理服人，那么不但不能纠正这些可能存在的错误观念，反而会使学生心里的错误观念愈发坚定。因此，在爱国主义教育实践的过程中，我们需要不断充实自己，不仅要具备实践技能，也不能落下理论学习，要时刻关注受训学生的思想变化，配合学校老师，对他们进行必要的思想教育，通过理论熏陶和实践活动的体验感染，从根本上解决学生们的思想观念问题。

三、要注意完善教学结构

针对教学结构不合理的问题，则需要国家更多地重视室外教育的开展，将更多的人才投入校外教育，特别是国防教育。在课程的设置和开展中，应将更多的时间放在课外，平衡室内和室外教育的比重，更加重视军训和其他军事化教育，应有计划地进行国防教育，而非敷衍了事。学生在进行军训的过程中，应由教官和师长向他们明确其作用，让他们能够合理利用时间，获取更多的实践经验。在进行实践的过程中，应不忘向学生进行爱国主义理论知识教育，从而完成实践与理论知识相结合的目的，使爱国主义教育更为全面。

四、要以爱国主义为核心，完成爱国主义教育实践内容的体系化构建

当前的爱国主义教育实践，还是缺乏完整的体系构建。一次完整的爱国主义教育实践活动，应该从前期筹备开始就用心经营，首先营造浓厚的新时代爱国主义国防教育学习氛围。在宣传方面应该继续加强学习，学会利用官方网站、微信、微博推送国防教育相关视频、知识点等内容，制作横幅、海报、道路宣传旗等张贴于营区各个位置，利用LED显示屏投放相关内容。

在实践教育的过程中，要善于利用基地完善的基础设施，筛选适合爱国主义教育的活动内容，要注意理论与实践的结合。营地的理论学习，可以选择在国家安全教育馆内进行。国家安全教育馆是目前国内规模最大的国家安全教育基地，主要由“序厅”“辉煌的业绩”“新中国的卫士”“共筑新长城”“放眼看世界”“尾厅”六个部分组成。展馆全面展示了我党隐蔽战线为维护国家的安全和荣誉所进行的艰苦卓绝的斗争。学生可通过参观学习知道什么是国家安全及维护国家安全的重要性；了解隐蔽战线历史，首先可以激发学生爱国主义情怀，树立国家安全人人有责的思想。此后，可以进行一系列的博览课程，比如可以结合“辽宁号”进行海军博览，学生可以登临“东方绿舟”号航空母舰，了解大国利器的英姿雄风，了解我国蓝水海军的梦想以及在追逐梦想的征途中的艰辛与收获，了解航空母舰作为大国利器存在的意义和价值。课程将中国没有强大海军的屈辱历史融入活动中，采取任务式等方式激发学生兴趣，从而让学生们树立牢固的海洋意识，认识到我国建立强大海军的必要性，寻找我国与世界其他国家之间的优势与劣势，激发强大我国海军力量的信念。在纯理论的学习之后，加入一些体验性课程对于维持学生兴趣是十分必要的。

参观课程结束后，可以进入实践活动部分，这个部分先进行操枪训练，对学生进行：持枪、托枪、枪放下、举枪敬礼以及托枪行进五个内容的操枪动作进行训练。学生通过训练，可以基本了解“56式”半自动步枪的基本性能和构造，基本掌握操枪动作要领，培养他们严谨的学习作风，增强吃苦性，加强纪律观念。为了增强课程的连贯，之后还可以安排学生学习模拟设计和枪械分解。这是爱国主义教育中军事训练的部分，通过激发学生对枪械和军事的热爱，向他们灌输守土有责的观念。实践的最后可以安排野外生存活动，让学生们体验战士们可能遇到的情况。本课程主要训练有徒步行军、识图用图、野营等活动，通过活动体验，让学生在野营活动中掌握露天宿营的基本常识，强化团队成员执行力，促进团队凝聚力，加强团队成员之间沟通的能力。从而培养个人对环境的适应能力、人际交往能力、团队协作能力，培养团队成员吃苦耐劳精神、认识自身潜能、增强自信心和勇气、克服心理惰性、磨炼战胜困难的毅力。这是爱国主义教育中集体观念的部分，也可以结合战争故事的讲述，让学生体验和平的来之不易。

理论和实践教育完成后，营地还可以开展比赛活动，如国防知识问答、步枪射击比赛、野外生存技能考核等，通过比赛来检验学生的学习成果，而不是只有教学而缺乏考核。前期准备、具体实操和考核验收，只有环节完整，爱国主义教育实践才能逐步地、成体系地运行，而不是杂乱无章、缺乏针对性。

五、总结

总而言之，爱国主义教育是我国国防教育的重中之重，是国家安全赖以维系的重心之一。只有从当前爱国主义教育的教学实践中找出其中的不足，并通过实践加以修补，才能真正让人民理解并做到爱国二字，这正是爱国主义教育的目标。

完善普通高等学校军事训练制度化建设的措施

李雪朋，张　宏

摘　要：《中华人民共和国国防法》第八章“国防动员和战争状态”规定：中华人民共和国的主权、统一领土完整、安全和发展利益遭受威胁时，国家依照宪法和法律规定，进行全国总动员或者局部动员。现代战场时常出现态势错综复杂、情况千变万化的状况，争夺战场主动权的斗争愈发炽烈，对快速反应的要求越来越高。青年学生作为祖国的高素质人才，通过在校期间参加军事训练可以成为国防力量生力军。相当比例的普通高等学校存在军事训练问题，例如学习训练科目单一；训练科目繁杂；训练效果差强人意；训练效果持续性差；学生应付了事等。普通高等学校军事训练所表现出的不完备、不理想的现状会使得青年学生在应对国家领土完整和主权受到侵犯时不能有效发挥积极能动性，因此完善普通高等学校军事训练制度化建设迫在眉睫。

关键词：青年学生；军事训练；制度化建设

一、建立普通高等学校学生军事训练档案

档案的建立有利于国防动员的实施。通过档案全国联网的方式，记录普通高等学校学生军事训练的相关内容，由各个普通高等学校安排档案管理员负责管理。军事训练档案管理的总后台设立在国防部，档案记录高校学生军事训练的成绩和个人军训专业科目训练情况以及该名学生所学相关军事训练专业。当全国动员或者战争状态动员时，能够做到有效的动员，对专业技术人才做到精准动员，能及时补充紧缺岗位上的人才缺口。档案的建立要赋予学生使命感，档案要分战区、分连队、分

专业，让每个大学生成为更合格的国家战略预备役人员。

二、划分训练科目

学生在初中就接触军训，高中阶段完成《高中阶段学校学生军事训练教学大纲》，大学时期完成《普通高等学校军事课教学大纲》的军事训练内容。就目前全国学生军事训练情况来看，高中阶段的学生主要完成了队列训练，只有完成较好的区域（城市）会有 5 天左右的国防教育，进行规定的军事技能训练；普通高等学校的军事训练效果不尽如人意，军事技能存在缺训、漏训的现象，学生军事理论学习不扎实，学生应付了事。

服兵役的人员在部队服役的时间为 2 年，因此在校进行军事化训练的大学生训练持续时间也应当是 2 年。时代要求大学生主要以完成学业、增强专业知识为主要任务，但是制度化建设要赋予大学生在校期间进行两年军事相关训练的义务，并按照学级、时间段划分好训练内容。

三、划分专业，突出技能训练

普通高等学校军事训练目前均为普训，训练内容均为停止间动作和队列的行进与立定。普通高等学校军事训练要划分好专业，突出技能的熟练掌握。大学生作为国防动员的重要力量组成部分，必须加强专业军事技能的训练和掌握。

根据普训科目情况和个人意愿，加强专业科目的训练，例如在普训科目中部分学生具有较强的射击天赋，可以继续进行射击专业训练；部分学生有很大的意愿学习战场医疗救护，也可进行此方面的深入训练学习。在总体集训的过程中要全面兼顾，让每个学生都有自己的军事训练专业，都能掌握精深的军事技能。

四、多方协作，科学训练

普通高校军事训练面临的问题主要有两个方面：首先是教官的数量欠缺，部队的工作繁重，能够派遣到高校训练的教官比较紧缺；其次是教官的教学能力不够专业，有些集训的教官为刚刚服完两年兵役的退伍兵，并不具备所需的相应管理能力。

建立和完善教官培训制度，按照规定计划定期培训，使军训教官的能力与政治理论素质不断提高。教官在派出执行任务前，应认真接受培训，做到军事理论扎实、知识面广、教学规范、逻辑严密、表达清晰，增强纪律及自律意识，培养良好的作风及良好的军人形象。强化军训官兵的管理，培训考察期间进行帮助指导、结束培训后进行评价和考核。

普通高等学校应积极培养优秀的军训师资队伍，通过自我教育、培训与教学研究相结合，培养合格的军训教官队伍。普通高等学校首先可以通过国家成立的“退役军人事务部”，在武装部或者国防教育基地成立一所军事教官培训中心，让刚刚退役的士兵进入中心学习培训。其次是利用好在校退役大学生士兵从事军事训练的力量，让所有在校的退役大学生士兵集中培训，能够担任军事教官一职，从而解决高校军事训练的教官紧缺的问题。最后着力解决专业训练场地和训练器材得不到保障的问题。通过区域性整合资源，轮流分批次轮换使用和训练，与地方的国防教育基地协作，完成一些在学校无法完成的训练科目。训练器材方面要结合现代科技特点，例如目前比较流行的虚拟现实（VR）技术，不受场地和实际情况的限制，可以提高大学生军事训练的效果。

五、加强政治思想工作

普通高等学校通过军事课教学，让学生了解掌握军事基础知识和基本军事技能，增强国防观念、国家安全意识和忧患危机意识，弘扬爱国主义精神，传承红色基因，提高学生综合国防素质。但是由于社会环境、教育环境、家庭环境的变化，许多大学生的思想观念发生了很大的变化，尤其受物质和网络的影响，思想政治观念不强。因此，军事训练的内容和形式应该多样化，与时俱进，不断创新，可以在军事训练中穿插团队拓展。首先可以设立普通高等学校军事训 APP，使学生在 APP 上完成相关的军事理论和政治思想学习，利用 APP 推送一些思想教育视频；其次“看好电影”，电影是政治思想教育很好的方式，这种潜移默化的教育是很有效的。

“上好一堂大课”可能有许多学生一听到政治思想课，就心生抵触情绪，不愿意听，所以要根据学生想听的、学生喜闻乐见的或者在红色故事中穿插政治思想教育。

六、总结

习近平总书记在十九大报告指出，我们的军队是人民军队，我们的国防是全民国防。当祖国有难的时候站出来的不仅仅是解放军武警战士，而是更多的人民，是受过高等教育具备专业军事技能的人民，我们的国防才是最有力的国防。普通高等学校军事训练制度化建设需要充分地发挥思想政治教育的引导性作用，在形式和内容上得到根本性的提升，保证学生对军训产生浓厚的兴趣。这样军训效果才会得到有效延伸，学生的思想政治意识才会持续提升。

普通高等学校军训工作能够增强学生的身体素质，因此，军训工作要保证有效地创新，深入地研究内在的发展规律，大胆地进行工作思路与方式的创新，推动普通高等学校学生军训制度化发展，为学生构建良好的学习环境，在科研制度下开展军训活动的规范化研究。普通高等学校学生军训工作要能够引起教育主管部门和军事部门的重视，充分地发挥不同职能部门的作用，并且在军训实践教学中进行总结，这样才能为学生提供更为完善的军训活动，为学生今后的发展奠定基础。

进来是铁，出去是钢

——军训课前流程规范分析

严　忠

摘　要： 军训是当代大、中学生思想政治教育的重要组成部分。历史经验表明，一个国家、一个民族的强弱兴衰与国民国防意识的强弱有密切的联系。大、中学生既有较高的科学文化知识，又有强健的身体基础，他们是国家最有希望的一代，也是国防兵员的主要来源。所以，实训前实施的每个流程都必须严谨、流畅，尽可能做到同一性、规范性。

关键词： 学生；军训；规范性；标准；荣誉

习近平总书记说：国防教育是国之大事。而军训是学生参与国防教育重要方式之一。当全国各大学、中学在积极推进实施军训任务时，社会上也时有质疑教官来源和素养的声音，以及训练标准化等问题出现。要解决这些问题，消除社会上的片面影响，不仅要有严格的教官选拔标准，更要有严谨的组织实训流程。那么在正式进入训练之前，教官应该注意哪些个人行为与具体流程呢？

一、形象标准化

教官作为军训主体，应从本质上注重个人行为与意识行态的展现，着装应干净整洁，形体规范，严肃认真。在下达每一个口令时应做到口令清晰、洪亮、有力，严禁出现随意性。

二、礼仪常态化

（一）师生相互介绍

军训练的不仅是学生的体质，也应呈现良好的师生素养。师生相互问候是拉近距离、缓解学生拘束感的一种方式，是教官高素养、重情感的主要体现。所以，问候时，应自然大方、吐字清晰；行军礼时，应动作规范、标准；礼毕时，手臂放下要干净利索，手型到位准确。

（二）学生相互介绍

由于学生都是刚入学校的大学或中学新生，学生相互之间并不认识，进行简单的自我介绍和相互介绍对开展训练有非常大的帮助。因为在训练中，不仅会出现左右同学手碰手的情况，更会出现后方同学踢到前方同学腿的可能性，甚至会出现绊倒的现象。出现上述情况时，绝大多数的同学都能一笑而过，但不排除有个别的学生出现不理智的行为和过激的语言。快速熟悉的方式来提升学生之间的融合感与归属感，是避免同学之间发生口角和不良行为的重要方法。

三、物品摆放规范化

物品摆放是否整齐是检验军训标准的重要方式之一。应做到前后有间距，左右有间隔，通常前后距离约 20 cm，左右约一拳之隔即 8~10 cm 为宜，以两排或四排为标准依次摆放。为了呈现物品摆放的整齐度与美观感，也可考虑物品的大小、形状以及瓶口的朝向等。物品的摆放可以让学生更加直观地了解军事训练的严谨和规范性，提升学生的审美观和自我约束意识。

四、队形制式化

（一）日常生活队形

日常生活队形通常有两种。一是两列横队队形（女生在前，男生在后）面向教官，以从左至右、由高至矮报数的顺序向后依次排开；教官位于队伍正前方 3~5 m 处，与学生队形通常成等腰三角形或两路纵队队形；通常是男生在左、女生在右向后依次排开，学生前后距离约一臂之长。男女生左右间隔约 20 cm，由前向后、从高到低依次向后排开。教官位于男女生正前方中间位置约 1.5 m 处，以通视全班情况为宜。二是四列横队队形。四列横队队形通常是在两列横队的基础上转换成四列横队。要求男女生以双数向前一步出列，并迅速组成四列横队或者以男女生单数向后退出一步，并迅速组成四列横队队形。如果是纵队队形时，男生和女生以报数的方式，男生采用单数向右横跨一步，女生双数向左横跨一步，并迅速变成四路纵队队形，教官距离学生正前方约 1.5 m 左右为宜。当队列队形变成四列横队或四路纵队时，学生前后距离和左右间隔不变，教官依然采用等腰三角形顶角位置或队伍队形正前方约 3~5 m 的位置站立为宜。

（二）日常训练队形

日常训练队形与日常集合队形基本相同，通常以四列横队或四路纵队集合。日常集合队形只需要男女生各两排并以高矮个依次向后排列整齐即可；而日常训练队形略有不同，训练队形讲究形体的协调性和灵活性，这就对学生的形体条件提出了要求。所以，最高的不一定会站在第一排第一的位置，有可能出现在第一排第二的位置，也有可能出现在第二排第一的位置。

（三）多排面队形

队列通常以四列队形为标准队形，而多排面队形主要出现在班级人数较多的情况下，通常以 5~7 个排面出现，队形形状为横向的长方形队形（即纵队人数要少于横排人数）。同时，最后一排的人数也不能多于前排任何一排人数。

（四）队形编排方式

队形编排主要是以男女生的身高差异为基础组织队形排列的方式，每排人数以 8~10 人为宜。通常采用以第 1 名至第 8 名为第一排，第 9 名至第 16 名为第二排的顺序依次向后编排，由于人数的不同可能出现男女生混合成排。原则上男女生一定是以高矮顺序依次排列的，以保证队形高低有序；如遇体形偏胖或个体偏矮的同学，要根据实际情况另行安排相应位置为宜。

在日常的训练过程中，由于个体训练水平和动作规范性的不同以及方队位置的需要，时常会进行人员位置的调整，以确保方队优势的最大化。不断的变化与调整过程也是同学之间的一种适应过程，既调整了方队的整体美观度又提升了学生的快速适应能力。

五、作风纪律严格化

无以规矩不成方圆。一周的军训不仅仅是简简单单的走走队列、踢踢正步，更多的是练品格、树意志、强化自身素养，增强个人与集体荣誉感。采用的是军、校联合的管理模式。

（一）尊重意识

尊重教官就是尊重自己，学生要学会主动向教官问好。当以连队出现在教官面前时，由连队负责人即“连长”下达口令，学生集体向教官问好。而教官应采用立正姿势面向学生行军礼或口头回复“同学们好”。学生应做到上课有起立，解散有教官辛苦等基本问候，在潜移默化中教育学生要懂得尊重与感恩。

（二）服从意识

学生服从老师，个人服从集体，严禁有个性凌驾于纪律之上的现象。每个同学都要以班级为主体，以学校为荣誉，一切行为都要有大局意识。

（三）请销假意识

在循序渐进的训练过程中，难免会有各种问题出现，请假现象必然出现。如果有事请假，学生必须向教官或老师说明事由，得到许可方可离开训练队伍；事情处理完以后，应迅速归队销假。训练期间不得以任何虚假的事由请假，若发现有违纪行为应及时上报学校，并接受适当的批评教育。

六、训练目标明确化

由于军训训练周期短、学生个体差异及学生体质的不同，要达到高标准是比较难的，它和部队训练有本质的区别。但是，明确训练任务、确定训练目标是决定军训成果的重要因素。所以，确立一个及格、两个标准、三个 100 的训练目标为宜。

（一）一个及格

所谓一个及格就是军事技能考核基本合格。

从动作难度上讲，若要求学生时时刻刻呈现出标准动作，必然适得其反。这样不仅会降低训练的进度，还加大了学生的疲劳值。过高的要求容易让学生产生较大压力，进而出现厌训情绪，甚至出现个别学生以身体不适为由退出训练。结果是坚持的人数越来越少，旁边观看的却越来越多。学生片面地认为，能坚持下来才是好样的，这种不切实际的心态是不利于个体发展的。

从心理学上讲，“及格”会产生积极的心理暗示，降低学生对军训的紧张感和恐惧感，释放学生的压力，提升学生自信心。如果按照所谓的军队“标准”，学生将很难达到要求。

从个体发展阶段上讲，高中年级的军训只是基础，不必过于要求完美。随着时间的推移和重复的训练，学生的军事动作方可灵活协调、整体配合自然流畅。学生军事技能真正的提高应该是在大学军训时期，因其周期长、要求标准高、学生肌体及思维的不同，所达到的效果就会更好。

（二）两个标准

1. 军事动作要标准

军训，练的是意志、树的是品格、强的是军魂。学生只有在训练中用身体去体会，用心去感受，才能体会到军训的真正涵义。一个动作一个眼神都必须严格要求、精准施训，做到千锤百炼。

从个体实践上讲，高中年级的学生面对高标准的目标，都具有想尝试且敢尝试的积极心态。作为教官要抓住这个特点，对他们的训练难度可以大一些、标准要更高一点。在这样的环境中，学生的训练才会更有激情和动力。而磨洋工式的训练反而会适得其反。

2. 行为规范要标准

从个体形象来说，行如风站如松。良好的外在形象才是当代学生的完美呈现。

日常的行为规范就要有严格的标准，行走时要求做到抬头挺胸、目视前方，严禁出现挽手搭肩弓背等行为现象。

从未来发展讲，每个学生的身体健康状况，是一个家庭、一所学校和一个国家对健康教育的发展水平的评价之一。阳光帅气不是唯一的标签，而健康的外形、挺拔的身材更显少年本色。所以，日常行为规范标准显得尤为重要。

（三）三个100

1. 精神状态100

精神状态100，要求学生训练时做到精神状态100。

军训，练的是精、气、神，展现的是一种精神。精神状态是军训成果考核的重要指标，对整个训练氛围或训练效果有非常大的帮助。

从训练方法上讲，训练精神状态通常以军姿为主，时间约以8~10分钟为宜，循序渐进一般不超过30分钟。精神状态是队列训练的基础，它存于心、显于形，看似简单却凸显毅力。只要是合理的军训时间，每个学生基本上都能达到标准。

2. 训练人数100

训练人数100，顾名思义就是训练时一个也不能少。

在一些家长看来，所谓的军训就是排排队、踢踢腿，进行单一的队列训练，往往以孩子身体和其他的原因取消军训，这种认识比较片面。军训除了队列训练，受训的内容还有很多。如集体生活的体验，内务卫生的教学整理，时间观念的训练，集合意识的培养等等，而队列训练只是其中的一小部分内容。

从教育普遍性上讲，军训目的之一是让学生体验军旅生活，增强国防观念，对学生的未来有着重要影响。日常的连队组建都是以班级为单位，一个班级就是一个整体，缺一不可。缺少一个，这个班级就不完整，不完整的军训也和我们的教育理念相违背，不能以任何理由剥夺孩子受训的权利。

从对精神状态100的作用上讲，一个都不能少，是一种氛围，是一种凝聚，更是一种抱团的精神。对提升学生的士气，消除心理压力等都能起到很好的帮助。

从帮扶掉队学生的方法上讲，对于身体确有不适的学生，减少他们的训练时间或训练次数即可。而不是直接让他们退出，甚至送他们回家。这对学生来讲是错失一次很好的融合、交流、锻炼的机会，甚至会出现少数学生一生都没有体验过军训生活，多少是种遗憾！

另外，前述一个及格也为实现训练人数100提供了有力的保障。

3. 展示100

展示100，包含两层含义。一是在检阅和军事展示时一个也不能少。

从促进学生社会人格成长上讲，5天4夜的军训生活，对每个学生都会留下深刻的印象。特别是最后的检阅或军事成果展示，每个学生都是激动和向往的。他们明知紧张也强作镇定，明知自己训练的时间不够也想为连队争光。在这样的洗礼中去体验、去参与、去感知，其社会人格必然会获得宝贵的成长机会。

从对集体荣誉感的取舍上讲，两三个甚至是五六个学生请出队伍，这种以“牺牲”少数学生换来所谓的集体荣誉感的策略很不可取。这样获得荣誉后的激动雀跃，和那些没能上场或者说是“被请”下来的学生的遗憾和失落必将形成鲜明的对比。成绩固然重要，但是每个学生的锻炼与成长才是军训的初心。不忘初心，便会取舍。

展示100的第二层含义，是将精神100展示出来。精神100不是展示100的目的，否则的话，这种认识则是功利而片面的。只有训练时将学生的精、气、神抓实，才有展示100的可能。

七、责任担当荣誉化

国防是全民的国防。而军训又是大中学生思想教育必修课之一，在这样的背景和前提下，每个学生都应明白军训的真正目的，学生在明确目的的情况下才能理解自己所参加军训的责任。军训要求每个同学都要有强大的责任意识，这种“意识”既是担当更是使命，要把这种责任与使命转化为集体荣誉感，让每个学生为之努力、奋斗！

八、总结

军训是无声的老师，它不仅能培养我们优良的品格，还能塑造我们不屈的精神，更能让我们摒弃懒散的状态，摆脱无聊的幻想。军训苦、军训更累，它却给了我们一次难得的锻炼机会来提升自己、重塑自己。亲爱的同学们，那就让我们一起风雨共闯，荣辱共担！

浅谈轻武器射击在国防教育中的作用

冯宝峰，吕春峰

摘　要：青少年是祖国的未来、民族的希望，加强青少年国防教育是建设和巩固国防的基础，是增强民族凝聚力、提高综合素质的重要途径。多年来，营地以国防教育为中心开展素质教育活动，以达到立德树人的根本目标。轻武器射击是国防教育必不可少的部分，也是国防军事课程中唯一的一项考核科目，对于提升学生的军事技能、集体荣誉感和自信心有极大的帮助。本文将从个人和国家两个层面分析轻武器射击在国防教育中的作用。

关键词：国防教育；轻武器；射击

随着时代的发展，青少年学生可以通过电脑、电视、手机、广播、报纸等方式获得各种各样的信息，而这个年纪的学生不易分辨优劣，更容易被不良信息影响。

国防教育旨在让学生感受军魂国威，引导学生走向正确的道路，传递正能量，树立起正确的三观，让他们成长为中华民族合格的接班人，肩负起保卫国家的责任。而传统的教育方式显得太过枯燥乏味，室内教育和操场训练并不能达到这个效果，不能激发学生的兴趣，反而使学生形成了军队管理不过如此这样错误的观念。营地的国防教育秉持“寓道德建设于活动之中、融教育理念在实践之间”的宗旨，不断完善国防课程，轻武器射击课程就是在这样的背景下开设的。

一、轻武器射击课程对学生个人的影响

根据不同年龄段的学生，轻武器射击课程有不同的设定，如高中生进行步枪的模拟射击，大学生进行步枪的实弹射击，科学的射击课程设置对学生的思想发展和实践能力提升都有很大程度的影响。

首先，轻武器射击课程满足了学生对军队生活，尤其是对枪支使用的好奇心，激

发了他们对国防教育的兴趣，学生可以带着积极的心态进行训练。在学习刚开始的时候，当他们看到有轻武器射击课程的时候，会表现出非常浓厚的兴趣，迫不及待地想要进行射击训练。在射击课程的学习过程中他们非常积极，不停地向教官询问相关事宜，听从教官的指挥，并根据讲解练习规定的射击动作，努力完成教官布置的任务，这显然是站军姿、练军体拳所达不到的效果。轻武器射击的实践激发了他们的兴趣，让他们能够以积极的姿态来应对我们的军事国防教育，不至于觉得枯燥乏味。

其次，轻武器射击课程能够增强学生的自信心，激发他们的潜能。参加国防教育的学生有一小时的射击课程，每班配备一名教官。在轻武器模拟射击的课程中，我们设置了教官讲解示范、个人体会和考核三个环节。每个学生有两次机会进行射击训练，第一次为体验，第二次为考核，每次射击时间 120 秒、射击弹数 30 发。教官精心设计了考核评价手段，其中，及格 101 环，良好 201 环，优秀 240 环，对 290 环以上的学生，教官会现场颁发“神枪手”荣誉证书并赠送纪念品。考核评价能让学生客观了解自己的射击水平，并且对自己的成绩作出评价。对于成绩优秀的学生教官会给予表扬和赞许，对于成绩不理想的同学则会给予安慰和鼓励。教官出身部队，指导比较专业，科学的教学方法可以让学生学得更快更好，学生的成绩比他们预想的会好得多。我曾不止一次看到有学生因为获得了优秀的评价而激动地振臂高呼，甚至绕场呐喊，即使平时沉默寡言的女生，在获得了良好的成绩之后也会激动地手舞足蹈，感受成功的喜悦，这极大地增强了学生的自信心。在经历了射击课程之后，学生会变得比较开朗，对自己的能力产生肯定，减少原来的自卑和沉默。有一位同学曾经这么说：“我一开始以为这门课程我肯定会不及格，没想到能够拿个优秀，我整个人都燃烧起来了。”在经历了射击课程之后，学生的潜能被激发了，自信心增强了，课程的完成度也提高了。

最后，轻武器射击课程能够培养学生专注精神和服从命令的军人品质。学生为了尽早获得射击的机会，对教官的讲解非常专注，由于枪支的危险性，他们被要求必须按照教官的讲解进行学习和训练，像小军人一样服从教官的命令。不同于在操场教育中的懒散和沉闷，学生在服从教官命令时注意力集中、热情饱满，在之后的教育中，学生们延续了这样的态度，得到了更好的训练，也让国防教育更为简单易行。在常规教育中，学生们很难感受到军人服从命令的必要性，进行了轻武器射击课程的训练后，他们会明白：一旦没有按照指定要求进行训练，就无法瞄准目标，无法完成相应的任务。通过相关影像教育中因走火而误伤自己或战友的惨痛教训，学生会明白如果不能克制自己不当的行为，就会产生不可挽回的损失。就像一名学生所说的那样，要是没有这门课程，我还不知道一个小小的错误会造成这样严重的后果，我一定会严格按照要求去进行训练。在训练中，学生会克制自己的行为，服从教官的命令，一丝不苟地进行枪械的射击训练，这种让学生自觉接受并服从教官的命令显然比训斥警告更人性化，不得不说这是开设轻武器射击课程的作用。

二、轻武器射击课程对国防建设的影响

国防教育一直以来只是单纯的普通演练，没有实际的军事训练。站军姿、队列训练、军体拳和叠“豆腐块”都只是最普通的教育，形成不了军事国防教育的实际体系。由于所接受的教育过于粗浅，没有获得真正的军事理论和军事实践，学生的军事素养得不到提高。曾经有学者表示，我国目前的国防教育是不完善的，学生所接受的只是边缘化的教育，他们没有触及军事教育的精髓。连军队的战略部署都没有接触过的人，如何能在国家危急的时刻为国而战？更别说那些连枪的保险栓都不会开的学生了。

营地设置的轻武器射击课程，目的是提高学生的军事素养，让他们能够接触并学会使用枪支，在紧急战斗的时候不必再接受不需要的训练，这对我国的国防建设有很大积极作用。据枪、瞄准、击发的一系列动作要领，由有丰富射击经验的教官亲自示范，针对学生的射击姿势进行指导，让他们能够正确瞄准，根据射击点进行弹道调整，教官以专业的指导让学生全方位感受到枪支使用的方法和要求，从而最大程度地学习正确的射击姿势。在轻武器射击课程中，学生们能够领略战场的一隅，掌握一些战场上常规武器的使用方法，比较准确地瞄准射击，这是简单的军体拳等普通项目所不能达到的效果。射击课程对于培养一批具有枪械基础知识的国防后备力量，提高学生保家卫国技能和认知有着非常明显的推动作用。

三、总结

综上所述，轻武器射击课程在军事国防教育中不可或缺，它对培养具有基础的枪械知识、拥有良好的军事素质和军队服从意识的学生有着积极作用，也为培养有服从性和担当精神的后备力量、军事技能和心理思想兼备的高素质的国防人才打好基础。

以“总体国家安全观”为导向推进上海市青少年学生国家安全教育

闵纪平，夏振芳

摘　要：国家安全是一个国家永恒的主题，维护国家安全是国家生存和发展的首要保证，国家的长治久安、繁荣昌盛，都要以国家安全为前提。随着我国国际竞争力、综合国力和国家地位的空前提高，我国的安全和统一仍然面临严重的威胁。我国综合国力的日益增强及现代化建设的不断深入，将在一个复杂的国际环境中进行，并深刻地反映和体现在国家安全领域的较量中。在习近平总书记的领导下，国家安全教育成为每个教育部门都需要审视和解决的问题，也是当前最重要的一个话题。

关键词：总体国家安全观；青少年学生；国家安全教育

一、总体国家安全观的科学内涵

国家安全观是国家安全问题的基本态度和基本立场，对国家安全战略的制定具有重要作用。2014 年 4 月 15 日，习近平总书记首次提出“总体国家安全观”的重要理念并强调，要坚持国家安全的总体理念，准确把握国家安全形势的变化特点，走出一条具有中国特色的国家安全道路。中国特色的国家安全之路以人民的安全为基石，彰显了国家安全的本质。国家安全的本质是什么？是国家与人民的关系，是人民利益在国家安全中的地位。中国梦最终的目的是实现全国人民的梦，那么国家安全的最终成果就是全国人民的安全。我们国家的安全是建立在人民基础上，是为了保护人民。国家安全与人民安全两者之间的关系是息息相关、密不可分的，国家安全保障人民的安全，人民的安全加强国家安全。而青少年学生是国家的未来，是民族的希望。因此，加强青少年学生的国家安全教育，是道德建设和育人的重要任务，是全民国家安全教育的重要内容。

二、对青少年学生开展总体国家安全观教育工作的意义

面对时代的新局面、新挑战，对青少年学生进行国家安全教育需要与时偕行，要培养适应国家安全新要求的新人。用最新的理论、方法和制度来开展青少年思想政治教育是思想政治创新在教育中的重要体现。青少年是国家未来的中坚力量，学习习近平新时代中国特色社会主义思想，贯彻十九大精神，准确把握党的新思想、新理论，培养他们树立“国家安全、荣誉、利益高于一切”的思想和“国家安全，人人有责”的观念，对于维护国家安全，维护和发展国家安全大局具有重大的现实意义和深远的战略意义。对于长期生活在和平环境中的青年学生，对国内外安全领域面临的复杂形势、安全形势没有实际感受，因此教育要引导学生了解国家安全总体理念的必要性和正确性，使他们从政治上认同党和国家的基本战略，采取切实措施保护国家安全，认识并理解国家安全概念的总体规划。

三、以“总体国家安全观”为导向推进青少年学生国家安全教育的必要性

（一）当前形势风云变幻

随着国家经济和科技的迅速发展，国家综合实力成为人们关注的重要内容。但国内经济安全、科技安全、国防安全依然紧张，导致社会群体对国家面临的危机和挑战缺乏正确的判断，对国家安全的认识一直停留在军事安全等领域，认为国家安全并不涉及信息以及经济等方面的安全领域。2017 年，韩国“萨德”事件引起了我国广泛关注，可见，我国公民对于国家安全非常重视，在国家关系紧张之时，更应该凝聚人民的力量，此时方法最为重要。每个人都想为祖国作贡献，出发点是好的，这就需要我们对其进行正确适时的安全教育，杜绝盲目爱国，从而维护国家利益，维护社会安定团结的大好局面。2020 年，生物安全成为国家安全中的新增领域。近年来我国乃至全球陆续发生的 H7N9 禽流感、埃博拉病毒以及此次新冠肺炎疫情，体现出生物安全直接关系到人民安全，把生物安全纳入国家安全体系就是把新冠肺

炎疫情这一公共卫生安全事件上升到生物安全、国家安全的高度，这对提高民众的国家安全认知水平具有重要意义。

（二）少数青少年学生国家安全意识缺失

经过改革开放四十多年的洗礼，广大青少年学生对国家、民族的认同，对承担中华民族伟大复兴中国梦的责任和义务的领悟都显著提高。但是也有部分学生受西方资本主义政治文化的影响，对国家主权的统一、领土的完整、人民的福祉、经济社会的可持续发展和其他重要国家利益存在模糊甚至错误的认识。很多学生对国家安全的总体概念不了解，对国家安全的认识仍停留在军事、国防、领土、战争、情报、间谍等一些传统和局部方面，他们没有深刻的国家安全意识，对维护国家安全的认识不足，往往把单方面的国家安全等同于间谍活动和其他活动，甚至认为“国家安全与自身无关”，他们因思想麻痹、利益贪婪而被外国间谍组织诱惑，成为国家的可耻罪人。这种现象暴露了一些学生国家安全意识淡薄的问题。

（三）意识形态的斗争更隐秘且将长期存在

我国的发展正处于滚石上山、爬坡过坎的关键时期，在改革发展的道路上，矛盾交织，利率模式多样化，思想统一、共识统一的难度加大；互联网这把“双刃剑”使网络领域意识形态斗争日益复杂，舆论空间上还没有完全杜绝杂音，话语权有待进一步增强；一些人的政治观点被削弱等等，意识形态领域的这些复杂局面是我们无法回避的挑战。意识形态斗争这根弦如果稍微麻痹松懈一下，就有可能酿成大祸。所以，学生国家安全教育应做好耐心细致的思想政治工作，团结引导学生自觉地践行社会主义核心价值观来看待和分析当今世界意识形态领域的斗争及其本质。

四、探索创新国家安全教育体系

（一）以树立总体国家安全观为教育基准

新中国成立以来，随着世界形势的发展变化，中国的国家安全观经历了一个不断发展的过程，从强调传统安全到强调传统安全和非传统安全，这是习近平总书记目前提出的总体国家安全观。2014 年 4 月 15 日，习近平总书记在主持召开中央国家安全委员会第一次会议时指出，必须坚持总体国家安全观，以人民安全为宗旨，以政治安全为根本，以经济安全为基础，以军事、文化、社会安全为保障，以促进国际安全为依托，走出一条中国特色国家安全道路。遵循有中国特色的安全观，青少年学生的思想政治教育必须运用最新的理论，树立以国家安全为教育标杆的总体理念，引领青少年学生国家安全教育。只有未来的社会主义建设者和接班人树立正确的总体国家安全观，国家才能在长期和平稳定中实现中华民族伟大复兴的梦想。

（二）以树立爱国主义信念为教育力量

在中华民族的历史长河中，爱国主义从来就是推动和鼓舞中华民族团结奋斗的一面旗帜，是各族儿女共同的、神圣的精神支柱。它贯穿于维护祖国统一和民族团结、抵御外侮和推动社会进步的每一个篇章。进入新时代以来，以理想信念教育为核心，以爱国主义教育为重点的思想政治教育工作不断得到加强和改进。培养青少年学生的爱国主义精神，帮助他们树立牢固的国家安全观，帮助他们有意识地反对一切可能损害国家利益的行为，有意识地和可能损害国家利益的言行划清界限。爱国主义是中华民族的优良传统，是中华民族的民族之心和灵魂。爱国主义信念是本分、是职责，是心之所系、情之所归。在新时期下，我们青少年学子最大的爱国就是继续奋斗，立鸿鹄志，做奋斗者。中学教育要以树立爱国主义信念为教育力量，为强国复兴求真学问、练真本领，为实现中华民族伟大复兴的中国梦献出青春力量。

（三）以历史教育增强青少年的使命感

习近平总书记强调“历史是最好的教科书”，学习党和国家的历史是坚持和发展中国特色社会主义、推动党和国家事业前进的必修课。要加强青年学生的历史修养，树立青年学生的历史使命感，增强青少年学生的民族特色，增强青少年学生的政治文化认同感。每一代青年都有自己的历史使命，通过历史教育来弘扬学生的历史责任和使命。

（四）以开展国家安全知识教育为切入点

上海市教卫工作党委、上海市教委高度重视青少年国家安全教育，开展了国家安全知识教育，这是保证国家安全的一项重要举措。国家安全教育的内容相当丰富，既要让学生知晓哪些事务属于国家安全范畴，又要帮助学生掌握安全防范知识和反间防谍技能，但最为重要的，是要筑牢全民的思想防线，归根结底，要把爱国主义教育放在国家安全教育的首位，爱国主义教育是强化思想防线的第一步。爱国主义教育，就是要唤醒每一位中国公民内心的朴素情感，实际上，爱国是每个人与生俱来的情怀，需要通过恰当的形式去触发唤醒。爱国教育不是空洞的说教，不妨用实例说话，用发生的危害国家安全的典型案例，向公众告知这些事件对我们国家的利益造成了多大的损害，对我们国家的安全构成了多大威胁，这种警示性的教育往往能让人有更震撼的感受，起到更好的教育作用。

（五）以国家安全法制教育增强青少年的义务感

加强国家安全法治建设，提高全民族的国家安全法治意识，树立国家安全法治观念，把国家安全教育、思想政治教育结合起来，把文化道德教育、科学技术教育以及体育美育列为国家教育系列的组成部分。同时，《中华人民共和国教育法》应将国家安全教育作为社会教育的一部分，促进和澄清社会问题，在国家安全教育中发挥更大作用，为全社会营造一种教育文化氛围，加大对国家安全法治培训和法治教育机制的投入，根据新时代的发展变化，介绍国家安全，正确认识《中华人民共和国国家安全法》的法律地位和类型。其中，《中华人民共和国国家安全法》是基本法、综合法、一般法和专门法。加上中国制定的《反分裂国家法》《反间谍法》《反恐怖主义法》《国防法》《国家秘密法》《国防动员法》《国防教育法》等法律构成了我国国家安全方面的法律体系。《中华人民共和国国家安全法》是国家安全的法律制度，是中国对青年人自觉履行保障国家安全的法律义务，是打击一切威胁国家安全行为的训练和教育。

五、创新“总体国家安全观”的教育途径

（一）以课堂班级教育活动为主途径的教育思路

学生国家安全教育的总体思路应该是主途径和多途径并行。主途径就是将国家安全教育纳入学校教育的主要基础课程，提高学生的国家安全意识，提高维护国家安全的能力，强化责任心，建设国家安全防线和时代接班人。还可以在班级教育中开展专题教育活动，充分满足学生的主体地位，让学生根据书中的例子说话和行动，让学生利用多媒体展示自己的数据收集和研究成果。注意创设教学情境，使学生在

一定情境中运用所学的国家安全知识，表达自己的意见，反思讨论的内容，形成连贯完整的学习过程，产生有价值的思想，发展和树立国家安全意识，青少年学生在思想政治教育中应优先进行爱国主义教育。在思想政治课的课堂上，政治教师是政治思想教育的引导者，首先要牢固树立青少年学生的国家安全的总体理念，充分遵循思想政治理论课的主要优点，适当加强国家安全知识的教学。

（二）课外教育活动、教育基地、网络学习等多途径并存的教育思路

上海国防教育资源丰富，学校要充分挖掘学生的周边资源，充分利用这些资源进行实践教学。例如，目前中国最大的国家安全教育基地——上海国家安全教育馆，中国最大的青少年校外活动营地——东方绿舟国防教育基地，以及中国共产党第一次代表大会纪念馆、中国共产党第二次代表大会纪念馆、龙华烈士纪念馆、陈云纪念馆等等，学生通过参观学习可以直观地了解历史，得到心灵的震撼，弘扬爱国情怀。利用网络平台开展国家安全教育（如上海国家安全教育馆网上教育馆）、学校建设国家安全知识网站，让学生通过上网浏览网站内容进行学习。国家安全知识网站包括理论、时政、国防技能、国土安全、经济文化交流与安全、先进人物行动等教育网站，以及论坛聊天、相关视频、电影等。学校还可以开展国家安全系列活动，比如举行国旗下讲话、主题班会、专家讲座、国防国安知识竞赛、主题征文、诗歌朗诵比赛、故事演讲、微视频、微情景剧等等，结合重大节日庆祝活动等契机开展国家安全教育。

参考文献

［1］黄慈云，邝家旺，王晓飞，等．总体国家安全观背景下高校国防教育课程建设提升新思维［J］．教育现代化，2019，6（48）：253-254.

［2］坚持总体国家安全观，走中国特色国家安全道路：李克强、张德江出席［N］．人民日报，2014-04-16（1）.

［3］马占魁，孙存良．人民安全是国家总体安全观的宗旨［N］．光明日报，2014-05-31（5）.

［4］刘跃进，范传贵．“总体国家安全观”提出之背后深意［N］．法制日报，2014-04-21（4）.

［5］张丽．后金融危机时代国际安全结构新变化与国家安全战略［J］．国际安全研究，2014，32（2）：130-140.

浅谈新时期青少年国防教育几点误区

林发荣，李　勇

摘　要：国防教育法明确规定，学校的国防教育是全民国防教育的基础，是实施素质教育的重要内容。但我国青少年国防教育开展现状存在诸如国防教育意识淡薄、国防师资力量不足、资金设备短缺、没有构建完整的课程体系等亟待解决的问题。本文将从青少年国防教育实践的活动成果出发并进行有效性、可行性论证，为更好开展国防教育提供帮助。

关键词：国防教育；青少年；新时期

一、青少年对国防教育认识的现状

一名新校外教育者来营地参加以国防教育为主题的素质教育活动。活动期间，该同志显得无精打采，任何形式的活动都提不起他的兴趣，一副“事不关己，高高挂起”的状态。沟通中他说：“没意思，学这些毫无意义，考大学不能加分，出国不做考量标准……”言谈中，他的手机还在不停振动。

该同志的想法并非个例。如今，很多的高中学生和大学生普遍持有这种漠然态度。这是他们的错吗？显然不是，这是新时期社会的高速发展与国防教育的滞后造成的。

改革开放四十多年来，国民经济水平大幅度提高。现代化信息的高速发展，丰富了获取知识的途径，国民思想在舆论辈出的年代左摇右摆。遥想当年周恩来总理慷慨激昂之“为中华之崛起而读书”，回忆品尝改革开放中期以“极品倒爷”为中心的“读书无用论”，现如今，读书只为自己的财富和未来。在经济与思想的不平衡发展中，国家的概念逐渐被淡化。

改革开放初期，问孩子们长大了想做什么？孩子们的回答是：科学家、工程师、军人。现在的回答却是：明星、老板、当官。“金钱至上”“利益至上”的思想在孩子中蔓延。国防变成了极少数人的话题，我们的国防教育怎么了？

随着新时期教育的改革和发展，对国防教育的重视已经成了社会的共识。但提到国防教育，师生们往往想到的就是队列训练。很多教师把国防教育当成提高学生组织性和纪律性的唯一手段，实施过程中又将这种意识潜移默化影响了学生，国防教育的根本目的似乎变得遥远而又陌生。

二、国防教育应重视的问题

时代在变革，社会在发展，我们的国防教育又岂能坐以待毙！国防教育需要系统化、专业化和制度化，不能纯粹沿袭前人的经验。正确认识当今青少年国防教育中的误区，是我们开展国防教育的根本所在。

我认为，以下一些问题值得我们深思：

第一、何时是开展国防基础理论知识学习的最佳时机？

目前，我国对青少年国防基础理论知识的教育主要以高中和大学为主，初中为辅，小学严重不足，可以说为零。可是，高中生尤其是大学生的思想已趋向成熟，世界观、人生观与价值观已基本定型。要想在此时以为数不多的时间，再灌输或改变其思想并形成新的价值观念，可谓难如登天。

在多年的教学中，我发现高中学生对我国国防的认识，存在这样几种常见的偏差：第一，外国的军队和武器肯定比中国的好；第二，国防建设就是军队建设，与老百姓无关；第三，现在是和平时期不会有战争，国防无用，属于经济浪费。

这些都反映了青少年国防基础理论知识的匮乏。在告诉他们国防建设不仅仅是军队建设，是需要全民关注和全民参与时；在告诉他们国防对个人的重要性时；在告诉他们目前我国的国防力量逐渐强大时，我们得到的往往是学生厌烦的眼神和漠然的表情，他们像是在说，都什么时代了还在谈论这个。而这些都是由于在孩子的启蒙教育中，国防基础理论知识的缺失所造成的。

所以我认为，国防基础理论知识的学习应当从小学开始抓起。小学生的思想尚未成熟，人生观和价值观都在萌芽之中。他们对未来充满好奇，对新鲜事物无限接受。只要传播语言浅显易懂，绝对能激发他们的学习兴趣。不仅是学校老师的灌输，更应请一些国防领域的专家、教授开设讲座。此时的学习，就像伟大建筑体系的辉煌构架，并不需要细节之处的锦上添花，构思有了，框架有了，国防后备力量的建设基础和精神力量也扎实了。

让我们看看美国在高速崛起的过程中做了些什么。美国政府在小学中开设了“核战常识”的课程，邀请核专家、物理学教授和国际问题专家来主持讲座。他们组织儿童过军事生活，学习航海、航空、航天知识，学生从少年就开始系统全面地了解现代军事科学技术知识，以便造就新一代年富力强、学有专长的国防建设人才。

所以，不用怕资源浪费，这是为国家储备力量；不用怕学生们不懂，正是因为他们有所了解又并未深入，才能激起他们最大的好奇，引发他们对现代国防的兴趣。

而中学和大学时期，应是他们在自己的兴趣下努力学习、探索、发现和创造的时期，而不是在这个时候才去培养他们对国防建设的兴趣。

第二、新时期军事技能的训练是“为训而训”还是“为发展而训”？

在青少年的国防教育中，军事技能的学习是至关重要的。可是，很多学校对这方面内容不够重视、不够理解。通常意义上，青少年军事技能的学习仅仅停留在队列训练和急救常识的普及上。

应该看到，青少年军事技能的学习不应仅仅是国防建设的需要，更应是健康成长的需要。青少年成长是心理、生理及生活技能的共同成长。军事技能的训练不仅可以培养他们坚定的意志、顽强的品格，锻炼良好的身体素质，更会给青少年的学习、生活带来许多帮助。

现在的许多家长和一些学校，一心盯着学生的分数，只希望他们将来能考个好学校，而忽略了对学生心理品质和生活技能的培养。学生们拿着地图不懂辨别方向，面对突发情况手足无措，一切以自我为中心，不善于与别人交流。更有甚者，到了高中还不会叠被子、洗衣服。似乎，这些能力的缺失对孩子考大学无关痛痒，但是“一屋不扫，何以扫天下”。“两耳不闻窗外事”的结果只会给他们的未来添置重重障碍。微观而言，影响的是个体；宏观而言，影响的是整个民族的未来。

各项军事技能训练，可以弥补学校和家庭教育在这方面的缺失。我们开展“学搭帐篷”的活动，可以培养他们的沟通与合作的能力；组织“民防训练”，让学生学会意外情况发生时如何自救互救，懂得关爱生命；强化内务卫生整理的训练，培养学生生活自理的能力。我们还策划了诸如“定向越野”“野外生存”等课程，让学生掌握在自然环境中如何使用地图、识别方向；搭灶生火、野外就餐；面临困境、自救互救。

新时期对青少年军事技能的训练，不止是简单的队列操练，应从培养学生良好的人格和心理的高度出发，设计实用性、针对性、科学性强的项目。不能再拘泥于现有的一些军训课程，应结合新时期青少年全面发展的要求，开发出更多适合青少年的训练课程。

第三、新时期的国防教育如何融入民族精神?

国防教育与民族精神的教育，是相辅相成的，两者又不能完全等同。

民族精神的培养和教育具有很强的社会性。因为民族精神的形成与发展受社会生产方式、社会制度等条件的制约，也受到民族历史以及文化传统的影响。它的生长演化需要国家的教育引导以及多种社会因素的综合作用。民族精神培养作为一个巨大的社会工程，不是某一个部门可以承担得起的，需要在国家的主导下，结合国防教育等形式，动员社会各方面的力量，齐抓共育，综合治理，形成国家、军队、学校、社会、家庭五位一体的民族精神培育体系。

民族精神的培养和教育工作是国防教育的一个重要组成部分。在对青少年的民族精神培养中，国防教育应与学校教育和家庭教育有机结合，利用不同的优势，在青少年不同的成长阶段，采取不同的侧重点和方法，起到相辅相成的作用。

如在学校教育中，主要通过书本理论知识的学习及学生行动习惯的养成教育等，培养学生国家意识、勤奋好学、开拓进取、文明礼仪等方面精神。国防教育则可以结合学校的历史、地理、自然等课程，利用不同的军事技能和军事拓展活动，通过实践培养学生的坚强意志，艰苦朴素、勇敢顽强和乐于奉献等方面的精神。

在小学和初中时期，应主要采取灌输式的国防教育。因为在这个时期，不论是知识结构还是思想认知，他们都不够成熟，还处于一个可塑的阶段。所以重点是灌输给他们基本的民族精神。

到了高中和大学，因为思想的逐渐成熟和知识的充分积累。通过开放式和体验式的活动，可以培养他们开拓进取、艰苦朴素等方面的民族精神。

只有针对青少年不同时期的不同状况，利用不同的资源和优势，做到全面有效的教育，才可以使他们的民族精神得到全面的提升。

第四、为何现阶段我国青少年国防知识严重缺失?

某校高一年级组织新生参观东方绿舟国家安全教育馆，讲解员问学生：中国共产党是在哪一年成立的？有回答1949年的，也有回答1927年的，更多的是茫然，只有个别学生知道是1921年。讲解员再问：中国人民解放军成立于哪一年？绝大部分学生一片漠然！但在参观结束后，提到“网络”“游戏”“明星”，学生们个个侃侃而谈。

关于党的知识学生没有学过吗？不是的，许多知识在历史课中都学过。可是他们为什么连这些基本的常识都不知道呢？我认为这是我们国家教育体制的老问题，也是国防教育体系的不完整造成的。

科学技术的飞速发展，对培养国防的后备力量提出了更高的要求。目前，我国只有部分大学有专职的国防教育人才。很多大学只是不定期请军事院校的老师，来开展不定期国防教育课程。因为对学校和学生的不了解，军事老师与学校教学目的不明确，导致很多的国防理论课程流于形式，没有起到真正的作用。

大学尚且如此，高中、初中和小学更为苍白，根本就没有国防教育的专职人才，也没有系统的国防理论知识的课程。需要进行国防教育时，要么由历史和政治老师简单带过，要么交给军队的士兵开始军训。然而，军队的士兵纵然对军事技能比较熟悉，但对国防理论知识也只是朦胧的，况且“授业育人”四字岂有如此简单之理。这样也造成了国防理论知识从小学到高中基本处于空白状态。

三、开展国防教育的意义

我认为，从小学开始，每个学校都应配备专职的国防教育老师，开设国防教育课程。担任国防教育的老师应由专门的院校培养，同时应利用社会资源开设专门的国防教育基地，配备专职高素质人才。军队应是国防教育的一个课堂，士兵不应是老师，老师应由受过专业国防理论知识培训的人担任。

我们说理论是行动的指南，要想国防建设得强大，那么后备力量的理论知识首先应学得扎实。这需要我们有一个根据时代的发展能与时俱进的完善和系统的国防教育体系，来为我们的国防建设服务。

国防是国家安全的重要保障，没有一个强大的国防，就没有国家的主权和独立，人民的幸福和民族的振兴也就没有保障，这从我国近代史上有国无防或防而不固的惨痛教训中得到证明。可见，国家独立自主，民族兴旺发达，离不开整个民族的国防意识，离不开具有强大战斗力的国防军和后备力量的建设。所以，国防是国家独立自主的前提。

习近平总书记强调：总体国家安全观，既重视外部安全，又重视内部安全；既重视国土安全，又重视国民安全；既重视传统安全，又重视非传统安全；既重视发展问题，又重视安全问题；既重视自身安全，又重视共同安全。

增强全民国防观念，关键在教育。而我们常说教育应从娃娃抓起，可见青少年时期的国防教育在整个国家国防建设中的重要地位。

四、总结

少年强则国强，提高青少年的国防意识，是我们国家发展迫切需要的。只有根据时代的需要，合理地调整我们的国防教育理念和方法，做到与时俱进，才能够建设一个富强的国家和和谐的社会。

参考文献

［1］喻齐归，郭冬德．抓好国防教育要强化“四种意识”［N］．战士报，2015-09-21（3）．

［2］张凤坡．从攀爬红军雕塑看国防教育［J］．国防，2015（8）：81.

［3］李勇，胡智翔．中小学普及国防教育知识的途径与方式探究［J］．甘肃教育，2018（19）：29.

“走近边防线”——上海青少年国防教育系列活动案例介绍

吉　峰

摘　要：依据《中华人民共和国国防教育法》《中华人民共和国国防法》，贯彻中共中央、国务院、中央军委下发的《关于加强新形势下国防教育工作的意见》的精神，为普及和加强国防教育，促进国防建设和社会主义精神文明建设，营造全社会关注国防、支持国防、热爱国防的浓厚氛围，实现巩固国防基础、激发爱国热情、提高国防观念、增强民族凝聚力，使广大青少年树立“崇军尚武、爱我中华”的思想。

关键词：走近边防线；国防教育

一、“走近边防线”活动的产生背景

“走近边防线”——上海青少年国防教育系列活动，紧贴新时代要求，着眼上海特色，针对广大青少年的特点，不断探索国防教育的新思路、新形式、新内容，积极推崇“崇军尚武、爱我中华”的理念，遵循“政府部委主导，职能部门执行，媒体机构参与，社会力量支持”工作思路，运用“以点带面”和“个性定制”工作办法，采用“全民参与知识竞赛、校区两级严格评选、集中统一标准选拔、踏访表彰齐头并进”工作方式，努力提高上海青少年学生的国防教育的针对性，提升上海国防教育工作新面貌，展现上海青少年“崇军尚武、爱我中华”的新气象。

二、“走近边防线”活动简介

“走近边防线”——上海青少年国防教育系列活动成立组委会办公室，下设秘书处、训练部、活动运营部、宣传策划部等，2013—2019 年，共成功举办七届“走近边防线”活动。“走近边防线”活动每年 4 月正式拉开帷幕，用公开的国防知识竞赛形式，在全市各区（县）20 万青少年中开展活动的普及和“海选”。5~6 月完成校、区两级的初选，推荐出全市 300 名左右的入围者齐聚东方绿舟，进行准军事化“PK”，最终选拔出 50 名左右的佼佼者。7~8 月进行出征踏访，并通过媒体进行成果展示。11 月进行总结表彰大会。如此大规模、形式新颖的青少年国防教育活动，在全国尚属首创，更为上海全民国防教育工作走在全国的前列作出了贡献。

这项活动经过 7 年的举办，带动了 140 万人次高中（中职）青少年参与，吸引了 210 万户家庭的关注，影响了 350 万群众，营造了申城全民国防教育的浓厚氛围。营员经过踏海防前哨、入边防部队、进绿色军营等，与官兵一起体验军营生活，参加军事训练，感受军旅文化，开展“六个一”活动：巡一次逻、站一次岗、共同组织一次军民联欢会、参加一次连队党团组织生活、开一次座谈会、观摩一次部队训练等等。这项活动拓展了青少年国防教育的内涵和外延，通过前期宣传、活动展示和成效反响，在上海、长三角乃至全国形成了一定的社会影响和价值。

三、“走近边防线”活动的影响

“走近边防线”活动取得了积极的效果，带来了以下影响。

（1）“走近边防线”活动得到了教育部体卫艺司、中央军委国防动员部等领导的肯定，并通过会议的形式向全国进行推广。

（2）“走近边防线”活动被中共上海市委宣传部评为爱国主义教育先进典型案例。

（3）“走近边防线”活动全过程通过电视媒体、自媒体、报纸及相关刊物等发布活动信息，在一定范围内唤醒了社会、家庭、学校三大主体对青少年加强国防教育的新认识。

（4）“走近边防线”活动每年吸引了全市 16~18 岁（高一、高二和中职在校学生）20 万青少年参与，辐射了全市近百万家庭，引起了社会各界的广泛关注。

（5）7 年来，经过校、区、市三级选拔和淘汰机制，“走近边防线”活动完成了选拔出征约 400 人进驻军营等红色教育基地的任务，促进学生学习人民军队发展历程、优良作风、光荣传统；几年来，向军营、警校输送了数十名新时代青年加入这支光荣队伍，充分提高了上海学生爱国主义意识。如继光中学蒲志安，参加完第一届活动后，高考第一志愿考取了北京公安大学（无第二志愿）；上海市第三女子中学谢妃考取了江苏南京公安大学；青浦工商信息技术学校叶辰宇，参军后考取了南昌陆军学院等。

（6）“走近边防线”活动为上海市青少年素质教育探索出一套可推广、可复制的全新模式。

历届“走近边防线”活动主题和其他信息见表 1。

表 1　历届“走近边防线”活动主题和其他信息

年份	主题	出征人数	出征对象	出征地点
2013	缅怀援朝先烈 逐梦海上国门	50	16~18 岁（高中中职）	浙江舟山
2014	铭记历史苦难 汲取精神力量	50		辽宁大连
2015	胸怀中国梦 建设新长城	50		内蒙古海拉尔
2016	缅怀革命先烈 传承长征精神	50		贵州遵义
2017	弘扬光荣传统 铸就钢铁长城	50		福建晋江、厦门
2018	沐浴改革春风 弘扬时代精神	60		广东珠海、深圳
2019	沪疆青少年“手拉手” 同庆新中国七十华诞	90		新疆喀什

四、总结

“走近边防线”活动努力提高上海学生爱国主义教育和国防教育的针对性，带领广大的青少年们走近祖国边疆，磨练坚强的意志品质，体会感悟红色文化，激扬爱国情，坚定报国志，增强青少年责任感和使命感，成为了上海国防教育的一张名片。

东方绿舟“军事定向”教学活动实践性探究

胡子祥

摘　要：定向运动有助于促进学生的身心健康，培养学生识图用图的能力，锻炼学生的独立分析与判断能力。东方绿舟基于国防素质教育，设计了“军事定向”教学活动。军事定向课主要分为室外定向越野和室内百米定向课。

关键词：军事定向；教学活动；学生

上海市青少年校外活动营地——东方绿舟（以下简称东方绿舟）是上海市落实科教兴国战略和大力推进素质教育、衔接学校教育的一项里程碑工程。东方绿舟以国防素质教育为工作核心，突出体验、合作与创新教育教学理念，重在学生情感态度与价值观层面的培养。定向越野运动虽然在国内起步较晚，但是近年逐渐得到大众的关注与推广，深受学生们喜爱，它独特的功能与特点对于促进学生的身心健康、培养学生识图用图能力、锻炼学生独立分析与判断能力、提高学生的综合素养具有重要教育意义。定向越野这项运动本身所体现的运动品质蕴含一定的教育价值和教育意义，这点与东方绿舟的教育理念是十分契合的。因此，定向越野这项运动经过因地制宜的加工，成为了东方绿舟践行国防素质教育不可或缺的一项教学活动。

一、基于《高中阶段学校学生军事训练教学大纲》，设计“军事定向”教学活动

东方绿舟承担着整个上海市高一学生的国防军训工作，是上海市青少年校外活动的重要平台。东方绿舟教学特色有别于学校的小班化教学，批量化、规模化的教学方式是常态，如何做到将教学的量与质一碗水端平，是东方绿舟十多年来矢志不

渝的教育追求。每周有数千名学生赴东方绿舟参加为期五天的国防素质教育活动，庞大的学生队伍奠定了营地教育教学的基调，即体验化、流水化、规模化。东方绿舟依托自身优越的自然条件，开发和践行“军事定向”这门课已有 10 多年之久，经过不断摸索与改进，现已积累了诸多宝贵的教学经验。

东方绿舟“军事定向”教学活动依托园区的地理环境展开，主要分为常规军事定向课和百米定向课（分室内、室外）。东方绿舟军事定向课时长为 60 分钟；每堂课学生数量大概在 200~300 人，7~10 个教学班。面对众多的班级与学生，首先要保证教师人数的充足，我们一般配备 5 位教师，包括 1 位主讲老师、1 位助教、3 位安全员。其次要确保活动器材数量上的足够，包括定向专业器材 2 套、定向地图 200 份、定向指北针 100 个、专业指卡 100 个等。

东方绿舟的教学活动重在突出自主、体验与合作，因此课前我们会引导学生按照班级来自行分组，提醒学生在分组时要综合考虑同学之间的性别、体质、方向感、识图能力等因素，再合理分组。军事定向相较其他的活动对于参与者而言具有更高的专业要求，学生基本上没有过定向的经历，这种以小组为单位参与定向活动的形式既能促进学生们之间的合作，使他们学会取长补短，又能让他们做到在活动中学会互相照应与鼓励，这是东方绿舟十多年教学经验的积淀。

二、依托营地自然地理条件，开展“军事定向”教学活动

我们的军事定向课主要分为常规室外课和雨天室内百米定向课。常规室外定向课以东方绿舟园区中心区域为活动范围，考虑到安全隐患和学生初涉定向运动，淀山湖畔和园区中心湖区周边以及灌木丛、树林、竹林等危险区域不设置定向点标，而是依托园区内四通八达的网状道路将定向点标均匀分布。基本布置在路灯、桥梁、雕塑等标志物上，这样既保证了学生的安全，又确保了活动的难易程度和体验感。

课堂组织形式主要以学生交流、体验、合作、分享为主，教师讲解、示范、评价为辅。课前，主讲教师最多利用 10 分钟时间给学生讲解识图方法、标定方向方法、指卡使用方法、活动规则等，然后留给学生充足的时间进行自主交流、讨论、分组，做好出发前的准备。具体的活动形式为，班级内部通过分组、合作，将布置在园区内不同地点的 10 个定向点标找齐，并利用定向专用指卡进行打点，打点没有顺序要

求，但是班内的每个小组只能寻找其中的两个点标，最终所有组的时间分加在一起就是班级总分。这就促进了学生们开动脑筋，思考如何合理分配任务和规划方案，学生不仅要考虑到本组的任务，还要兼顾到其他组的任务。在课程的结束部分，再利用大概20分钟的时间给予学生发言与分享的机会，就各自的活动策略、方法、体验、感受等畅所欲言。

室内百米定向课是东方绿舟定向越野课的又一特色，主要安排在雨天进行，基于东方绿舟剧场较大规模的室内空间，我们设计了室内百米定向活动。活动形式与常规室外定向课基本相同，但是本质上有所不同，室外定向课重在锻炼学生识图与用图的能力，而室内百米定向课主要锻炼学生在较小的活动范围内如何快速作出分析、判断与反应。室内百米定向课分为体验组和竞赛组，体验组与竞赛组的任务、难度不同，但是都是以小组合作的形式进行活动的。体验组按照既定的路线进行接力打点，完成后自行打印成绩，然后交流、讨论。竞赛组代表自己的班级进行比赛，结束后由老师统计分数并公布。

三、总结

定向越野运动传入我国只有短短三四十年的历史，虽然近些年逐渐进入大众视野，国内不同地区也出现了定向进校园的迹象，我们通过长期的了解发现，当下上海学生对于定向越野运动的接触普遍较低，挖掘定向越野的德育价值是校内外教育值得思考的领域。“军事定向”课是东方绿舟依据教育部《高中阶段学校学生军事训练教学大纲》，综合上海市高一学生的身心特点，依托自身的条件与特色探索的经典活动之一，十多年的经验沉淀具有一定的借鉴和参考价值。

参考文献

[1] 周福利. 定向越野教学对学生创新思维的培养研究[J]. 体育风尚，2018（12）：107.

[2] 董永康. 浅谈定向运动的起源与发展[J]. 体育文化导刊，2003（5）：78-79.

[3] 徐洪涛，赵波. 浅析学校体育隐性课程开发——以“天坛定向越野”为例[J]. 青少年体育，2013（1）：124-125.

“北冰南展”战略下上海校园冰雪运动发展研究

——以旱地单板课程进校园为例

杨　军，谢繁卉

摘　要：本文使用文献研究法、内容分析法、比较研究法和实地调查法，浅析“北冰南展，北雪南移”战略下的上海市校园冰雪运动，主要以2019年引进的“旱地单板课程进校园”项目为例展开具体分析，发现2022年北京冬奥会的申办成功，确实在一定程度上加强了南方地区冰雪文化产业的推进，但依旧存在场地条件匮乏、冰雪人才稀缺、冰雪文化氛围不高等问题。针对以上问题引进旱地单板课程，并积极响应冰雪进校园政策，将旱地单板课程植入授课体系，通过采用专业装备、聘请国际教练与灌输先进理念三效合一的形式助力该课程落实，向同学们科普、教授旱地滑雪知识与技能，激发其对冰雪运动的极大兴趣，为推动上海市校园冰雪运动发展普及渐而形成上海市南方冰雪特色提供参考。

关键词：南方冰雪运动；旱地单板课程；冬奥会；普及；上海市校园冰雪运动

一、研究目的

2015年国际奥委会宣布北京获得冬奥会举办权，国家体育总局迅速发布了《冰雪运动发展规划（2016—2025年）》，随后又出台《“带动三亿人参与冰雪运动”实施纲要（2018—2022年）》。基于我国对于冰雪资源不断的开发和探索，冰雪文化逐渐成为一种新兴的产业。而随着我国2022年北京冬奥会的申办成功，举国上下冰雪氛围愈来愈浓重，我国冰雪产业文化发展迎来了良好的契机。在2022年冬奥会的助推下我国北方冰雪运动的发展又上了一个台阶，而近年来大众冰雪运动也在黑龙江、吉林两省等地日益发展壮大。

早在20世纪80年代末，国家体育主管部门就已经提出“北冰南移”的战略，迄今为止30多年的时间内，该战略虽略有起色，但要让南方冰雪文化产业做到从普及到落地实施还有待考究。放眼南方冰雪运动的发展限制，首先是自然原因。地处南方无法拥有北方天然的冰雪气候阻挡了南方冰雪运动发展的起步，北方地处寒带，冰雪周期和降雪量都长于南方各城市，导致了南方地区的冰雪氛围不浓厚。其二是场地设施存在弊端。据《全国冰雪场地设施建设规划（2016—2022年）》可知，截至2015年底，全国滑雪场地总数为500多座，滑冰场馆200多个；雪道面积3 000万 m^2，其中约4/5的雪场雪道的面积不足5万平方米，且大部分冰雪场馆设施位于我国北部地区，而南方若要建设冰雪场馆也会考虑到地理位置等条件，选择偏远地大的地方，这导致了受众与冰雪场地之间的“距离”进一步扩大。其三是政策法规不完善。2020年北京冬奥会申办成功，出台了一系列法规政策，但是大多数都是处于原地打转的状态，尤其是南方地区的情况条件更是导致了政策无法实施的问题。其四是缺乏人才培养。以上三个原因导致了南方地区对于冰雪运动人才的培养存在漏洞，没有场地条件，即使有也囿于距离、时间、金钱等因素，再者没有完善的政策法规去正式地培养一名冰雪人才，在南方地区寻找一名专业的冰雪运动教练都是一个难题。

基于上述现实困境下，2018年上海市教育委员会牵头印发了《关于加强中小学生奥林匹克教育加快推进冰雪运动进校园工作的通知》，围绕教育教学体系构建、赛事活动体系完善及特色学校创建等对冰雪运动进校园工作进行全面规划。上海市始终把青少年学生身心全面健康发展放在第一位，把大力发展校园冰雪运动作为落实立德树人根本任务的重要载体，积极传播奥林匹克文化、弘扬奥林匹克精神，大力推进冰雪进校园。首先以育人为本进行科学规划，计划创建一定数量的市级奥林匹克教育示范学校和市级“冰雪运动特色学校”，在上海市的牵头下，全面推进冰雪运动进校园计划的进程，形成具有上海特色的冰雪运动发展模式，促进青少年体质健康水平不断提升。再者强化推广普及冰雪运动，构建完善校园冰雪运动体系，以悉心培养、探索挖掘的模式寻找“沧海遗珠”，最后争取在以北京冬奥会为大背景的契机下，积极营造上海市冰雪氛围。

针对上述情形，为深入探索上海冰雪模式，我市借鉴依靠“北冰南展，北雪南移”战略，于2019年特别引进美国专业儿童单板体验学习装备——Riglet PE单板套件，以更好地寻找提高南方冰雪运动进程、提升群众对冰雪运动的积极性。为了寻找培养冰雪运动人才的突破口，上海市引进旱地单板课程，旨在提高南方冰雪运动进程，提升群众对于冰雪运动的积极性，培养冰雪运动人才。此课程面向全市中小学冰雪特色校及奥运示范校学生，通过校园上课推广、送课入校的模式与上海市冰雪进校园政策相契合，为学生搭建起了近距离、亲身体验的冰雪运动平台，同时也初步构建了校园冰雪运动体系，推动学校利用旱地单板设备及教案，为学生及教师创造冰雪条件。旱地单板课程本身对于周围冰雪场地条件的没有硬性要求。在上海这一座不具备太多冰雪场馆的南方城市，各冰雪特色校、奥运示范校内的体育馆、篮球馆、操场等地就能开展课程；其次是采用的进口单板设备与冰雪器材的使用质感高度吻合，能让学生在旱地就体验到单板滑雪的乐趣；再者为进一步推进上海市冰雪课程的开发，整套旱地单板课程特聘请专业人员编写了8节课教案，在今年更将组织和制作对应教学视频等课程资源。

二、研究方法

（一）文献研究法

本研究通过中国知网（CNKI）广泛搜集大量以“北冰南展，北雪南移”“北方冰雪文化产业”“南方冰雪运动”为关键词的相关文献资料，选择与所要研究的内容匹配的文献进行整理，结合引进“旱地单板课程进校园”案例进行研究分析，从而更充分地对选题进行全方位的论述，使提出的观点更具有说服力和可信度，最终达到研究目的。

（二）内容分析法

对引进“旱地单板课程进校园”，从传播内容、传播主体、传播对象、传播效果等四个方面进行研究。本研究分析在2020年北京冬奥会申办成功的大背景下，北方冰雪运动发展迅速，而南方冰雪运动发展该何去何从。上海市引进“旱地单板课程进校园”又通过哪些方面对上海、甚至是整个南方的冰雪运动起到影响及带动作用，并逐渐形成南方冰雪独有的特色。

（三）比较研究法

本研究通过将南北方冰雪运动发展之间存在的相似性、相异程度进行研究与对比，寻找北方冰雪运动发展进程中的优点与可借鉴性，挖掘南北方冰雪运动发展之间的可联系点，整理分析并探求其中的普遍规律与突破点。

（四）实地调查法

引进“旱地单板课程进校园”前期，在上海市各冰雪特色校、奥运示范校中进行实地探查，利用现场观察法及询问法，针对校园场地、授课人群等关键因素进行多次考察、反复沟通及确认，并将结果进行整理分析再结合旱地单板课程作出整改，用以将该课程效果发挥到最大化。

三、结果与分析

（一）专业装备、国际教练、先进理念，三效合一助力课程落实

此次旱地单板课程特别引进国际专业儿童单板体验学习装备——Riglet PE 单板套件，该套件均采购于全球领先的单板滑雪品牌——BURTON。该套设备使用安全、功能完备，包含孩子们练习基本身体站姿平衡技能的 Spooner 平衡板、用于模拟雪上培养单板滑雪站姿的 Riglet 单板、用于拉动并让孩子们感受滑雪滑动感觉的带手柄的 Riglet 板、用于培养单板滑雪必要技能（如站姿、旋转以及两脚之间平衡交换动作）的勺子板和用于较大龄的学生来适应单板感觉的复古板。专业装备奠定了旱地单板课程的权威性。

此次上海市范围内的旱地单板滑雪课程推广，主要利用学校的体育课时间进行，为期 2~8 周，由具备滑雪指导员国家职业资格、国际滑雪认证资格的专业滑雪教练进入学校、送教上门，进行课堂教学，将滑雪必备的理论知识、专业技能知识向参与课程的中小学生们进行科普与启蒙。同时利用旱地单板课件，让参与课程的中小学生们在冰雪条件较弱的南方城市，能够在旱地使用不同的板型，对滑雪必备的身

体技能进行初体验。创造旱地单板滑雪的训练条件，有助于中小学生将来进行雪上训练时能够快速入门，国际教练保驾护航奠定了旱地单板课程的专业性。

从教学理念先进程度来看，致力于将单板滑雪的快乐和兴趣带到校园的体育课里的理念贯彻到底，丰富、强化了旱地单板课程的内涵精神。无论是设备、教练还是所传输的理念，都十分契合了引进旱地单板课程进校园的初衷，十分适合学生通过课堂的形式参与，三效合一助力课程落实。

（二）翻译并编写旱地滑雪课程教案

此次旱地单板课程面向上海市中小学冰雪特色校及奥运示范校学生，进行进校园上课推广。课程共包括 8 个课时，循序渐进，帮助孩子培养单板滑雪板上技巧、平衡性等身体能力。学生所上的 8 个课时课程内容均按照上海市体育课教育要求编写标准教案。

旱地滑雪课程教案编译自美国 BURTON 的原版教材，为更好地落实本市教育综合改革的要求，建立科学、完善、有机衔接的学校体育教育教学体系，配合展示“小学兴趣化、初中多样化、高中专项化”学校体育课程改革试点工作，针对这些体育纲要，聘请特级教师协助完成旱地滑雪 8 节课课程教案的编写工作，在此基础上所编写的教案无论从冰雪运动进校园课程的普及还是中小学生的身心健康亦或是体育育人理念上来说都是十分匹配及适合的。

（三）“课程＋教案”模式，多方受益

教案配合课程，从理论到实践以难度逐步递增的形式向同学们进行传授。第一节课围绕单板滑雪视频赏析、器材讲解展开，课程目标为让同学们了解单板器材并知晓如何选择合适的器材，旨在激发学生参与兴趣，培养学生提高主观能动性，并敢于交流展示；教学方法为示范讲解法、多媒体视频资料辅助法。第二节课围绕设备中勺子板的技巧与掌握展开，课程目标为使大部分学生掌握勺子板练习动作的要领，旨在培养发展其平衡身体协调等能力，提高学生心肺功能；教学方法为示范讲解法、游戏比赛法。第三节课在第二节课对于勺子板的理论分析基础上开展对于勺子板的体验与学习。第四节课围绕拖拽板使用与技巧展开，课程目标为使大部分学生掌握拖拽板练习的动作要领如在移动拖拽板上前后脚重心转换，旨在使学生掌握

身体平衡协调能力，练习滑行基本姿势；教学方法为示范讲解法、分解完整法和游戏比赛法。第五节课在第四节课对于拖拽板的理论分析基础上开展对于拖拽板的体验练习。第六节课围绕 Riglet 板使用与技巧展开，课程目标为使大部分学生掌握在 Riglet 板上的板头板尾平衡，旨在培养学生利用自身身体重心控制雪板；教学方法为示范讲解法、分解完整法和游戏比赛法。第七节课在第六节课对于 Riglet 板的理论分析基础上开展对于 Riglet 板的体验与学习。第八节课的设置主要采用比赛形式，是对于前七节课内容教学的验收，围绕勺子板、拖拽板及 Riglet 板进行测试，查看学生对所学内容的掌握及运用情况。

整套教案的安排完全按照规范的课程体系，教学与测试并行，对学生来说在校通过体育课就可以接触到冰雪运动，方便之余还能体验专业学习；对于培养冰雪人才方面，体育老师与国际专业教练共同协作、有的放矢，有利于发现具有冰雪潜力的同学。

（四）全市推广普及，借力助推有所延伸

2019 年旱地单板课程共进入全市 10 个区，13 所学校，共计 52 个班级，进行上课教学，覆盖约 2 289 名上海市中小学生。推广区县包括闵行区、虹口区、青浦区、静安区、普陀区、长宁区、嘉定区、浦东新区、崇明区以及杨浦区，其中闵行区、虹口区、青浦区上课学校均为冰雪特色校（雪上项目）。

平衡校园推进，完善入校体系，2019 年上课年级汇总统计见图 1，2019 年各区上课学生总数统计数据见图 2。

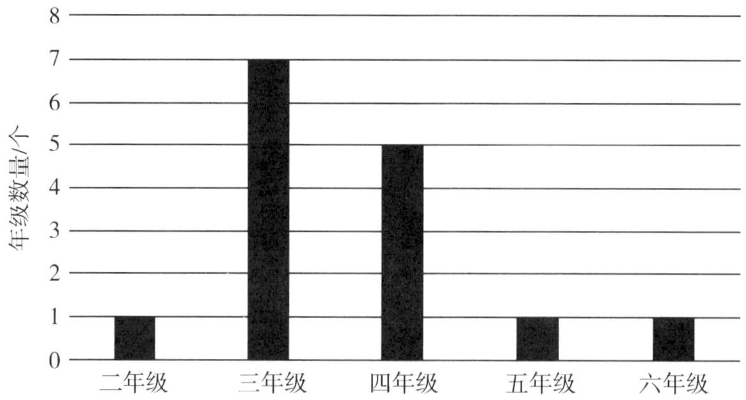

图 1　2019 年上课年级汇总统计

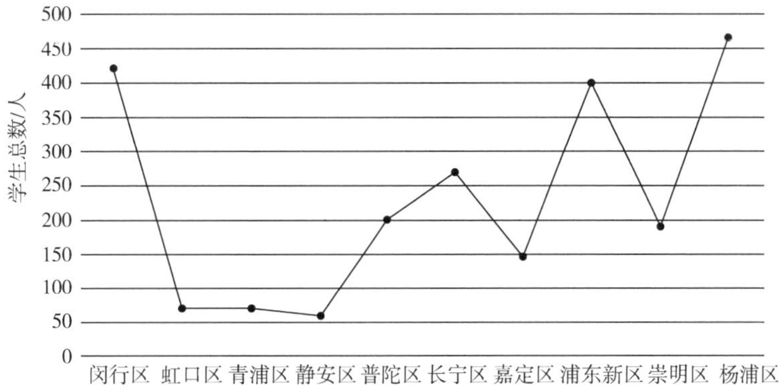

图 2　2019 年各区上课学生总数统计数据

由图 1、图 2 可得，2019 年旱地单板课程进校园各区参与人数与参与上课年级存在一定差异，其中杨浦区与闵行区学生积极性较为高涨，参与人数明显领先于其他区，而在 10 个区中课程开展针对三、四年级较多，一年级呈现空白状态，而冰雪运动进校园要做到真正意义上的普及推广，应当平衡各区、各年级之间参与的人数，并进一步完善送课入校的体系。各区学校不同年级课程完成情况见表 1。

表 1　各区学校不同年级课程完成情况

区县	学校	上课年级	班级数 / 个	学生数 / 人
闵行区	华东师范大学附属紫竹小学	4	6	240
	华东师范大学第二附属中学（紫竹校区）	6	4	180
虹口区	凉城二小	4	2	70
青浦区	朱家角小学	4	2	70
静安区	大宁国际小学		1	30
	风华初级中学		1	30
普陀区	上海市中山北路第一小学	3	5	200
长宁区	开元小学	3、4	7	270
嘉定区	同济大学附属实验小学	3	4	145
浦东新区	上海浦东新区民办协和双语学校	3、4、5	11	400
崇明区	崇明区裕安小学	3	5	189
杨浦区	杨浦小学	2、3	8	320
	上海民办沪东外国语学校	3	4	145

每个学校除了按原定规划完成8个课时的学习，还采取因材施教的措施有所延伸，如借力华二冰雪节举办东方绿舟冰雪知识夏令营、协和双语嘉年华等契机，通过展示旱地单板滑雪PE课件及专业教练授课外，做到有的放矢，带领一批曾上过课的华东师范大学附属紫竹小学学生现场展示，让同学们更清晰直观地感受单板滑雪的魅力。

四、结论与建议

（一）引进旱地单板，挖掘、共享、利用多措并举

在“北冰南展，北雪南移”战略启示及指引下，上海作为一座南方城市在冰雪场地条件不足的情况下引进旱地单板课程，并购入一批专业用具，面向全市中小学冰雪特色校及奥运示范校学生，采取进校园的授课方式，目前已进入全市10个区，13所学校，共计52个班级，覆盖约2 289名上海市中小学生。资源共享形式的循环使用也会激励上海市更多的中小学积极申报冰雪特色校及奥运示范校，在全市冰雪进校园氛围感染下挖掘更多冰雪学校，用以培养更多冰雪人才，多措并举将上海市冰雪运动发展进程推向一个新的台阶。

（二）冰雪运动进校园，避开场地设施弊端

我国北方因为地理气候的先天优势，对于冰雪文化产业的发展有着天然的优势，十分利于其对于冰雪运动及冰雪运动人才的培养，奥林匹克的强大影响力使得哈尔滨、黑龙江等地区的一些孩子们从小“长于冰、玩于冰、练于冰”，再加上体育课堂系统训练，长此以往自然是掌握并培养了一批冰雪运动的头部力量。

2022年北京冬奥会成功申办，在奥林匹克强大的影响力之下，国家推出了“冰雪运动进校园”计划，这对在场地条件存在弱势的南方地区来说是发展冰雪运动的好方向，再配合“北冰南展，北雪南移”战略，上海市将旱地单板课程直接引入学校授课体系，避开场地设施弊端，利用学生体育课时间进行教学，让学生们在旱地上也能感受单板滑雪的魅力。

坚持推动“北雪南移，北冰南展”战略的实施将会带动上海市冰雪运动发展进

程，引进旱地单板课程，通过旱地单板课程进校园的方式，向冰雪特色校、奥运示范校的小朋友们普及冰雪运动，有普及才会有参与，通过参与其中激发孩子们对于冰雪的兴趣，促进冰雪运动在孩子们之间的良好氛围，提高学生冰雪运动的技能水平，这对培养冰雪人才起到了奠定作用。

此外“北雪南移，北冰南展”战略下的上海市冰雪运动发展，以旱地单板课程进校园为例也是储备冰雪人力资源和冰雪消费基础人群的关键。当下我们正处在最黄金的冰雪发展时期，大力促进上海市冰雪运动发展，推动上海冰雪产业，力争将旱地单板课程进校园继续完善，挖掘并逐步形成最适合上海甚至是南方地区的冰雪特色，是引进旱地单板课程进校园的初衷，也是上海市基于冰雪运动发展所努力的方向。

参考文献

［1］任杰，李雪艳，陈亦梁．冰雪产业文化在我国北方冰雪运动产业中的发展前景［J］．科学导刊旬刊，2018（27）：143–144.

［2］黄志雄．“北冰南展”战略可行性及可持续发展探究［J］．菏泽学院学报，2018，40（2）：75–77.

［3］王露露，陈丹，高晓波．我国南方冰雪产业发展问题及对策［J］．体育文化导刊，2019（4）：94–99.

［4］王凤强，姜淼淼．中国北方冰雪文化艺术及其发展［J］．冰雪运动，2017，39（2）：85–87.

［5］徐颂峰，李兵，肖建国．中国南方冰雪运动普及的瓶颈及破解对策［J］．河北体育学院学报，2019，33（2）：14–19.

基于营地教育与学校教育有效衔接的探究与实践

——以珠峰中学学生赴井冈山研学实践为例

罗 峰，顾 嫔

摘 要：营地教育与学校教育有效衔接是研学实践活动取得良好效果的重要保证。有效且顺畅的沟通与了解、及时修正与完善，有利于双方教师的自身职业发展、学生综合能力的提升和研学实践教学的顺利开展。沟通衔接的内容包含行前准备、协作授课、评价反馈、课题研究等方面，可充分发挥教师资源的整体功能。在国家教育部推行研学实践活动的背景下，这项工作是非常必要的。本文以组织珠峰中学学生赴井冈山研学实践为例，就营地教育与学校教育如何在需求、过程、结果、评价等进行有效衔接的问题进行研究与论述。

关键词：营地教育；学校教育；研学实践；教师；合作；有效衔接

一、营地教育的定义

营地教育是一种以团队生活为形式的教育，社会的开放性和复杂性使得教育不能仅仅局限于学校与课堂之中；在当今学校实践教育相对缺失和不完善，又同时需要大力推动研学实践教育开展的背景下，营地教育便成为实施素质教育和研学实践目标的有效途径。营地教育能满足学生超越书本知识和传统教育环境的需要，通过提供真实的情境学习，促使学生综合素质发展。

营地教育的工作虽然起步晚，但受到国家和教育部门的高度重视，目前发展迅速，规模不断扩大，并且已越来越趋于专业化。有幸作为上海市青少年校外活动营地——

东方绿舟（以下简称东方绿舟营地）的外联及活动策划人，我于2019年7月组织了来自上海市珠峰中学初高中共6个班级（230名学生）和11名老师的井冈山“少年中国梦，励志井冈行”研学实践活动。从学校负责人发起活动构想，一直到活动实施完成，我进行了大量的调查与研究，在感慨东方绿舟营地教师教官队伍的执行能力与井冈山营地丰富课程资源的同时，也感慨学校老师的配合与学生热情积极的学习态度。在此期间，我对营地教育与学校教育进行合作与工作联络衔接方面也有了新的认识和思考。

二、现状的分析

目前上海市高一国防教育是由市教委牵头，联合其他各个职能部门，组织各学校学生分批到东方绿舟营地接受教育。具体操作是由学校统一组织，学校教师带领学生前往东方绿舟营地，然后将学生交予营地进行教育教学活动。每个班级的学生都有1~2名学校教师带队，这些教师通常是学生的科任教师或班主任，直至国防教育活动结束学生返校，他们全程“陪护”自己班级的学生。

这样的模式经由十多年的打磨和运作，就目前国防教育的课程内容与专业性，包括学生体量，是符合要求并且可持续发展的。但正因为受教育内容与学生体量的制约，国防教育过程中，东方绿舟营地教师教官和学校教师的沟通与合作比较受局限。学校教师虽然全程跟随学生，但仅仅只是配合东方绿舟营地教师教官维持教学纪律、保证学生的安全以及解决学生生活上遇到的问题；东方绿舟营地教师教官负责按照教学大纲完成授课；至于其他和学生有关的事情，他们的参与度并不高。

学校教师和东方绿舟营地教师教官各司其职，看似合理的现象背后其实隐藏的一些问题：

首先，在东方绿舟营地内，学校教师扮演着生活教师的角色，没有发挥自身的教育作用，造成师资的浪费。

其次，东方绿舟营地教师教官在没有充分了解学生学情的情况下，按照比较统一的方式进行授课，教学的有效性会受到一定影响。

再次，在学生评价方面，学校教师有一套评价准则，东方绿舟营地教师教官又有另一套评价准则，双方评价标准的不一致，也会造成学生的迷茫，教学目标的不统一依最终会影响教学质量。

最后，双方没有有效的衔接与合作，使学生在学校中学到的知识并不能真正运用到国防教育中。同时，在国防教育中获得的体验和感悟也不能完整有效地运用到学校学习中。

因此，使用如同国防教育这样的模式与学校教育进行衔接的方式来完成研学实践教学目标的实施，势必会影响教学质量，不利于学生的全面发展。为此，本研究认为，针对小体量而有个性化需求的、以锻炼学生自主探究能力的研学实践活动，应该在营地教育和学校教育中寻找共性，最大限度地进行合作。

三、合作的意义

迈克·富兰指出：合作对于个人的学习非常重要；如果我们不与人交往，我们学到多少东西都是有限的；只要他思想开放（即提倡探索），个人的力量与有效的合作相结合将使效果变得更为巨大。试想如果东方绿舟营地教师与学校教师的沟通链接顺畅，将两种教育方式有机结合，对于教师自身、学生，以及教育发展都将有着重要意义。

（一）促进教师职业发展

合作科研是教师发展的一个重要路径。通过合作科研，营地教师和学校教师在职业上和生活上都能得以完善。

其一，是教育理念的提升。当今世界正经历百年未有之大变局，一切都在高速变化，这样快速的变化以至于所有人不得不接受这一事实，即人们的职业入门培训对他们的职业生涯来说是不够用的，他们必须在整个生存期间不断更新和改进自己的知识和技术。人们需要与同行交流新的想法，发现自身的不足，形成新的知识结构与体系。由于营地教育与学校教育双方学科视角的不同，带来的思想智慧的碰撞会很强烈，在这种“争鸣”式的氛围中，发挥差异优势有利于教师学术视野的拓展及教育理念的创新。

其二，是教育方式的改进。教师的合作与分享并不意味着失去，相反它要求教师们突破彼此孤立的状态，加强合作、交流与对话，形成一种既相互支援又相互批判的关系。在营地教育活动中，通过“旁人”的眼光来审视自己的教育教学行为，能使教师对自己的问题有更加清晰的认识，改进自己的教育方式，改善与学生的交往关系，科学对待学生的要求，正确地运用奖惩手段等。

其三，是日常交往的改善。受传统“师道尊严”师生观的影响，教师和学生之间的交往往往是教师高高在上，且大都只是进行表面上的交流。双方教师之间的合作可以唤醒教师的交往意识，使师生交往合理化。与此同时，营地教师与学校教师之间的合作有助于教师人际交往能力的提升，真诚合作、和而不同、互惠共赢，有助于教师日常生活中与其他对象的交往越来越和谐。

（二）提高学生综合素质

教育的主要功能是培养人，这是教育的根本所在。促进学生发展最直接的作用者便是教师，因此在研学实践的过程中，教师们要打破“孤岛”状态，以对学生现有的了解为基点，共同投入教学过程中，使学生在研学实践中真正得到锻炼，综合素质得以提高。

这种合作会为学生综合素质的提高提供基础。虽然研学课程内容是发挥教育功能的重要保障，但教师软实力的提升却是培养学生综合素质的决定性因素。由于学校教师对学生的学习基础及学生的个性掌握得十分清楚，而营地教师是有独特的专业优势，且对课程内容从开始到实施都非常熟悉，两者可以共享各种信息，共同推动教育过程，共同投入对学生学习的指导。这种投入是基于学生现实基础的，尊重学生的个体差异，关注学情，而不是进行千篇一律的模式化教学。双方的沟通合作能使研学实践活动得以有效重组，为学生素质的提高奠定坚实基础。

此外，综合素质的提高是一个持续的过程，并不是简单的一次活动就能得到很大的提高；学生的学习及提高也并不是单靠在校学习书本知识就能完全汲取的，这种提高是无止境的。通过合作科研，充分沟通和了解，学校教师利用这种互通的形式将研学实践活动的教育内涵“前移”和“后续”，可以将学生的学校外学习沟通起来，使研学实践活动成为一个完整的过程而非走马观花式的游玩，真正发挥教育的作用。这种持续性、完整性也可以在潜移默化中促使学生不断进取，保证教育的长效性。

（三）完善优化研学实践课程体系

研学实践活动借助营地与基地，凭借自身独特的条件和优势，注重学生的体验和能力发展，探究学习的能力提升，这是研学实践活动的出发点和归宿。但是，我们也应该看到实施过程中出现的问题，以采取各种手段、措施，对研学实践活动的模式进行不断的改革完善，以改革来促进发展。东方绿舟作为国家首批研学实践示范营地，致力于构建符合学生需求的研学实践教学体系，充分发挥示范作用。营地教育和学校教育共同合作可以形成合力，共同解决教育过程中遇到的困难，共同为研学实践教学工作的开展和推陈出新出谋划策。

在管理层面上，研学实践活动的发展首先离不开各级领导、社会各界人士的关心和支持，但是教师作为实施研学实践活动的中流砥柱，置身于教育活动中，对研学实践活动的发展状态应该是最具发言权的。学校教师与营地教官两者合作所进行的整合，不仅可以更好地为高效、有力度、有深度地发展研学实践教育活动建言献策，也可为研学实践活动的管理层注入新鲜血液，使研学实践活动能够更好地开展运行。

在课程层面上，学校教师与校外师资力量的融合可将研学实践活动纳入课程改革中来，发现、理解和激发学校的需求，提供丰富的户外营地教育资源，积极引导各校结合本校的校本课程和学校特色，共同开发和创新多样化、综合性的课程内容，使教育寓于丰富的活动中，满足学生的发展需求。

在教学层面上，课程上的变动会随之带来教学方面的变化，营地教师和学校教师通过各方面的合作，可更好地发挥教师的作用，实现教学方法、手段的多样化，教学评价的多元化；突出实践和体验，培养学生的创新精神和实践能力；在此基础上推进营地与学校的携手合作。

四、合作的途径

有效促进营地教育与学校教育之间的合作途径，既包括学校和营地自上而下采取的措施，也包括教师自身的努力。他们之间合作的途径丰富多样，这里主要探讨以下四种形式。

（一）共同参与研学实践活动的行前准备

针对目前营地教官不了解学生个体而直接进行教学的情况，研学实践活动的前期准备工作应更充分和深入。在珠峰中学学校领导与东方绿舟营地建立联系，初步提出学校6个班级的学生计划进行研学实践活动的想法后，东方绿舟营地便迅速就这项活动成立了项目组，学校教师和营地教官立即建立微信工作群保持联系，对本次活动的教学目标和教学设计进行讨论、修订及完善。学校教师向营地项目组提供学生的基本情况、兴趣爱好、个性特征等，特别表明了这是一群来自西藏的学生，有着非常明显的地域特色和宗教信仰，也有着异常的好奇心和充沛的体能。就此，东方绿舟营地与井冈山营地就课程菜单进行了甄选，精心设计路线行程，并向学校提供教学安排和教学内容方面的信息，双方根据情况多次调整，最终制订出一个有弹性的计划，以及安全预案。

前期大量的调整方案、行程，修订安全预案，预订交通、住宿、餐饮、场馆等工作，外联部门会同营地多个部门共同完成并落实。严格按照财政部的要求参加招投标，制作标书，力求争取活动在规定的时间内能够如期进行。

行前准备影响着活动的开展效果，需要营地和学校双方共同投入，东方绿舟营地综合了学校的需求及井冈山营地所能提供的条件，联合多方，共同对这次研学实践活动的教学设计进行修改完善，不符合要求的内容就再次设计，甚至是翻盘2次，就是要最大限度地将教学各要素有序、优化地安排，形成教学过程，真正做到因材施教。

此外，学校教师要将教学设计和教学活动安排提前告知学生，避免学生无准备的进入活动之中；行程及活动点更是要充分征求学生的意见，提前以专题小组的形式让学生分好组，建立专题小组，鼓励学生积极进行行前准备，查阅相关资料，事件发生的历史背景，激发学生的求知欲，鼓励学生不断进取。

这样的安排，虽然增加了营地教官的工作量，也无形中增加了学校教师的工作量，但项目组一致认为这样的沟通是非常必要的。学校教师也正因为需要正常开展此项工作，而特邀历史、政治、语文老师，一同参与前期工作，参照校本教学内容来设定学生此行的几大主题。

用若干个小的主题研究性学习模块拼接来完成此行大的教学目标，即重走红军路，体验红军艰苦生活；红色拓展活动，培养学生们互帮互助、团队协作的精神。这样针对特殊学生、特殊线路而设定的特殊合作路径，在之前从未尝试过。这次珠峰中学的井冈山研学实践活动的尝试，取得了非常好的效果。学生正因为做好了充足的行前准备，到达目的地时没有迷茫，而是做到了有的放矢，在有限的时间内充分利用课程线路中的内容，来完成各项主题研究，使得活动圆满顺利。

（二）共同参与或共同授课

目前，营地国防教育采取的是营地教官团队合作授课的教学形式，取得了不错的效果，但我们发现，针对研学实践活动，仅仅这样是不够的。营地教官采用的教学方式可能会因为不适合某些学生群体而影响教学效果，因此需要学校教师加入这个团队中来，充分利用营地教官的专业优势和学校教师对学生情况的把握，相互帮助与支持，共同实施教学。

合作授课早已不是什么新鲜的事情，杜威在芝加哥大学创办实验学校时就已建立合作性的教学团队，他相信教师一起工作可以为学生提供更丰富的教育环境。在研学实践过程中，合作授课的形式是多种多样的，可以采取填补式授课形式，也可以采取一方授课，一方协助教学的方式，还可以是一方拟定教学方案，一方实施的形式。无论哪种合作授课形式，都离不开课后教师们批判性的反思，既要有自身的反思，又要与同伴间一起回顾讨论，以“旁人”的眼光审视自己的教学行为，获得对问题解决的广泛途径。此外，营地教官还可以借鉴学校教师教育的做法，就某个主题活动进行同课异构，这样取长补短，形成教学范例，供今后其他教师借鉴使用，也能因同课异构而使教官形成鲜明的个人教学风格，从多角度、多维度来诠释课程的内涵要义。

在珠峰中学赴井冈山研学实践活动中，学校教师下沉到各个班级、小组，与学生共同参与活动。这样的做法，前期也与学校进行了充分的沟通，学校非常支持和肯定这样的安排，并且自始至终贯彻执行，下沉到学生之中，与学生一起吃、住、活动。在学校里，教师与学生为师生关系，而在研学实践活动中，教师与学生俨然成为了“战友”关系。这样既拉近了教师与学生的距离，更有利于教师第一时间掌握学生的信息，并且因为有了学校教师在校本教学内容上的支撑，使得活动效果事半功倍。

（三）共同参与研学实践活动的教学评价

教学评价是依据教学目标对教学过程及结果进行价值判断，并为教学决策服务的活动，是对教学活动现有的或潜在的价值作出判断的过程，主要指对学生学习效果的评价和对教师教学质量的评价。

在对学生学习效果进行评价时，由于相处时间较短，营地教官很难对学生作出客观的发展性评价，需要营地教官和学校教师合作，采取多维评价标准，尽量多地照顾到不同层次的学生，全方位多角度对学生进行诊断性评价、形成性评价和总结性评价，从而激励学生，使其朝着积极向上的轨迹发展。井冈山之行结束后，学校教师回到学校组织了与之相关的教学活动，如学生撰写研学报告，开展和本次研学有关的班会课等；当然，如果要做到更完善，营地教官也应该参与其中，共同参与学生后续表现的评价中来。

在对教师教学质量评价方面，我们采用了学生对教师的评价、营地教官与学校教师互评、教师自评相结合的形式。评价中，无论是评价者还是被评价者，都需要数字化的数据支撑；而这只靠个人是很难完成的，唯有校方与营地方互通有无，甚至在激烈的交锋中，才能形成更接近科学的结论。

这种教学评价可以进一步深化和拓展，例如评价对方的组织管理、活动策划等，并提出意见和建议，促使营地和学校工作的发展进步。

（四）共同参与研学实践课程的课题研究

目前，国内关于研学实践课程及线路的研究刚刚起步，该领域内课题研究数较少，已有的研究也大多停留在较浅的层次，对于深入的、个性化的研究却不多。理论研究虽然离不开专家的探讨，但营地教官和学校教师置身研学实践教育中，拥有更多的体验和更便利的条件，可根据活动开展过程中遇到的困惑和问题随时随地进行课题研究。

课题研究来源于教育实践，是把教学经验转化为理论的过程。在研究过程中单凭一个教师的力量很难完成数据收集整理等一系列工作，且对问题的分析也会不深刻，因此需要教师们的通力合作，实现资源的互补和共享，共同进行研究活动。教师研究能力的进一步发展则是对新的教育问题、思想、方法等多方面的探索和创新，运用多方面的经验和知识，综合性、创造性地形成解决新问题方案的能力，这就使教师的工作更富有创造性和内在魅力。

营地教育和学校教育的有效衔接和融合，可以发挥各自的学科优势，使得课题教研活动可以“更上一层楼”。这既可探索出一批优秀的研学实践教育理论，又可推出一批文化育人和实践育人的优秀项目，开发研学实践活动课程资源，丰富课程体系。学校在这个过程中，通过资源共享，可借助营地的平台开展学校比较受限的一些活动。

五、总结

西方学者哈格里夫斯将合作性教师文化分为人为合作的文化和自然合作的文化两类，并认为自然合作的文化是合作性教师文化的理想状态。教师要加强合作认知，提高合作自觉，充分利用各种资源，发挥教师的整体功能。但事实上完全靠教师的自觉是不可行的，还需要借助外部的力量促使合作的真正发生。学校和营地也必须重视营地教官和学校教师的合作问题，要为合作搭建交流互动的平台，创造机会，激发教师合作的积极性和主动性。一次活动的顺利开展，离不开多方的协作与付出，学生、学校、营地，被紧紧地连接在一起，每一个环节都起到了不可磨灭的作用。此外，政府及相关部门要在营地与学校合作上给予政策倾斜和支持，协调学校和营地的合作关系，为营地和学校的合作搭桥铺路。

参考文献

[1] 饶从满，张贵新．教师合作：教师发展的一个重要路径[J]．教师教育研究，2007（1）：12–16.

浅谈新冠肺炎疫情背景下的校外教育安全管理

——以东方绿舟为例

王　振

摘　要：安全工作是校外教育活动顺利开展的根本前提，建立、健全安全规章制度是教育机构或单位保护学生安全与健康的重要手段。当下我国新冠肺炎疫情防控工作已取得阶段性成效，学生复课工作正在陆续推进，对校外活动营地而言，学生还未返校，疫情防控工作的关键期还没有到来，提前做好疫情防控准备工作是各校外教育单位安全工作的重中之重。本文以东方绿舟为例，对疫情背景下校外教育的安全管理进行探讨。

关键词：疫情防控；校外教育；安全管理

一、背景

安全工作是校外教育活动顺利开展的根本前提，建立、健全安全规章制度是教育机构或单位保护学生安全与健康的重要手段。只有通过合理的安全规章制度的约束，才能防止安全管理的随意性，同时，也能为教职员工在工作过程中遵章守纪提供明确的标准和依据。

当下我国新冠肺炎疫情防控工作已取得阶段性成效，学生复课工作正在陆续推进，如何做好学生返校后的疫情防控成为各教育单位安全工作的重中之重。根据国家卫健委 2020 年 1 月 20 日发布的公告，新型冠状病毒感染的肺炎被纳入《中华人民共和国传染病防治法》规定的乙类传染病，并采取甲类传染病的预防、控制措施。

对校外活动营地而言，学生还未返校，疫情防控工作的关键期还没有到来，目前应压实责任，扎实工作，并参照《上海市中小学幼儿园疫情防控应急预案》，结合营地实际情况，在以往安全管理体系的基础上，制订营地疫情防控应急预案，为迎接学生做好准备。

二、校外教育的定义

校内教育对于国家人才培养所作的贡献确立了它在我国教育体系中的中心地位。说到“教育”二字，人们第一反应往往是学校教育，但完整的教育体系绝不仅仅只需要校内教育，尤其在社会发展多元化的现在，人们对新型人才的需求愈加迫切，仅仅靠校内教育已难以满足学生全面发展的需求。在此背景下，校外教育的地位和作用日益凸显，也逐渐受到国家和社会广泛关注。

校外教育伴随教育产生，校外教育形式也非常丰富。而校外教育的定义多种多样、莫衷一是。本文采用《课外校外教育学》对校外教育的定义，即“少年宫、青少年宫、儿童活动中心、青少年活动中心、青少年科技馆、少年之家等校外教育机构对学生进行的多种多样的、有计划的、有目的的、有组织的教育活动”。上海市青少年校外活动营地——东方绿舟（以下简称东方绿舟或营地）作为上海市教育委员会直属事业单位，在青少年校外实践教育活动领域已处于比较成熟的位置，属于全国校外教育领域的示范单位。本文以东方绿舟为例，对疫情背景下的安全管理方案进行交流探讨。

三、疫情背景下的校外教育安全管理体系建设

（一）建立健全组织领导机构，落实责任制

东方绿舟切实加强组织领导，成立营地疫情防控工作领导小组，进行明确的责任分工，定期研究和检查营地疫情防控工作；做好教职工疫情防控培训工作，落实各项防控工作的实施和规章制度的执行情况；加强疫情防控教育，健全安全保障制度，强化防范意识，确保防范措施到位。

（二）围绕“以人为中心”理念，建立营地疫情防控综合信息平台

学生安全管理工作中围绕学生活动，联合各个部门，加强层级安全综合治理，

明确各职能部门的安全管理职责，建立了营地安全管理综合信息平台。在疫情背景下，各部门做好信息收集与健康检测，并及时上报信息平台，领导小组做到即时反应，形成一个流动的、高效率的疫情防控管理体系，见图 1。

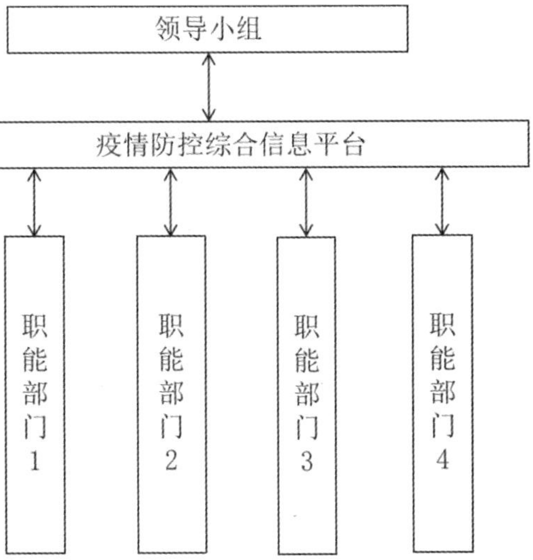

图 1　疫情防控管理体系

（三）疫情防控工作为重，常态化安全管理为基

学生安全主要包括几个方面：环境安全（场地安全、设备安全等）、生活安全（食品安全、就医等）和教育活动安全。学生复课后，疫情防控工作是所在单位或机构安全管理工作的重点，但除此之外的常态化安全管理工作仍是基本，应将疫情防控工作融入常态化安全管理体系中，做到不漏一处隐患，不留一处死角，将安全事故的苗头消灭在萌芽状态，全方位保障教育活动顺利进行，有效、及时、妥善处理突发安全事件，积极营造安全、有序的育人环境。

（四）做好疫情防控物资储备与联动联防联控工作

明确相关物资储备品种、数量、管理责任人和领用流程等信息。做好联动联防联控，和校方做好对接工作，明确信息送报和健康监测情况。明确属地卫生（疾控）职能部门和联系人信息，对口医院职能部门和联系人。

（五）新冠肺炎疫情防控应急预案设计

参照《上海市中小学幼儿园疫情防控应急预案》，设计具体的新冠肺炎疫情防控应急预案，为学生复课和此后的疫情防控工作做准备。

（1）在营地设立临时观察区，若有学生出现相关症状，安排学生立刻戴上口罩，至临时观察区。联系校方负责老师，协助将学生送至发热门诊就医，并加强相关区域消毒工作。

（2）若有学生被确定为疑似病例，营地需明确专人配合疾控部门来营地开展流行病学调查等相关工作，开展密切接触者追踪、排查与管理。对确定的密切接触者，联系校方做好集中隔离观察工作，并做好消毒等工作。对取消疑似病例的情况，及时解除相关密切接触者的集中隔离观察。

（3）若有学生被确定为确诊病例，需开展密切接触者集中隔离观察，并做好与校方的沟通工作。此外，应按照疾控部门要求，开展消毒等工作。

（4）若出现聚集性发热、咳嗽等症状（同一宿舍或同一班级 1 天内有 3 例或者连续 3 天内 5 例以上患发热、咳嗽等相关症状），应立刻将聚集症状的班级、宿舍其他人员临时隔离，及时报告疾控部门，在其指导下开展消毒、隔离、调查等工作。

（5）若出现聚集性疫情，即在营地活动期间，小范围（如一个宿舍、一个班级等）发现 2 例及以上的确诊病例或无症状感染者，营地领导应一线指挥、协同校方和相关部门联动并报告相关疾控部门进行患者及密切接触者处置、区域隔离、终末消毒等。必要时依照相关规定采取局部或全部停止活动等措施，防止疫情扩散。

（6）若有教职员工出现相关情况，参照学生处置要求进行相关处置。

四、总结

做好疫情防控准备工作是学生重返营地的保障，是顺利开展校外教育活动的前提。应把全校师生员工的生命安全和身体健康放在第一位，密切关注疫情变化，严格遵守营地疫情防控应急预案，全力做好防控工作，坚决消除新冠肺炎疫情在营地发生的隐患。疫情是命令，防控是责任。只要全体教职工团结一致，一定能够取得防控工作的全面胜利。

参考文献

［1］张印成 . 课外校外教育学［M］. 北京：北京大学出版社，1997.

完善青少年现场初级急救技能培训基地建设

陈　强

摘　要：目前我国在校学生约2亿多人，因意外受伤得不到及时救助的更是不计其数。这些受伤学生身边的同伴由于不具备基本的判断隐患、识别伤情、寻求援助、施以互助等能力而无法帮助同伴控制伤情、减轻伤害。这些伤害虽然不致危及生命，但也在不同程度上对青少年的身心产生一定的影响，波及其正常的生活与学习。我们不要人性缺失的书呆子，教育要培养充满人性关爱的热心人。因此从学生、家庭和学校来看，进行初级救护方面技能与知识的普及与强化势在必行。学生具备了关爱生命的意识和掌握了自救互救的知识与技能及适切场景的应用能力，能更大程度地在青少年群体内提供有力的互助支持。

关键词：青少年；急救技能

一、上海市红十字青少年现场初级急救东方绿舟培训基地现状

根据《上海市中小学生生命教育指导纲要》和《中共中央国务院关于进一步加强和改进未成年人思想道德建设的若干意见》等相关文件精神，2010年上海市红十字青少年现场初级急救东方绿舟培训基地（以下简称基地）正式建立。

上海市青少年校外活动营地——东方绿舟是上海市规模最大的青少年现场初级救护培训基地，承担着国际人道法宣传、现场自救互救技能与知识的教学和普及工作。救护培训基地的老师配合上海市红十字会青少年工作部圆满完成中日、中德韩等一系列红十字青少年夏令营任务。同时，东方绿舟配合上海市红十字会赈济救护部，

为全市各区的应急救护队在队列训练、团队协作能力、救护队体能训练等方面进行团队拓展培训工作。基地自建立以来，每年培训全市高一学生人数达 10 万余人，覆盖全市所有区，是目前上海市红十字现场救护培训基地中培训人数最多、在岗师资力量最大的救护培训基地。基地拥有专业师资 80 多人，这些教师具有扎实的初级急救方面的知识与技能，基地配置了比较齐全的教具学材和操作条件，积极发挥东方绿舟培训基地教育资源优势，完成全市高一学生现场救护培训、初一年级 2 课时救护培训、全市研学实践带队教师救护员培训、暑期国际人道法志愿服务等工作。

现有小型急救包 5 000 余只、模拟人 45 具、担架 10 副，能基本满足日常教学任务。基地现有救护培训专用多媒体教室 9 间，都配套了专用的救护器材。为了让学生更好地掌握救护知识和技能,配合课改后的多媒体教学手法,基地还自主拍摄了《校园守卫者——止血篇》《校园守卫者——包扎篇》这两部微课视频，让学生更直观地了解现场初级救护的重要性。

二、上海市红十字青少年现场初级急救东方绿舟培训基地的不足之处

目前上海市红十字青少年现场初级急救东方绿舟培训基地的不足之处包括：①宣传影响力不够；②与各区、市一级红十字会互动不足；③紧急救护课程内容不丰富，形式不多样。

三、上海市红十字青少年现场初级急救东方绿舟培训基地的重点发展方向

上海市青少年校外活动营地——东方绿舟作为全国校外教育的航空母舰，青少年现场初级急救技能培训基地也应该在同基地单位有着引领的作用。

（一）突出“中国学生发展核心素养”引导下的“生命教育”

习近平总书记指出，要构建集政治安全、国土安全、军事安全、经济安全、文化安全、社会安全、科技安全、信息安全、生态安全、资源安全、核安全等于一体

的国家安全体系。

“中国学生发展核心素养”以培养“全面发展的人”为核心，分为文化基础、自主发展、社会参与3个方面，综合表现为人文底蕴、科学精神、学会学习、健康生活、责任担当、实践创新等六大素养，具体细化为国家认同等18个基本要点。其中自主发展与健康生活提到了珍爱生命：理解生命意义和人生价值；具有安全意识与自我保护能力；掌握适合自身的运动方法和技能，养成健康文明的行为习惯和生活方式等。

学生的生命安全和健康高于一切，是成就事业、实现自我生命价值的前提。现在相当一部分学生在家备受亲人呵护，形成了以自我为中心的思想，缺少对周围生命的关爱，更不懂得珍惜其他生命。世界因生命而精彩，生命安全教育主要是让学生们了解生命的意义与价值，激发学生热爱生命的情感，引导学生珍惜生命，尊重生命，在日常学习和生活中自觉培养关心与呵护生命的意识、能力。青少年现场初级急救技能培训基地，虽然是一个技能培训基地，但也是一个含有教育功能的基地。在给孩子们进行技能培训同时，我们必须要对他们进行应有的“生命教育”。

技能教学还需要结合教学内容渗透德育教育，塑造符合中国学生发展的核心素养，践行立德树人的本质内涵。例如结合抗击新冠肺炎疫情等，联系实际告知学生什么叫公而忘私、舍生忘死的共产主义精神；什么叫“一方有难，八方支援”的社会主义大协作精神。

（二）完善适合青少年的救护培训工作

一个完整的救护培训过程，包括教学内容、组织实施、考试评定、发证、教研、改进等教学环节，还包括学员管理、服务约定、回访反馈、质量控制等管理活动。机构内部要建立一整套有效运转、全员参与、调动全部管理资源的规范系统，以严格、规范的管理保障培训效果，实现应急救护培训的标准化。

目前初级急救技能培训分为四大类：救护新概念、心肺复苏（CPR）、创伤救护、急症及意外伤害。现在东方绿舟青少年现场初级急救技能培训基地基本能够完成这四大类的教学任务。但是无论是教师培训、青少年培训还是员工培训，培训形式几乎一成不变。从教育的角度来讲，这肯定是不适合青少年的学习的。应急救护教学不同于学校教学，是一种具有感受、体验、参与、应用等特征的实践教学，要创新教学方式，采取自主培训与协作培训相结合、课堂培训与课外复训相结合、理论讲解与实践操作相结合的方式；要拓展教学模式，着重增加情景模拟、参观访问、主题活动、社会实践等实践化教学活动；要积极引导社会建立主动依靠和积极参与的意识，增强培养初级急救员方面的需求认同，鼓励他们介入教学过程。培训基地还应该紧贴营地教育，从实践性、实用性着手，尤其是实用性，实用性是安全教育实训活动的出发点和归宿点。实用性包含两层含义：一是学生通过学习，学会举一反三，发现身边可以利用的物品或其他资源，抓住其特性，作为应急时可利用的器材；二是学会用发现的眼光看待身边的物品，一个不起眼的物品也许有大用处。在完成红十字会教学内容的基础上，对于青少年，我们可以结合东方绿舟营地特有的场地，增加一些户外应急救护培训，例如急症及意外伤害，在户外活动受伤并且没有三角巾时如何利用身边物品对伤口进行包扎；遇到溺水者，如何进行救援；溺水者体温下降，如何利用急救毯或者其他物品进行施救等。主要还是让学生能够在紧急情况下，利用身边可以利用的资源，进行自救和互救。

（三）增强青少年现场初级急救技能培训基地宣传力度

东方绿舟普及型培训后总有一部分学生对奉献爱心、援助他人表现出一定的兴趣热情。若将这些学生集中起来分批开展提高型的强化培训，他们回到学校后将成为校园意外伤害自救互助的有力助手，也可以将“人道、博爱、奉献”的红十字精神加以展示，起到“星星之火”的作用。我们可以组织救护员夏令营活动、紧急救护定向赛等活动，提高社会影响力。

联动各区红会。东方绿舟青少年现场初级急救技能培训基地，有自己的急救小分队，据了解，各区红十字会也有自己的急救小分队，为了更好地提升急救小分队的质量，我们应该走出去、请进来。

长三角一体化。2018 年 11 月 5 日，习近平总书记在首届中国国际进口博览会上宣布，支持长江三角洲区域一体化发展并上升为国家战略。2019 年 1 月，上海市市长应勇在《政府工作报告》时指出，要全力实施长江三角洲区域一体化发展国家战略，合力推进长三角一体化发展示范区建设。

东方绿舟坐落于环淀山湖区域，该区域是《长三角生态绿色一体化发展示范区总体方案》中明确的一体化示范区“两核、两轴、三组团”的“两核”之一。东方绿舟始终把习近平总书记关于长三角一体化的重要讲话精神作为行动指南，以更高的政治站位深入学习领会，围绕长三角一体化国家战略，积极参与长三角应急管理一体化的建设。

为积极贯彻落实长三角一体化发展国家战略，推动青少年现场初级急救技能培训基地的高质量发展，我们可以先以东方绿舟、苏州市吴江区、嘉兴市嘉善县开展协同发展，组织跨地区、跨部门的应急救护实战化应急演练，积极探索青吴嘉地区青少年初级急救技能培训现场新模式，加快形成区域管理一体化、同城化。

加强线上宣传。网络宣传有一定优势，互联网已成为我们生活中的一部分，进行网络宣传既可以宣教急救技术的应用，又可以宣传东方绿舟和青少年现场初级急救技能培训基地。

四、总结

东方绿舟扬起了爱心之帆，组织有共同兴趣爱好的学生自愿参与救助技能学习，在他们的心田孕育“爱己爱人、自救互助”的友善之花。“友善”是中华民族的传统美德之一，只有在日常生活中，倡导并保留一份友善之情，发扬友善互助的精神，人间才能充满更多的真情，社会才会更加和谐。为开展红十字救护培训和国际人道法宣传，为实施《上海市中小学生生命教育指导纲要》做出有益的尝试和积极的实践。

新时代东方绿舟科普教育活动实施方案

蔡淑琴

摘　要：紧跟新时代教育工作要求，东方绿舟秉承“五育并举”的教育思想，对标全国示范营地、中国国际营地建设要求，立足中小学生综合社会实践教育定位，贯彻“处处有知识、时时受教育”的教育理念，依托营地软硬件资源优势，通过场馆展示、系统课程教学、各类节庆主题活动、仪式教育活动、大型赛事组织及展示交流、图文宣教等多种形式面向广大青少年群体和市民群众实施科普教育活动；并同步探索专兼职科普队伍建设方案和组织开展保障管理机制建设。

关键词：科教兴国战略；新时代教育任务与目标；营地资源优势；实施路径；机制建设

一、开展科普教育活动的价值和必要性

科学技术是第一生产力，是经济和社会发展的首要推动力量，是国家强盛的决定性因素。实施科教兴国战略，是全面落实科学技术是第一生产力思想的战略决策，是保证国民经济持续、快速、健康发展的根本措施，是实现社会主义现代化宏伟目标的必然抉择，也是中华民族振兴的必由之路。一个国家创新能力和竞争力取决于这个国家的教育能否培养适应时代发展的大批创新人才。而青少年是人才的储备力量，是发展的助推之星，更是社会进步的希望所在。他们对科学技术掌握的程度往往决定着一个地区的创新力、一个社会的发展力和一个国家的竞争力。为此，面对新世纪的机遇和挑战，加强科普教育工作，增强科普意识，培养一代爱科学、学科学、用科学的优秀青少年显得尤为重要和迫切。

二、东方绿舟基础和工作现状

上海市青少年校外活动营地——东方绿舟是上海市教育委员会直属的事业单位，是上海市落实科教兴国战略和大力推进素质教育的一项标志性工程，是一个青少年学生学习生活知识、训练科学方法、提高综合素养的快乐营地，每年接待国内外学生和社会游客 150 余万人次。东方绿舟紧紧围绕校外素质教育和社会服务两大中心职能，形成了国防教育、公共安全、研学实践、国际修学、拓展培训、环保科普六大教育品牌。

目前，东方绿舟拥有国家生态环境科普基地、上海市基础性科普基地和上海市示范性科普基地（中国兵器博览馆）三块牌子，共拥有挂牌基地 15 个，具有综合实践教育服务功能。东方绿舟已构建相对稳定的专兼职科普工作人员队伍 150 余名，每年组织开展的大大小小科普专题活动 20 余场，接待青少年和市民群众逾百万人。在一定基础上形成了东方绿舟的特色——平台大、受众广、资源多。但同时也存在亟待改进的地方，如传播方式较为传统和单一，科普内容不够系统和深入，组织形式较为单一，科普产品匮乏，学科类师资欠缺，管理制度不够健全等。

三、东方绿舟营地的资源优势

东方绿舟是全国中小学生研学实践教育示范营地，是中国国际青少年活动中心（上海），还是长三角淀山湖生态修复基地。东方绿舟具有丰富的资源优势，自然类植被丰富，种类繁多；水域面积大，水资源丰富；天空视野开阔。东方绿舟可开展的户外体育类活动有拓展、水上、徒步、骑行、野外生存等。东方绿舟的国防教育类资源有国防园区、潜艇、仿真航母、兵器博览馆、国家安全馆、射击馆等。东方绿舟的公共安全类展馆有公共安全实训基地和国家安全教育馆。东方绿舟还拥有地球村、园区桥梁、智慧大道等建筑设计，拥有师资队伍 150 余人、具备提供学生活动的强大后勤保障能力。

四、新时代下的绿舟方案实施路径

（一）强化优势，找准重点

对于军事科技类，东方绿舟可充分挖掘现有兵器博览馆资源，重点突破线上课程开发与线上展馆建设；对现有兵器资源进行深度解析，运用信息化手段辅助相关科学知识普及，激发受众兴趣，有效传递军事强国宣教使命；培养潜在军事人才，探索军迷协会以及相关赛事组织开展的可能路径。

对于营地教育类，东方绿舟可充分融合园区自然资源和户外运动资源，深度开发绿舟特色生存、生活、生态三生课程体系，积极探索 PBL 教学模式，有效达成“五育并举”的教育目标。

（二）积极探索科普产品创作

科普产品创作一直都是科普工作中的一个重要部分。由于专业人才和技术手段的薄弱，东方绿舟到目前为止在此方面还是基本空白。近两年来，东方绿舟有意识地吸收了不少好苗子，也逐步购置了不少设施设备，为科普产品创作的可能创造了条件。故而在近三年内，我们东方绿舟营地完全可以在这一领域有所突破，可以尝试拍摄科普短片、微视频，编写科普手册，设计相关教具套材，创作文创产品等多种形式，在深化科普成果的基础上，固化并能进行一定的经济效益转化。

（三）加强专业能力提升工作

我们东方绿舟的教育资源较其他科普场馆显然要丰富得多，但在专业学科能力上却又无法与该学科领域内的场馆媲美，这就要求我们的师资队伍具有类似全科医生一样的通识学科综合能力。我们可以根据自身的工作特性，加强相关通识学科知识的学习，尝试构建符合东方绿舟营地教育需要的能力提升课程框架。

（四）探索组织形式多样性可能

长期以来，类似东方绿舟性质的教育单位都有一个共性，就是在开展科普教育活动时，多数由本单位全资或专项支持。这种形式因资金使用或资金匮乏等因素，会在相当程度上对科普教育活动组织实施的深度与广度有一定的限制。基于这种情况，我们可以尝试吸引优质社会资源，整合相互资源优势，也可以采用收取部分费用的方式，解放一些条件限制，尽可能释放科普教育功效，更好地达到科学素养提升的效果。

改变营地内部开展科普教育的局限性，尝试和学校结对，引进来、走出去，积极探索共同构建实验室、项目组的可能。在扩展教学对象的同时，依托学校学科老师的力量，帮助提升营地的科普教育能力。

在科普教育传播形式上，东方绿舟营地还大有可为空间。东方绿舟营地有非常大的地域空间和丰富多样的载体，可以充分利用植物种类标识、园区生物多样性提示、淀山湖水质解读、最佳星空观测时间地点提示等。园区内的设施更新，在绿色能源与材料的使用满足课程需求的同时，也能直接向受众传递相关科学知识。在地球村等生活区域，可以配置一些智慧生活的典型范例。根据宣教需求设置固定临展设备，还可以尝试邀请一些具有代表性的科技企业入驻展示。

加强科普场馆资源联动，充分利用好东方绿舟营地平台和受众丰富的优势，引入其他场馆资源，丰富营地科普的内容与形式。

完善科普教育管理制度。在强化统筹的基础上需完善不同科普专题主责部门及专业人员队伍建设。如军事科技专题可依托国防教育教学部，生态教育类可依托国际交流与教育研发部，户外运动与人文类可依托研学实践教学部，公共安全类可依托公共安全教学部，科普产品创作可依托党政办，科普师资队伍建设可依托教务管理部等。完善科普教育活动经费保障，制订一定的激励政策。完善科普教育设施设备的管理，以保证更为清晰地了解科普工作阵地和保障。

五、总结

东方绿舟地处长三角深度融合示范区，其科普工作的责任与使命也势必被赋予更高的要求，基地在科普工作中还需要加强长三角区域一体化联动，主动对接国家“一带一路”倡议，充分发挥中国国际青少年活动中心（上海）的阵地辐射作用，扩大中外青少年营地交流，打造国际青少年主题论坛，倡导人类命运共同体，加快营地国际化进程。

营地研学导师内涵与评定研究

——以上海D营地为例

陈 敏

摘 要：近年来，研学实践已经成为校外教育的一种重要活动形式，为了避免“重旅行、轻研学”的情况，真正做到“在行中学，在学中研”，研学导师顺理成章地成为实践活动中的核心人物。其中，营（基）地研学导师本身拥有丰富的校外教育经验，又要负责营地外研学活动的开展，因此，对营地研学导师进行规范考核是一个重要问题。上海D营地作为研学实践教育基地，在研学实践中积累了丰富经验，本文将D营地研学导师职级评聘方案作为案例研究，以期为培养、管理高质量研学导师人才提供可实施策略。

关键词：研学导师；研学实践；评级标准

一、研究背景

2016年11月30日，教育部等11部门印发了《关于推进中小学生研学旅行的意见》，将研学实践摆在了重要的位置上，研学被纳入教育教学计划。研学实践是指教育部门和学校有计划地组织安排，通过集体旅行、集中食宿方式开展研究型学习和旅行体验相结合的校外活动。国家政策的扶持、政府的重视，家长对孩子综合素质培育的意愿和需求，共同构成了研学实践蓬勃发展的理由。

上海D营地是上海最大的校外教育场所，2017年被评为第一批全国中小学生研学实践教育营地。在丰富的营地实践教学与研学活动中，D营地积累了大量经验，拥有优质营地研学导师资源。

二、研学导师的定义及重要性

为保障研学实践活动的高质量，2017 年 5 月国家旅游局颁布《研学旅行服务规范》，各地政府也发布当地中小学生研学的标准，从中可看出，培养专业化的研学导师是未来趋势。为了避免“只旅不学”的情况，研学导师被赋予的职业能力要求，需要远远高于普通导游。

因为研学实践依然有“旅”的特点，在实践中，研学导师常被认为其主要职能与导游大同小异。实则不然，导游虽然提供讲解服务，但不对游客负有教化责任，不需追踪后续接收效果，而研学导师除了为学生提供基本日常服务，还要安排各项课程活动，并且要具备一定教学能力，能了解不同学段学生的身心发展特点，对学生进行引导。

D 营地研学导师，日常组织体验式实践教学活动，拥有丰富的营地教育经验，同时参与了研学实践活动的整个流程。在成功的研学实践活动中，以营地为依托，课程内容的高质量是前提，研学导师的专业性是保证。

三、营地研学导师内涵界定与职级标准

D 营地属于上海市教委直属单位，为深化校外教育领域综合改革，根据事业单位分类改革的总体要求，规范事业单位用人制度，加强事业单位编外各类工作人员的管理，建设职业化、专业化的研学导师队伍，D 营地结合自身情况，成立研学导师职级评聘工作领导小组，制订研学导师职级评聘工作方案，逐步建立“增长须平稳，激励有限度”的职级评定体系。其中，营地研学导师的内涵界定从政治素养、教育思想、业务能力等方面进行展开，从而制订具有硬性标准和软性标准的职级评聘方案。

D 营地严格规定了职级准入的门槛，坚持限额评聘、标准条件、人岗匹配的基本原则，并量化计分。条件指标分为师德、基本条件、工作实际三部分，各占 20%、35%、45% 的权重。基本条件细分的指标涉及学历、现职年限、工作年限、论文成果、业务荣誉、管理工作等方面。工作实际得分从评聘年月前三年年度考核得出。

（一）营地研学导师政治素养要求

营地研学导师要有较高政治素养，首先要拥护中国共产党的领导，热爱祖国，热爱人民，遵纪守法，贯彻党和国家的教育方针。因此，在职级评聘时，D 营地考虑党员、立功者优先，同时因 D 营地承担重要国防素质教育任务的特殊性，要求部队转业的研学导师，能继续保持和传承部队光荣传统和优良作风，做到军事素质过硬、纪律严明。

（二）营地研学导师思想道德要求

营地研学导师应具备良好的教育思想素养和较高的道德要求，营地评聘时将这些要求量化成为师德分，师德分由研学导师职级评聘委员会对通过职务资格评审的人员按德能勤绩进行民主评议。陶行知先生提出“学高为师，身正为范”，概括了“师德是为师之本”的核心主题。营地研学导师要热爱本职业，对待学生要发自内心地关爱，一视同仁，密切关注学生的生活学习状态，言传身教，树立正确的人生观、世界观、价值观，起到正面示范作用，成为重要的榜样。

在研学实践活动中，研学导师不能打骂体罚或变相体罚学生，不能歧视、侮辱学生，不能故意不完成教育教学任务，损害学生利益。营地研学导师要具备良好的学习能力，会不断更新自身知识体系，勇于探索和创新。

（三）营地研学导师业务能力要求

1. 岗位评级

D 营地将研学导师分为 9 个档次，每 3 个档次为一级，一共分为初级研学导师、中级研学导师、高级研学导师三个评级，据此分别提出不同的要求，通过申报、考核成功后可晋级。

D 营地要求研学导师均具有高中及以上学历，掌握教育学、心理学的基础理论知识。其中，初级研学导师须能够基本胜任研学实践主协调的工作，独立完成一般的教学任务，教育教学效果较好，并掌握一定的教育教学研究方法，积极开展教育教学研究和创新实践。

中级研学导师须具备扎实的教学基本功，能形成自己的教育特色，具有正确引导、教育学生的能力，能根据所教不同层次的学生进行针对性地引导，具备较强的专业理论水平，能独立承担一定的教学研究任务，在校外教育创新实践中，已经积累了一定经验。

D营地要求，高级研学导师在面对不同层次的学生时，均能有效开展研学实践，出色地完成研学实践中主协调等工作，并在校外教育创新实践中取得较好成绩。高级研学导师须能胜任教育教学带头人、“领头羊”工作，承担相应的课程研发任务，并在指导、培养初级研学导师和中级研学导师中发挥重要作用，积极投身教育改革，具有主持和指导教育教学研究的能力，在课程改革、教学方法等方面取得创造性成果，并广泛运用于教学实践，在国防教育的实施中，发挥示范和引领作用。

2. 线路开发能力

D营地要求研学导师能够独立开发适合不同学生的市内、省外的研学点，并能较快了解和掌握各个研学点的具体情况。

营地研学导师应具备独立开发主题突出、内涵丰富、安排合理、安全保障的上海市内及外省市研学实践点及路线的能力，能根据不同学年段及地区学生的需求综合考量，合理地开发及统筹各研学活动点及路线；凭借丰富的研学实践操作经验，通过网络搜索、电话联系、实地考察、商务谈判等方式，能够较快及全面地对研学活动点的基本情况、课程内容内涵、基础设施建设、安全保障能力、可操作性等多方面进行了解和掌握，对各研学点的优劣势进行分析、把控和评估；具有谈判与合作的能力，能够完成研学点的签署和确定。

初级研学导师，应能够较全面地了解和掌握市内研学点的基本情况；能够根据学生学校的需求，展开研学点的探寻和考察，进行初期的开发。

中级研学导师，应能够对市内及省外的研学点进行全面的考察和调研；能够根据研学主题、研学对象年龄及其他需求的不同，展开研学点的探寻及评估；能够基本完成研学点的谈判及确定，完成研学点的开发。

高级研学导师，应全面地了解市内及省外的研学点，具有丰富的研学点及路线开发经验；能够灵活合理地根据需求进行研学点及路线的探寻、发现；能够科学有效地对研学点进行考察、调研、评估；能够良好地完成研学点的商务谈判及签署。

同时，营地研学导师开发的课程线路，需要符合以下两个标准：其一，符合市内或省外的地域特色，结合学生身心发展特点、接受能力和实际需要，符合时代主旋律、立足于当地；其二，符合安全第一原则，能够依托自然和文化遗产资源、红色教育资源和综合实践教育基地、大型公共设施、知名院校、工矿企业、科研机构等，能够引导学生亲近自然、了解社会，在参与体验中丰富知识、开拓视野。

3. 课程开发能力

D营地要求研学导师具备开发研学课程的能力，其中包括营地内课程与营地外课程。研学课程的质量是研学导师能力的体现，需要符合一定的标准。

其一，在规划好研学线路的基础上，研学导师应能够依据学段特点、与学校课程有机融合，明确课程目标，策划生动的课程活动内容，根据小学、初中、高中不同学段的研学目标，小学阶段以乡土乡情为主，初中阶段以县情市情为主，高中阶段以省情国情为主，设计出育人效果突出的研学课程。

其二，研学导师应能够围绕“历史雅趣、红色意趣、国情教育、国防志趣、生态野趣”这五大D营地特色主题板块，以理想信念教育、爱国主义教育、革命传统教育、国情教育为课程设计的重要载体，有针对性地开发自然类、历史类、地理类、科技类、人文类、体验类等多种类型的研学课程，突出祖国的大好风光、民族的悠久历史、优良的革命传统和现代化建设成就。

4. 突发事件应急处理能力

安全是顺利开展研学实践活动的基础和保障，研学实践活动以学生为中心，自主性较强，突发事件出现的概率也会随之上升，一旦处理不当或不及时，就有可能使整个学校或者营地变成人们关注的焦点，学生亦焦虑不安。因此，对安全隐患提前预判，有效解决研学中突发事件，创建和谐研学环境，化危为安，是营地研学导师们必须做到的重要工作。

研学导师需要完整地执行研学课程，组织好研学活动，管理好学生的安全和纪律。较强解决问题的能力和应急处理能力等，是研学导师评定工作的重要标准之一。D营地根据研学导师在活动前与活动中两个不同阶段的表现，进行评级。

活动前期，D营地要求研学导师利用实践活动中积累的直接经验和间接经验，预测研学过程中可能出现的问题，并做好预防措施。

在活动过程中，D营地要求研学导师要具备处变不惊、审时度势、妥善应对的能力，迅速采取有效、果断的措施把问题解决好；能够快速反应，健全机制，研学出发前制订应对各种灾害、传染性疾病、食物中毒、踩踏事故、意外伤害等突发事件的预案。在突发事件发生时，研学导师应能镇静有序地控制事态，最大限度地减少师生生命财产损失，要充分发动师生，依靠师生做好应急管理工作。

传染性疾病包括但不限于新冠肺炎、甲流、水痘等，发现有症状，研学导师应第一时间将学生送往医院进行确诊，确定相关班级、寝室等情况，按照规定的报告程序向上级主管部门和有关部门报告，并做好隔离和学生们的安抚工作。遇到意外状况如人身事故、走失、身份证遗失等，研学导师必须第一时间上报有关部门，在处理过程中，还应将事件初步性质、发生的可能原因以及事件处理变化情况报告相关主管部门。

透明性也是评级的重要指标。研学导师必须以积极的心态处理危机突发事件，无论对学校老师、受害者及家属，还是新闻媒体、教育行政主管部门，都必须坚持真诚坦率的原则，不逃避责任，不隐瞒事实真相；同时还应多沟通说明，主动公布相关信息，把事实真相报告给公众，理智地对事情作出判断。

5. 综合协调能力

D 营地要求研学导师掌握研学接待流程及营地内相关规章制度。D 营地研学活动中，研学导师分为主协调教师与带队教师，接到任务后，根据身份找准自己在整个团队中的定位，找准定位后，要按照研学工作室工作手册完成任务。

作为重要核心的主协调教师，在学生入营前，需要做到：首先，与营地教务管理部确认任务书及活动可行性，包括人数、用车单、师生住宿公寓、外出安保人员等，准备好入营仪式的素材，确认流程；其次，落实营地内课程，营地外预约不同场馆与用餐，每个场馆情况不一，需要做到严谨细致，如科技馆与其他场馆不同，需要提前一周预约，预约好后还需在科技馆接待群及用餐群报告。学生入营抵达当天总集合教师向学生讲解入营后的注意事项及要求，组织学校及导师的领队会议。

综合协调能力还包括研学活动之外的研学资金结算、报销等事项，研学导师需要做到事无巨细。每日确认、清点、记录参与研学实践活动的师生人数，了解各个场馆的收费标准，如收费出现错误应及时更正，收集报销材料，包括所有外出场馆的发票及协议等，不能遗漏。

（四）营地研学导师资历成果要求

研学导师均需要具备高中及以上学历，研学实践基地对研学导师的教育教学工作年限也进行了一定的划分。例如，评定高级研学导师第一级，需要拥有在岗工作14年及以上的工作资历，初级研学导师第九级，最低标准是工作不满1年。截止到评聘年月，每一年计1分，超过30年的，超出年限每满1年计2分。

营地研学导师如有被评为营地级以上优质课或在区以上举行有一定影响的公开课、观摩课，可以按照营地级、区级、市级、国家级计分，受多级奖励的，只计一次最高分，不重复计分。

研学导师撰写的与校外教育教学有关的学术论文、优质教案，包括制作的教具、课件等，如在核心期刊上刊登发表，以刊物的级别为准；教具、课件等如有获奖，以教育行政部门和教育业务主管部门及下设的学会评选的为准。

为鼓励营地研学导师参与教学研究工作，立项教研课题参加人员按国家级、省级、市级计分，以结题证书为准，只计一次最高分。

四、总结

研学导师就像一位舵手，指引学生找到正确的方向。研学导师的能力是研学实践活动顺利开展、收获良好教育效果的关键因素。D营地对于研学导师的内涵进行界定，并以此出台职级评聘的硬性标准和软性标准，为培养高质量、高素质的研学导师提供了一些思路。

参考文献

［1］伍静．研学旅行导师考核的初步研究［J］．科技视界，2019（35）：213–214.

［2］刘喜，吴超．试探研学实践背景下研学导师的培养与认定［J］．旅游纵览（下半月），2019（6）：218–219.

绿野“仙”踪

——“梦幻的童话，奇幻的旅程”教学活动案例分析

庄云斐，杨　昕

摘　要：东方绿舟国际营地以中外文化融合的方式，把深受孩子们喜爱的外来文化作品赋予中国优秀传统文化的解读并运用在营地活动中，引导学生体验、创作、领悟。

关键词：文化融合；教学活动

一、活动背景

本项活动作为东方绿舟打造中国国际营地的特色活动之一，以美国作家弗兰克·鲍姆的代表作童话故事《绿野仙踪》为背景，通过7天6夜的活动使学生体验，接触自然和体验与人相处的快乐，学会在群体社会中认识自己，从而理解“集体中的一员”的“角色感”。

本项活动的方案围绕上述目标设计。本活动通过多元化的组织模式和活动情节的童话角色扮演，提升学生的身份认同、自信心和团队意识。透过活动内容的多样性和丰富性，打破学生内心的“壁垒”，改善人际关系；领悟关心与关爱，融入群体合作；引导学生树立战胜困难的勇气和决心；领悟中华优秀传统文化与世界优秀文化的共同追求。

二、活动目的预设

（1）认识自身潜能，增进“集体中一员”的角色认知。

（2）提升交流沟通能力和动手能力。

（3）启发想象力和创造力，提高解决问题的能力。

（4）提升自信心，增强合作意识。

（5）拓宽视野，初步形成中华优秀传统文化自信。

三、活动特色

绿野仙踪这个童话故事的“现代化”和“中国化”，体现了东方绿舟集体主义、爱国主义、重视环保、珍爱生命、全球视野等绿舟教育的底色。梦幻的童话色彩和奇幻的旅程是本次活动的载体；专业的师资团队所带来的“饕餮盛宴”使活动更加美轮美奂；童话角色的“绿舟演绎”使学生成为本次体验活动的主角。

四、活动时间

活动时间设置为 7 天 6 夜。

五、活动主体

活动主体为 6~12 岁学生。

六、活动安排及行程

活动安排及行程见表 1。

表 1　活动安排及行程

日期	时间	活动内容	地点
Day1	10:00—10:30	“梦幻的童话，奇幻的旅程”入营仪式	绿舟剧场
	13:30—16:30	“WE AND WORLD”绿野仙踪者	拓展园
	19:00—21:00	月光下的竹竿舞	野营大棚
Day2	8:30—11:00	多萝西的梦幻农场	东方绿舟
	13:30—16:30	神秘的稻草人	东方绿舟
	19:00—21:00	来自星空的约定	未来广场

表 1（续表）

日期	时间	活动内容	地点
Day3	8:30—11:00	森林历险记	国防园
	13:30—16:30	搭救铁皮樵夫	野营区
	19:00—21:00	多萝西的家书墨妙	职工小家
Day4	8:30—11:00	胆小狮子漂流记	龙舟码头
	13:30—16:30	奇幻的奥芝国 stem 城	绿舟剧场
	19:00—21:00	观影《星游记》	未来广场
Day5	8:30—11:00	湿地探险记	渔人码头
	13:30—16:30	梦幻湿地工厂	绿舟剧场
	19:00—21:00	夜访小精灵	地球村
Day6	8:30—11:00	奇幻的植物王国之路	内湖码头
	13:30—16:30	搜寻恶女巫	绿舟园区
	19:00—21:00	奥芝国篝火晚会	未来广场
Day7	8:30—9:30	多萝西的飞天梦	大草坪
	10:00—10:30	结营仪式	绿舟剧场
	12:30	返程	

七、活动设计分析

上海市青少年校外活动营地——东方绿舟，占地逾 373.3 万 m^2，拥有着丰富的教育资源，有植被茂密的“濒水森林”、曲径通幽的林间小道；有烟波浩渺的淀山湖；有湖波潋滟、草木葱郁的渔人码头湿地；有四季常青的大竹林；还有充满神秘色彩的求知岛；有狗獾、刺猬和野兔，也有野鸡、野鸭和斑鸠；有鱼有虾有贝藻，有虫有蛇有乌龟，赋予了童趣、野趣、情趣的“绿野仙踪”活动元素。随着经济的迅速发展，孩子们渐渐疏远了大自然，身体和心灵也被钢铁混凝土束缚住了。为了让孩子亲近自然，暂离冰冷的电子产品，本活动以“绿野仙踪”的梦幻故事为活动背景，体验式任务驱动下赋予孩子们奇幻的旅程。活动的开展，使孩子们从新视角认识世界和学习在新的环境下与陌生的同龄人相处，启发孩子们学着在群体社会中认识自己，从而获得“集体中一员”的“角色感”。活动中除了能获取新知识、新技能，畅享童趣、野趣、情趣的快乐，更重要的是学生可以愉悦身心、热爱自然、拓宽视野、增强自信。

（一）童趣

“绿野仙踪”童话故事里的角色被搬到现实活动中，梦幻的童话色彩在活动中尽显无遗，活动内容上凸显了儿童心理特征，活动内容的转换也是以儿童的好奇心、认知度作为活动路径。在活动指导方面，导师以童话的情景剧为主线，使学生很快进入情景剧的角色中，学生在好奇心的驱使下，表现出很强的参与热情，从而为活动的顺利开展奠定了基础。

（二）野趣

教育应回归自然，“把孩子交给自然，把自然还给孩子”，为了更好地让孩子亲近自然，活动中的“森林历险记”“搭救铁皮樵夫”“胆小狮子漂流记”“神秘的稻草人”等都是以自然地貌和植被为教育资源背景，使活动充满野趣的味道。学生在大自然的怀抱中尽情的发挥自己的想象力，去挑战一个又一个的活动任务，刺激而又充满野性的味道，为本次活动增添了一抹“野味”的底色。

（三）情趣

情趣促活动，活动生情趣。活动内容的趣味性和互动性为本次教学活动增添了情趣色彩，尤其是“来自星空的约定”“夜访小精灵”“多萝西的飞天梦”等更是妙趣横生、益心、益智。同时孩子们在活动中领悟责任与担当，分辨是非，慢慢地学会了去包容他人，体会到集体荣誉感给个人带来的快乐。

八、活动特点分析

（一）童话色彩渗透

6~12 岁的孩子都有一个童话梦，在他们的童话世界里，他们或许为自己塑造了一个角色，并梦想成为他们的样子。“绿野仙踪”教学活动案例中的“WE AND WORLD”根据孩子的需求，给他们提供了许多角色，孩子们可以根据自己想成为的角色去选择，然后通过自己的想象力去设计自己角色的道具和服饰。任务驱使也赋予童话色彩，“搜寻恶女巫”更是因植物入侵“植物王国”而发起的为生态环保而战，去搜寻入侵的植物，从而为保护“多萝西的梦幻农场”做了有力的屏障。更有无心的“神秘的稻草人”为保护“多萝西的梦幻农场”里的“虞美人”的选择长途迁徙行动。童话色彩的渗透是本次活动的驱动器，更是发动机。

（二）实践体验

7天的时间里，孩子们吃住在一起，活动在一起，体会到了集体生活中的责任和义务，体会到自律的重要性，体会到课堂之外的学习乐趣。活动中，孩子们表现出来更多的潜能——从生活自理到组织活动能力，从角色扮演到动手实践能力。活动强调孩子们要亲身经历各项活动任务，在“动手做”“探究”“设计”“创作”“反思”的过程中进行“体验”“体悟”。在全身心参与的活动中，去发现、分析和解决问题，体验和感受生活，提升实践创新能力。如“奇幻的奥芝国 stem 城”活动，孩子在探索中去实践，在实践中去体悟。多学科融合在活动中，使理论与实践得到完美结合。

（三）学玩结合

玩是孩子们的天性，玩中有乐趣，玩中有学问，活动设计上凸显孩子们这一天性，富有童话色彩的活动内容符合孩子们心理需求，更能有效地激发孩子们的兴趣，调动孩子们的积极性和主动性。譬如“神秘的稻草人”活动，会使孩子们产生天马行空的想象力和好奇心，才有了后面去主动选择角色的驱动力，当“神秘的稻草人”被揭开面纱后，孩子们就会联想如何让“稻草人”去守护多萝西农场里的“虞美人”，随着活动剧情的发展，一步步地进入活动中的每一个角色，为活动的顺利开展定下了基调。这种“玩中学，学中玩”的模式，会让孩子们产生极大的愉悦感，孩子们的天性彻底得到释放，想象力和创造力也得到了很大提升。孩子们在玩中学到了如何去帮助他人，懂得了如何站在他人的角度去考虑问题，渐渐学会了包容，学会了体谅他人。体验将外国童话作品与中华“天下一家”理念的融合，领悟中华文化中“和”的魅力。

九、活动成效解析

（一）德育导向

1. 角色扮演，换位思考

孩子们习惯了在家扮演小皇帝、小公主的角色，无形中被贴上特立独行的标签。然而，在这次“绿野仙踪”活动中，孩子们慢慢改变了他人眼中的标签，他们摆脱了“以自我为中心”，渐渐懂得学会分享，学会与他人交换意见，更学会了主动地去帮助他人。此次活动的内容都是以“梦幻故事”为载体，以团队合作的体验模式去完成的，活动中的每一个人不再是独立的个体，他们要根据任务的不同，扮演好自己的角色，还要与他人密切合作才能够完成任务。正是这样的合作过程，他们渐渐明白合作的重要性和承担“角色责任”的特殊性，每个人因为角色的不同，任务的分工也不同，每个人在小组中的位置都是不可或缺的。要懂得换位思考，站在他人的角度去考虑问题，不能一意孤行，有时候要学会取舍，争取集体的荣誉，获得个人的成就感。

2. 交流合作，信任担当

小组任务的完成情况取决于每一个人的贡献，合作才是共赢的捷径，在成就集体的同时也成就了自己。合作的质量取决于沟通交流时共识的达成情况，如何达成共识，关键看小组成员的领导力怎么样。对领导力的理解，不仅是“命令”，还包括配合、妥协和信任。个人的领导力，取决于小组成员的认可度，如何被小组成员认可，要看领导力的呈现。在本次活动中，交流合作，信任担当，不再是一个口号，而是在活动中的真实体现。这在“搭救铁皮樵夫”活动中尤为突出，小组成员要经历一场激烈的头脑风暴，找到搭救“铁皮樵夫”的有效方法，正确领会“领导力”在这个时候尤为重要。如何在成员的不同建议中找到适合本小组营救的最佳策略，这不仅仅靠“命令”，更靠“妥协”，靠“远见”“卓识”与“担当”。孩子们会在这样的探讨中学会妥协，成就最好的集体，成就最好的自己。

3. 跨文化比较，领悟先进文明共性

通过教师的引导，让孩子们在活动中发现外国童话中蕴含的中华文化的“天下一家”“天人合一”理念，初步领悟先进文明的共同追求……

（二）角色成长

1. 童话世界，快乐成长

梦幻的童话色彩是本次活动的底色，孩子们扮演着各自的角色，带着个人心愿去完成任务，对这个年龄段的孩子而言，追逐梦想才是他们的驱动力，完成一个个充满梦幻色彩的活动任务是他们快乐的催化剂，更是他们成长的加油站。

2. 同伴相随，共同成长

都说陪伴是最长情的告白，“绿野仙踪”教学活动是以“梦幻故事”为载体，以小组体验的模式去完成，虽然学生在活动中各自扮演了不同的角色，但是各角色之间需要相互协作，更要相互成全，伙伴之间陪伴的过程也是相互学习的过程，活动相互学习的过程更是共同成长的重要一环。

3. 体验分享，心灵成长

“学而不思则罔”，可见体验分享在活动中的重要性，分享的过程就是对活动思考的过程。“绿野仙踪”教学活动，在小组任务完成以后，各小组成员都会在导师的指导下完成经验分享总结及心得体会，分享的过程就是孩子们对活动过程的回顾，反思活动中发生的问题，遇到问题时是怎么解决的，活动对自己产生怎样的影响以及其他人对活动的看法等。孩子们的倾听也是相互学习的过程，更是心灵成长所需的热带雨林。

（三）社会实效

当下的孩子们习惯了饭来张口、衣来伸手，依赖性强而独立性相对缺乏，一旦遇到挫折就会情绪低落，甚至一蹶不振。如何正确引导孩子们独立性和社会适应能力已成为当今社会急于关心的问题，“少年强，则国强；少年独立，则国独立”。“梦幻湿地工厂”活动在改善孩子们的人际关系以及解决分歧时如何去协调发挥着重要的作用，“梦幻湿地工厂”活动需要孩子们发挥自己的想象力去建造一个“我们的理想湿地”，策划前难免会发生意见上的分歧，如何达成共识需要孩子们学会妥协，荣誉面前需要学会相互成就，而不能太自我，否则就会成为团队的负担。“奇幻的植物王国之路”需要小组成员聚心聚力，心往一处想，力往一处用，路途的艰辛考验着孩子们的意志力和勇气。“搜寻恶女巫”更是以植物入侵“植物王国”而发起的为生态环保宣战，去搜寻入侵的植物，从而为保护“多萝西的梦幻农场”做有力的屏障，完成任务的过程也提升了孩子们的生态环保意识。

学生在7天6夜的时间里离开了自己最熟悉的生活环境，脱离了爸妈的精心呵护，离开自己原来的舒适圈，这对他们而言与其说是小别离，倒不如说是开启独立生活管理的前奏。在这几天的活动中，他们要规划好自己的作息时间、活动任务的完成时间；处理好个人得失与集体得失；任务驱使下的解决办法；活动中所学知识的运用；遇到问题时情绪的自控能力等，所有这些都会在本次活动中得到锤炼，孩子们也会在锤炼中汲取正能量，从而潜移默化地提升自己的生活能力，这也正好印证了实践出真知的道理。

十、总结

总之，本次活动的空间体现自由性，活动的环境更贴近大自然，活动的内容凸显童话色彩，老师的组织启发了本次活动靶向施策，孩子们以自己喜欢的角色参与活动，进一步激发了孩子们对探索自然、保护生态的兴趣。

第三篇
教学思想——
躬身入局谋新篇

充分发挥校外教育作用，助力学校德育工作开展

吉　峰

摘　要：当今的青少年由于从小受到这个大千世界纷繁复杂的思想感染，思想上差异巨大，每个学生都有其独特的特性（也是我们希望出现的创新性人才基础），把他们培养成党的事业接班人、社会主义事业的建设者、核心价值观的传承人，德育工作十分重要。正是由于这一点，发挥校外教育阵地对青少年德育教育的作用，与学校教育互动互补显得格外的迫切。校外教育活动是学校教育的有续延伸，就开辟青少年发展智力、体力的渠道，拓展青少年思维，丰富青少年思想内容，提高青少年的基本生活生存技能方面（如此次的新冠肺炎疫情防控），校外教育阵地发挥了积极而又重要的作用。

关键词：校外教育；德育工作

校外教育除了是一个全方位的、综合性的社会工程外，它与学校教育各有特点、各有优势、相互补充。如军事训练活动和研学实践体验，首先是对学生进行爱国主义教育，融合集体主义，提升学生的荣誉感；二是让学生进行一些学校课堂外的知识学习；三是让学生感受磨炼与艰辛，接受锤炼，这也是一种生活方式的改变，紧张枯燥的学习之外有更多丰趣的生活。校外教育注重学生的业余兴趣培养、个性发展，强调学生的能力培养，侧重学生潜能的挖掘。我认为，校外教育是德育教育的又一个大舞台，在整个素质教育中有着举足轻重的作用。

一、校外教育是实行德育教育的大舞台

校外教育可以灵活地进行各种教育改革和教学实践，在教学中可以试验各种教

学方法、教学手段、教学工具、教学内容，为学校德育教育改革作尝试。另外在培养学生的兴趣、培养创造力、想象力、观察力，强调个性的发展等方面有广阔的空间。德育课不能空洞无物，在校外教学过程中，可以教给孩子们具体和实用的东西，更重要的是让孩子们享受学习过程中的愉悦，培养孩子们的兴趣，让孩子们在学习过程中创造自己、发现自己、欣赏自己、放松自己。东方绿舟的校外教育中，教官们始终把学生的德育教育放在首位，在与学校老师沟通后，充分地了解所带的学生的思想情况，运用不同的教学形式，带给学生多样的文化体验。如庄云斐老师上的拓展课《书写中国梦》，首先是一堂生动的政治思想课，又是别具一格的书法课，最后才是拓展训练课。

二、校外教育为青少年拓展了一个自由的天地

校外教育教学方式的灵活性为青少年提供了自由想象、尽情发挥的空间，丰富多彩的活动为青少年提供了自由参与的机会，教学活动的氛围为青少年提供了一个无约束和限制的特殊课堂，学生可以自由地根据自己的兴趣选择学习的项目，参与组织的活动，这样就能让青少年在实践中、在体验中、在快乐中受教育，达到享受学习、快乐学习的目的，极大地满足青少年学习兴趣和爱好。兴趣爱好是主宰行动的主要动力，有一定明确目的的动因。对广大青少年来说，兴趣是从事各种活动入门的向导。东方绿舟刚刚建成的公共安全教育培训基地，现在已成为学生们最喜欢去的地方，在那里，有各种各样的实训体验，而且非常刺激。学生们也可以选择自己喜欢的实训项目（都是团体游戏），充分地体会对生命的尊重、对规则的敬畏、对急救技能的渴求。有的同学能思索出很多的奇思妙招，完成任务后的喜悦不言而喻。作为活动的组织者，在组织校外群体性创新活动时，我们必须充分考虑青少年的爱好和兴趣，兴趣是最好的老师，兴趣可以使人的潜能得到最大的挖掘，兴趣可以让人的才华发挥得淋漓尽致，兴趣可以极大地调动他们学习的积极性和自觉性，由被动的学习变成自觉的学习、主动的学习。

三、校外教育活动是青少年寻找自信心的好地方，是培养青少年社交能力和独立创新的好去处

有些学生在学校里性格孤僻、不爱交往，但他们兴趣广泛、善于思考，动手能力和实践能力可能比较强，甚至在某些方面有着特别的兴趣或天分。可遗憾的是，这些兴趣和天分在学校往往得不到满足和发掘，得不到老师和同学的肯定。而在校外教育活动中，他们就可以自由地学习自己感兴趣的东西，可以使自己某些方面的天分得到极大地发挥，他可以在活动中找回自信、找回快乐、找到成功的喜悦。也可以交到很多兴趣相同、志趣相投的新朋友，找到相互倾吐的对象。在此过程中，可以锻炼和提高其社交能力，培养独立自主意识，增强其团体观念，提高其互助意识，培养其良好的性情。性格外向的学生可以与更多的朋友交流心得与思想。近几年开展了越来越多的研学实践活动，让千万青少年学生，在万里征程上丰富了人生。青少年的创新往往源于兴趣、爱好，源于好奇心、求知欲和想象力。因此，教育者要支持青少年的求新、求异、质疑和问难，鼓励青少年在成长过程中进行新的探索，而不是置之不理或横加干涉。当然，每一位教师都想成为“培养创造精神的力量”，因此给学生创设的情境就应当是“跳一跳，够得着”的、让绝大多数学生都能成功的情境。在学生的实践中，教师要不失时机地给予赞赏：“你真行!”学生遭遇挫折时，教师要大度地给予信任：“没关系，下一次你准行!”在绿舟的教学实践中，向来都是教师尽量给学生们自由发挥的空间。在绿舟剧场的舞台上，许多学生完成了第一次的登台亮相;在绿舟地球村的生活自助管理活动中,许多学生第一次当了“管理者”。

四、校外教育活动是青少年德育全面发展的大课堂，是培养青少年健康人格的摇篮

我们这些校外教育工作者要时刻把祖国、学生，放在重要位置。祖国需要让懵懂少年具有浓厚的爱国精神，我们就要给孩子们灌输各种各样的爱国主义理念，举行各种形式的爱国主义教育活动。家长希望孩子在校外教育中得到锻炼，我们就组织同学们进行智力与体力相结合的活动。老师们希望自己的学生遵守纪律、刻苦学习，我们就应严格要求学生，晓以纪律的必要性、刻苦学习的重要性。学生想在校外教

育中得到心灵的释放，排解平时紧张学习生活的苦闷，我们就应设计丰富多彩的课程，不断创新教学方式，让孩子们得到快乐。正是有了这些丰富多彩的实践活动，学生受到了锻炼。正是这些小活动、小游戏，使得同学们知礼节、正衣冠、明言行、重修养。校外教育也是社会教育，存在的意义在于让孩子们多接触社会、了解社会、融入社会。现在有些青少年的思想严重脱离社会的现实，青少年正处在叛逆的年龄，思想上产生了一些偏差，不纠正会产生严重的后果。所以，青少年的德育是教育的第一步。兴趣的拓展、愉悦的学习、广泛的交友、心理的辅导、成长的教育、素质的培养、磨难的锻炼、丰富的活动等等，皆是培养孩子们健康人格的良方。而健康人格的养成则对孩子们今后尽快融进社会、参与社会竞争有着十分重要的意义。健全的人格、健康的心理、良好的品德、积极创新的精神和较强的实践能力，可以有效地缩短孩子们的社会化进程。

教天地人事，育生命自觉

——东方绿舟营地教育“营”在何处

庄云斐，王　振

摘　要：上海市青少年校外活动营地——东方绿舟（以下简称营地）是上海市落实科教兴国战略和大力推进素质教育的一项重大工程，营地紧紧围绕校外教育和社会服务两大中心职能，形成了“五位一体”（国防教育、公共安全实训、研学实践教育、国际交流、环保科普）教育品牌，并先后荣获“全国文明单位”“全国未成年人思想道德教育工作先进单位”“国家妇女儿童实施纲要先进单位”等国家级荣誉29项。多年以来，营地始终倡导自身的教育理念——“自主、合作、体验、创新”，坚持立德树人，着力培养担当民族复兴大任的时代新人；坚持五育并举，全面发展素质教育，强化户外课堂主阵地的作用，切实提高课堂教学质量，深耕青少年素质教育，努力争当校外教育的排头兵、领头雁。

关键词：营地教育；“营”

一、营地概况

营地认真贯彻教育部印发的《中小学综合实践活动课程指导纲要》，现已开设了160余项体验式实践活动课程，其中有“48小时生存训练”“走近边防线”“领袖风采”“18岁成人礼”等特色校外实践课程。课程的多样性和丰富性以及高素质专业化的师资队伍，使营地每年可以接纳上海市200多所高中阶段的学生近50万人次进行国防教育，基本达到上海市高中学生全覆盖。2018年，营地获批为全国中小学生研学实践教育示范营地；2019年伊始，营地的公共安全教育实训基地开启了全市初中生“8课时”安全实训。营地正在积极发挥中国国际青少年活动中心（上海）

和国家环保科普基地的阵地作用，承办、协办了数届国际友好城市青少年夏令营、上海国际友谊青少年互动营等诸多活动课程。

二、营地教育的定位及导向

（一）让营地教育在体验式教学中凸显核心素养的功能

着眼世界，营地教育已经成为发达国家素质教育的有效补充和延伸。长期以来，校内教育过于偏向说教和道德灌输，弱化了体验和实践，这是不符合素质教育要求的，唯有营地教育才能很好地补上这块短板。营地教育功能皆在活动组织上凸显“体验”教学，体验是以活动为载体的，提倡活动课程应回归自然、回归生活，让孩子亲身置于这种关系的世界和生活之中，去经历或受到感动，从而自然地增“道”、创“道”。其次，营地教育是校内课堂的有效补充，学生在营地教育中不仅学会了倾听、沟通和交流，也懂得了妥协、选择、控制、展示与合作。活动可以体现出学生的领导力和团队合作等能力，从而更好地提升学生的创新思维能力，培养学生的核心素养。同时要在坚定理想信念上下工夫，增强学生的中国特色社会主义道路自信、理论自信、制度自信、文化自信，立志肩负起民族复兴的时代重任。

（二）让营地教育成为德育实效的主阵地

完善营地德育课程体系，认真制订德育教学实施策略，是营地教育一贯的立德树人渠道。营地德育课程开展模式主要体现在深化精品课程育人、传统文化育人、专题讲座育人、活动实践育人等。营地已开展的德育课程构建成系列性，如入营升旗仪式、国旗班的故事、雷锋月、非物质文化遗产活动周、传统文化礼仪展等。活动内容主要推崇爱国主义理想信念、社会主义核心价值观、中华优秀传统文化、生态环保和心理健康教育等。同时，营地的地球村内实施德育工作领导小组，小组成员都是学生骨干，为普及德育的宣传力度，凸显德育实效的网络模式，体现出信息化时代的影响力。实效阵地的多样性和发挥学生的自主性，为强化学生良好的行为习惯，打造出营地德育实效的社会实践大课堂。营地教育在育人的同时，始终坚持以习近平新时代中国特色社会主义思想为指导，全面贯彻党的教育方针，落实立德树人根本任务，遵循教育规律，围绕凝聚人心、完善人格、厚植爱国主义情怀、加强品德修养、增长知识见识，坚持全面发展，为学生终身发展奠基，坚持知行合一。

（三）让营地教育成为修炼品行，提升自信的加油站

营地教育为学生们交流谈心创建了绝佳的平台，更是赋予了学生平时少有的专属时光。在开放性的营地教育下，在自然美丽的风景和放松的心态下，学生们可以进行一次深入的对话，进入彼此的内心世界，消除平日生活中彼此的隔阂，这有利于学生品格的健康成长。因为营地教育是一种户外的、以团队生活的形式进行的，并能够达到创造性、娱乐性和教育意义的持久体验。学生在活动中通过领导力的培训以及自然环境的熏陶，帮助每一位营员达到能力以及心灵方面的成长，可见良好的营地教育是必要的。营地教育可以帮助青少年建立自信心，培养独特的品格和领导力，提高社交等能力。营地教育中的群体生活是老师和父母无法提供的，学生们在参加完每一次活动，第一感触就是交到了新朋友。良好的营地教育，充分地体现了体验性和群体性，因此特别受欢迎。同时，营地教育让学生们远离了电子产品，让学生们重新回到了真实的世界，拥有了真实的同伴，体验了真实的活动以及真实的情感，对学生的影响深远而持久。营地教育不仅仅可以提升学生们的硬实力，还可以提升学生们的软实力，比如学生的交际能力、语言能力、领导能力。

（四）让营地教育成为校外教育课程导向的蓄水池

东方绿舟本着挖掘营地特色资源、注重内涵发展的原则，在资源整合及侧重点上凸显营地特色。按照资源划分，有“国防园区”“拓展园区”“野外生存园区”“水上运动区”“智慧之旅区”“素质测试区”“勇敢者道路区”“地球村”“安全实训区”等九大板块。有知识性的，如：“穿越时空的知识大道”就体现出很高的知识含量和教育意义；有系列性的，如：“48小时野外生存训练”“领袖的风采”等；有科普性的，如“植物识别”“夜访小精灵”等。不同层次、不同环节、不同因素围绕一个或若干课程主题进行有机地衔接与整合。营地在资源整合方面不仅仅侧重强调实践性、体验性、趣味性、互动性特征，还凸显知识性、学术性等特征，实现立体式呈现。资源的丰富性、课程内容的多样性，已成为东方绿舟营地教育的宝贵财富，更是营地教育不断发展的活水源头。

（五）让营地教育成为学生快乐的家园

营地教育把学生们聚在一起，让他们一起生活，一起参与各种活动，这不仅符合学生们的天性，还给学生们的快乐愉悦平添一抹亮色。如今的学生大部分是独生子女，平时与其他小伙伴交往的机会比较少，爱玩又是每个孩子的天性，营地教育可以提供孩子们在一起“玩耍”的舞台，他们一起快乐玩耍的过程中，不仅身心更加舒畅，还可以提高彼此之间的沟通能力。营地案例资料显示，通过营地教育活动，小营员生病期间不会孤独，会有很多小营员陪伴。“想家病”也治愈了，因为有大家的陪伴会感到很快乐。彼此拘束的小朋友也开始懂得交流，变得开朗了！营地教育可以使学生从玩中学习，活动中懂得分享，这可以帮助孩子们健康快乐地成长。其次活动中协同合作的过程也可以让孩子产生团队意识和成就感，增加快乐幸福感。营地教育就是将这种体验式教育规范化，不仅让学生们体验到玩的乐趣，还可以通过营地这种集体活动的形式、设计严谨的课程体系，让学生更好地认识真实的世界。

三、总结

未来营地教育的发展应立足于已有的基础，科学地谋划发展，注重规范化管理，关注教育品牌建设，注重教育特色打造。营地教育的实践活动所蕴含的知识与能力应凸显综合性特点，在立德树人的基础上，更应该强调多学科融合、跨区域联动和辐射周边教育资源。营地教育“营”在时代的最前沿，要有前瞻性，更要有国际视野，参照欧美等发达国家新世纪的教育发展方向，汲取国内外青少年户外营地发展的经验与教训，探索出一条适合新时代营地教育发展的道路，从而更好地服务于东方绿舟营地教学，更好地提升上海市青少年学生的综合素质。

参考文献

［1］张玉玲．青少年营地教育综述［J］．内江科技，2018，39（1）：103-104.

［2］王睿，文才新，洪杰．青少年主题性营地教育活动设计［J］．安徽工程大学学报，2016，31（6）：61-64.

［3］李凌．青少年户外体育营地的教育理念与课程设置［J］．西安体育学院学报，2009，26（5）：618-621.

浅谈校外教育课程品质提升的几种途径

王　梓

摘　要：针对校外教育课程二次开发难度大，开发过程中存在诸多限制因素的现状，为了保持课程与时俱进，积极主动对接教育现代化的总体目标，笔者通过长期对校外教育课程模式的实践、摸底与思索，建议以原有课程基础为本，适当进行升级改造。具体措施包括提高课程“实训”时间占比；因材施教、增加教育“附加值”；师生共同参与课程改造等3种途径，快速实现对现有课程的品质提升。

关键词：校外教育；课程品质；途径

一、目前校外教育课程建设总体情况

校外教育是我国教育事业不可或缺的组成部分，也是对青少年实施素质教育的重要途径，在全面推进素质教育的新形势下，校外教育越来越得到社会关注，并逐步成为开展青少年思政教育，培养创新精神、实践能力和提升各种素养的重要途径。2006年中共中央办公厅、国务院办公厅印发了《关于进一步加强和改进未成年人校外活动场所建设和管理工作的意见》，校外教育受重视程度开始提速。教育部于2014年启动校外教育“蒲公英计划”，这一举措更进一步推进了校外教育的蓬勃发展，可是发展的同时也面临着课程日趋老化、课程创新不足、活动场地限制等诸多问题。对此，笔者通过广泛调查与研究，发现通过突破创新，将校外教育的现有课程开发出新的“味道”，不断“提质”与“优化”是解决之道。本文主要谈一谈如何采取切实有效的方法，开展校外教育课程品质全面提升，并详述开展“精准施策”的途径与手段。

二、校外教育课程品质提升途径

（一）提高课程“实训”时间占比

一堂课的必备环节需要不折不扣地完成，一堂课的基础“要素”是课程的根本，但是课程的灵魂却是“实训”。以公共安全课程为例，主题场馆所对应的教学大纲是授课依据，大纲上的知识、技能点，是课程“要素”，教师需要串联“要素”并对课程进行编排，将安全知识与技能连贯，开发出一堂“合格课”。如果只是将知识、技能点生拉硬拽在一起，授课效果多半不理想。如何向一堂优质校外教育课程“进军”呢？治大国如烹小鲜，本研究通过试验发现，提高课程实训时间比例，课程就会灵动起来。“实训”成为了课程“小鲜”之灵魂。以防空安全馆为例，授课环节通过开篇视频直观介绍了3种不同防空警报音的特点，人们在听到警报音响起时开展对应的避险自救活动。但是这种视频式的授课方式很难达标，因为学生缺乏实践，屏幕上的“知识与技能”很快会被忘掉。没有实践的检验，课程的效果就无法得到验证与巩固。提升方案是学生通过学习视频中3种不同防空安全警报音与对应处置方式，立即开展在模拟室内、外场地，地下防空洞环境下的实训演练，在实训中固化安全知识与避险技能，通过实训形成“肌肉记忆”，将一堂原本的合格课彻底转变为一堂优质课。实训让学生动起来，提升了课程价值。

（二）因材施教、增加教育“附加值”

合理地增加一堂课的“附加值”，是课程提升的关键。人们都认为，上海很美，但上海的城市更新却从未间断。上海每年都会开展一定数量的老旧小区的改造工作，进行二次改造与优化，力求呈现一个更棒的上海。相应地，教师授课可以理解为不断提升现有课程的（对应城市）品质。据悉，在旧改过程中，如果把一些项目做好了，会产生令多方都满意的结果。一来可以方便住户（居民），二来还可以带来意想不到的效果。根据国务院参事、住房和城乡建设部原副部长仇保兴所述，对老旧小区加装电梯，居民的方便是显而易见的，同时楼宇价值将获得15%的提升，原来价值100万的房子，变成了115万，再通过托幼、医疗配套后，楼宇价值增加20%以上，增效提质立竿见影。因此，笔者得到启发，校外课程也可以如同旧房改造一样，深挖下去一定会有意想不到的成效。作为教师，如何判断一堂“优质”课是否仍然具有提升价值与精进空间呢？判断依据是授课对象——学生，是否更满意，课程是否到位学生说了算。对于不同的授课对象采取一成不变的授课模式，效果可能会大相径庭。例如重点中学的高一学生与中职学校一年级学生，他们虽然年纪相同，但授课形式应该有所区别。对授课方式进行调整，提升“附加值”就是课程的“增值提质”环节。教师应在“因材施教”上多下工夫。通常，在确保完成教学基本任务的情况下，教师应该思考针对不同的生源群体开展不同模式的线下教学，职校一年级学生动手能力强，此时应尽量多安排他们通过团队协作，开展互动式、体验式学习，通过合作完成既定任务的方式促进他们成长，毕竟 2~3 年后这群孩子中的绝大多数将踏上工作岗位，培养他们团队协作能力是一种很好的前移式职业能力提升方式，很有必要，也是校内教育的延伸。对于重点中学的高一学生来说，他们的自主学习能力强，教师可以通过启发式教学，更多地引导他们开展探究，鼓励他们发现并解决问题，在学生自主学习过程中辅助以互动、体验式教学，通过思考、探究、体验、验证的四步教学法实现课程的升华。

（三）师生共同参与课程改造

校外教育课程需要不断提升课程品质，多效并举地来推动课程发展。最近这几年，新一轮的校外教育课改在各地如火如荼地开展，通过几年的试点与改革，各地发现一些试点经常会或多或少存在一些问题，怎么去解决这些问题呢？首先，让需要改造的课程自己“冒出来”，不要凭“教务管理部门”意志来“点菜”。第二，优化“旧课程”，对课程进行改造与打磨，它必须有一些必备的课程元素，这些必备的元素是必须的，然后还有一些备选的课程元素，如有拓展空间的课程元素和锦上添花的元素，应该区别对待。将两者分开以后，必备的课程元素通过教师听课团队共同参与、共同帮忙，精心打磨定型。拓展空间的课程元素，应积极发挥学生的作用，由学生因地制宜地自主、自由地“点菜”，授课教师可以共同参与。如何让最需要改造的课程元素“冒出来”？经验发现，好的课程都是以“最佳课程”和“最差课程”这样的评选活动展现的。过去评选活动一直靠专家和“其他教师”结合起来投票，现在有了新的手段，例如用 App 就课程的“宜课性”进行评价，由学生自发地把参与课程的评价、“宜课性”情况写出来。第三，通过参课学生的投票，专家的现场考评，选择最优课程元素改造项目，形成方案后提交。第四，动员安排给教师打出最低分的学员，到获得最高分的教师处去听课、去学习，这个时候学生推动课改的愿望与积极性都被调动起来了。这时，教务管理部门推一下，教师迈一步，通过学生借“他山之石”攻一下，这样就串联起课程改造了。

三、总结

校外教育课程犹如一盆极具魅力的多肉类盆景摆盘，其独特的校外“基因”，使其有别于校内教育的“繁花异草”，也正是因为这种特质，通过校外教育园丁们的匠心“雕琢”与“提升”，其将展现出别样、独特的摆盆“造型”。校外教育课程提升途径形式多样，但是总体而言需要结合自身学科特色与专业发展优势，通过推陈创新，以服务学生为本，实现“增值提质”的最大效益。

参考文献

［1］沈艳．青少年校外教育“软阵地”建设的实践探究——以宁波市青少年社区联谊会为例［J］．青少年研究与实践，2016，31（2）：57-62.

［2］庄来生．青少年校外教育现状与对策研究［J］．课程教育研究，2014（18）：73-74.

［3］王梓，李朋飞．新时代背景下公共安全教育教师的核心能力要求［J］．教育教学论坛，2019（43）：29-30.

浅谈校外教育对促进学生全面发展的意义

骆煜豪

摘　要：随着教育制度不断改革，各方对于学生的全面发展也提出了更高的要求。学生不仅要学习基础性的理论知识，还要学会如何去应用这些知识。因此，学校的教育功能已经不能简单满足现代社会的需要，校外教育就走上了舞台。校外教育在提升学生的动手实践能力和社会适应能力的同时，能让学生更好地把知识与实际结合，促使学生成为综合性人才。

关键词：校外教育；素质教育；全面发展

当今世界正在经历着复杂而深刻的变化，教育作为影响社会和经济的一个重要因素，也在不断地进行变化。在如今的互联网时代，学生获取知识的途径不单单是课本，更多地转向多媒体网络。学生的知识面较之前已经拓宽，动手实践能力和身体素质情况却有待提高。人们发现需要寻求一种区别于学校教育的教育模式来锻炼强化学生的实践能力和身体素质，这就是校外教育。本文结合校外教育营地的工作经历，谈一下我对校外教育的看法。

一、与时俱进，明确自身责任与定位

为了适应社会需求的变化，校内教育和校外教育在各自发展的道路上欣欣向荣，但是无论如何变化，二者在教育对象、教育目的和性质上始终是相同的，也就是说二者最终都会服务于中小学生教育环境的完整和教育活动的可持续。不可否认，校内教育和校外教育在中小学生教育上的地位不同、方式不同、所花时间也不同，这也顺应了社会发展需求的趋势。校内教育和校外教育都是培养全面发展学生的重要途径，校内教育更多讲的是知识和技能，而校外教育则是将这两者通过实践结合在一起，培养学生的动手与协作，促进学生走向“完人”的过程。好的课程就是由校内校外双方合作共同完成的。

我们要明白校外教育是促进中小学生全面健康成长的重要途径，是培养创新人才的重要途径，是实施素质教育的重要途径。随着时代不断发展进步，国家在肯定校外教育价值、支持其独立发挥育人功能的同时，也在逐步引导校内外教育相互衔接，共同促进中小学生的全面发展。

二、立足自身，充分发挥校外教育的专业独特性

校外教育与校内教育不同，它没有一成不变的课程，所有项目需要以学生的兴趣发展为核心，它也没有一个固定的课堂让学生端坐静听，而是通过学生的层层讨论思考，最终动手实践达到活动目的。这就要求相关的教师给予学生一个广阔自由的活动场域，把项目课程当作载体，为学生提供机会和平台，让学生主动思考实践，在失败中反思总结，但也要在学生出现原则性问题时对学生的行为进行指导或修正，把学生的行动方向引回正途。

在校外教育课程之中，无论是操作性较强的课程还是理论性课程，教师主要讲的也是安全注意事项和活动要求，至于如何完成和节约时间都是依靠同学们自行组织达到的，而且课堂秩序和人员管控也主要是由各班级的班干部完成的。教师在活动后给学生足够的时间分享心得，让学生真正地学到知识。

在校外教育的课堂中，教师不再仅仅传授知识，更多的是通过指导、点拨等方式，推动学生自主实践。作为一名校外教育的教师，更应该要有敏锐的洞察力，关注学生的心理准备情况并及时调整课程，以调动学生的主动性和积极性，为学生所准备的课程夜巡要围绕现实社会生活的各个领域展开，帮助学生对世界获得完整的认识。

三、规绳矩墨，健全校外教育质量评价体系

2015 年修订的《中华人民共和国教育法》指出，“教育必须为社会主义现代化建设服务、为人民服务，必须与生产劳动和社会实践相结合，培养德智体美等方面全面发展的社会主义建设者和接班人。”

在校内教育方面，不论是学习的课程内容，还是相关保障，都有一个标准来统一执行，但是在校外教育方面，却没有统一的课程标准和实施细则。缺少硬性规定给了很多机构灵活的操作空间，同样也使校外教育市场良莠不齐、鱼目混珠，为长远的发展埋下了不稳定的因素。一些机构也尝试多头管理，虽然有共同沟通协作，但依旧没有形成一个强有力的合力，另外，校外教育教师队伍的质量也需要进一步提高，以满足校外教育快速发展的需求。

四、总结

不断地优化课程建设推动校外教育，对于丰富学生的学习内容以及促进学生的全面发展都具有至关重要的作用。因此，我们应首先认识与了解校外教育资源的内涵，进而从社区带动发展策略、校外教育机构带动发展策略、校外团体和组织带动发展策略三个方面实现对校外教育资源的有效开发，并合理地运行，充分发挥校外教育资源的价值，促进学生养成良好的行为习惯，有效提高学生的综合素质。

参考文献

［1］李阿芳．学校“减负增效”的实践困境及实施建议［J］．教学与管理，2017（33）：47-50.

［2］文雪，扈中平．从博弈论的角度看“教育减负”［J］．中国教育学刊，2007（1）：22-24.

［3］王贤文，熊川武．学生自主减负：减负提质的有效路径［J］．中国教育学刊，2014（4）：34-37.

［4］山子．“过重课业负担”是概念，还是判断？——针对“过负”概念及其直接目的的探讨［J］．基础教育，2014，11（2）：11-17.

［5］杨光，武帅，张君．课业负担监测预报模型建构研究［J］．中国教育学刊，2014（11）：96-99.

浅谈校外教育中和谐师生关系的重要性

夏　洋

摘　要: 校外教育在提高全民素质，为祖国培养合格人才中，发挥着不可估量的作用。校外教育是学生的第二课堂，是校内教育的延续，在中小学生的成长中具有不可替代的作用。校外教育更应该注重师生关系的和谐，使校外教育课堂成为学生寻求心理帮助、情绪宣泄以及天性得以自由释放的第二课堂，从而彰显校外教育是校内教育的延伸和弥补。

关键词: 校外教育；师生关系；和谐；释放

校外教育主要从事的是文艺类、体育类、综合类的培训，校内外教育对学生产生的影响是不一样的，校外教育更侧重对学生的情感、思维训练方面的影响和改变，这些都是潜移默化的，但同时又是学生健康成长过程中不可忽略的。故而和谐的师生关系不但是教育成功的前提，而且是利用教育手段塑造学生灵魂的关键。和谐的教育氛围，在一定程度上能让教育效能发挥到极致。

校外教育因工作性质关系，老师每学期都要面对新的教育对象；对学生而言，接触新的老师，校外活动创造的又是一个新的学习环境。全新的学习环境和教育对象是教师优化师生交往的契机，因此教师要把握好和学生的第一次交往。尽力优化交往的细节，努力给学生留下一个美好的初印象，从而奠定和谐的师生关系基础，并让这种和谐的关系成为以后不断发展的可能。

一、让老师的人格魅力成为校外师生关系发展的强大动力

正如乌申斯基所说："教师的人格就是教育工作者的一切。"注重自己的品德修养、品行端正、正直公平、幽默风趣、富有爱心，是构成老师人格的主要内

容。老师品优行端，学生才会敬仰，敬仰是学生愿意和老师交往的最直接的动力。因为优良的人品会使学生产生信任感，学生在信任的基础上才能把自己的内心世界展现给老师。当然老师也要信任学生，敞开自己的胸怀，让每一个学生进入自己的世界。

心灵彩桥的建立，要求教师不应仅是知识的传授者、智慧的启迪者，更应如慈爱的父母、知心的朋友，要成为这种多元角色，教师就不应局限于课堂上与学生隔着课桌的学习问题“问答”式交流，而要走进学生的生活，熟悉、掌握他们的年龄特点、思想状况、兴趣爱好及社会对他们的影响，有针对性地开展教育活动。把自己“下放”到学生中去，和他们一起去完成一些事。渐渐地，教师与学生之间存在的心理阻隔消失了，取而代之是情感的交流，心灵的沟通。

东方绿舟是一个开放的教育平台，来这里的孩子所接受的教育不同于学校。在这个平台上每个学生都是新的开始，每个学生都可以进行创新。校外教育的老师要有一颗视所有学生都为自己爱生的心，要有一双视所有学生都可造就的眼。这样，师生之间的交往才能良性发展。

另外，幽默风趣也是师生交往不可或缺的细节。师生交往中产生的摩擦是不可避免的，但是，一个幽默的动作会将小小的矛盾瞬间化为乌有，一句风趣的话会将郁郁的不快顿时转为开怀大笑。所以，幽默是师生交往必备的润滑剂。在东方绿舟这个校外教育平台上，我们教无定法，学无章法。幽默的语言让学生更容易提起兴趣，让课堂生动。

在师生交往中，爱心是所有交往行为的情感基础，也是老师人格魅力中比重最大的因素。正如斯霞所言：“一切成功的教育都必须借助爱，归结于爱，这是教育的真谛和灵魂。”只有富于爱心，老师才能在爱的力量支撑下原谅每一个学生的错误，才能竭尽所能去关怀学生的成长。所以，有了爱心，就没有过不去的坎坷；有了爱心，师生之间的交往发展才能有了不竭的动力，才可以留得住学生，才能让学生在校外活动中既学到了本领，更感觉到了快乐愉悦。在东方绿舟这个广阔的舞台上，学生容易放飞自我，容易突破常规，自然也更容易有纷争，学生的天马行空，学生的破格举动要融入爱的引导。

二、适当的方式、方法是校外师生关系发展的有效保障

陶行知先生曾经告诫我们说："你的教鞭下有瓦特，你的冷眼里有牛顿，你的讥笑里有爱迪生。"如果教师随意怀疑学生，伤害学生的自尊心，就会引起学生内心的愤怒和反抗，造成师生之间的情感对立，那么教育就无法奏效，尊重学生才能满足和保护学生的自尊心。每个学生都是一个完整的生命体，每个生命体都有闪光的地方。我们应抱着"每个孩子都是一座宝藏"的心态去热心地发现学生潜在的优势，并想方设法创设条件、提供机会，鼓励孩子战胜自我，使这种潜能转化为孩子实现梦想的能力，并逐渐增强。教师是孩子成长路上的帮助者、鼓励者，一路走来，和孩子共享欢乐、共渡难关，老师的心和孩子的心已紧紧地连在了一起。

学生是一个年轻的群体，易激动、自制力较差、社会经验欠丰富，往往会发生这样或那样的问题，而此时正是影响师生关系的关键时期。教师如果注意运用恰当的批评艺术，就能赢得学生的信任，使师生关系更加密切。因此，在批评学生的时候，教师要考虑到学生的合理愿望，维护他们的自尊。

校外教育没有绝对的是非对错，有的是不同观点的摩擦与碰撞。每个来东方绿舟的孩子我们几乎都是刚认识，不会有偏见，对于他们的教导不会带有偏见色彩，因此每个来东方绿舟的孩子多少都会在课堂上表现出不同的闪光点。

三、教师的广博知识与组织能力应成为校外师生关系交往发展的有力支撑

师生交往最多的环节主要是活动环节，同时师生交往最重要的结果，就是要让学生能在活动中积极学习知识，能力得到提高。所以，校外教育师生交往更需要老师渊博的知识和很强的组织能力。"一位好老师，胜过万卷书。"渊博的知识会使老师在课堂上、活动中以及在日常的交流中语出不凡、口若悬河。学生自然就会对老师产生极强的敬佩感，敬佩又是师生交往发展的另一动力。学生因为敬佩，自然就对老师产生极强的交往动机，这是师生交往最有利的契机。老师抓住了这个契机，就能因势利导地将知识传授给学生，高效的教育就成为现实，这是师生交往的最根本的目的。校外教育一般都是以活动的形式展现的，让学生在活动中丰富知识、开

拓思维、提高能力，因而我们更要把校外教育活动开展成师生交往的活动。

在这方面，首先，教师要依据活动的目的和学生能力的实际情况，制订合理的目标。目标过高，实现的难度就会阻碍师生交往的继续；目标过低，易于实现就会倦怠师生的交往。所以，教学目标适中能打通师生在学习活动中交往的瓶颈。其次，教师要依据学科特点和学生心理特征，精心安排活动的过程和形式，要注重全员参与，让每一个学生成为活动的主体。活动既需要分工明确，更需努力合作，实现师生愉快、生生愉快的交往，并在和谐的交往氛围中达成活动目标。再次，在活动中要善于从正面发现学生的进步，尽量少批评学生，要让学生感受到师生交往所带来的学习喜悦和成功，并在自我欣赏中获得自信，从而乐于和老师交往。这样不仅完成了教学的任务，也培养了学生健康活泼的性格，更能彰显校外活动场所的作用和意义！

四、总结

和谐的师生关系会使学生得到最大的解放，感到极大的宽松和自由，思维也因而得到开拓、潜力得到开发，有利于学生健康发展和成长。其实，《基础教育课程改革纲要》一书提到“把教育的本质定位于交往”。作为一名校外教育的工作者，更应该注重师生关系的和谐，使校外教育课堂成为学生寻求心理帮助、情绪宣泄以及天性得以自由释放的第二课堂，从而彰显校外教育是校内教育的延伸和弥补。

参考文献

［1］肖利．浅谈校外教育的开放性［J］．祖国：教育版，2013（2）：24.

［2］王雅铭．浅谈少年儿童校外教育的重要性［J］．黑龙江科技信息，2012（26）：179.

浅析校外教育活动中教师应具备的素质

何亚军

摘　要：本文以一个校外教育工作者的视角，结合当下社会人文环境和校外教育的特点，从教师师德、专业要求、良好的身心素质以及必要的多媒体操作技术四个方面阐述校外教育中教师应具备的素质，提出作为教师一定要有士的品德、守的情怀，作为教师要不断地学习提升自己，要以身作则，把学生放在第一位。

关键词：校外教育；教师；素质

上海市青少年校外活动营地——东方绿舟作为教育部公布的第一批全国中小学生研学实践教育营地之一、教育部重点支持的三大全国示范性营地之一，每年接纳全国各地成千上万的中小学生进行研学实践活动和国防素质教育活动。随着批量和人数的日益增加，校外教育对教师的要求也越来越高，教师的各方面素质也将面临着严峻的挑战。

校外教育是社会主义教育事业的重要组成部分，特别是在当前推进素质教育的过程中，校外教育对青少年的个性成长及创造性的培养发挥着独特的作用。校外教育以学生为主体，重视学生的主动性、能动性和创造性品质的培养；校外教育尊重学生个性发展的独特性，重视学生的个性品质的发展；校外教育选择了丰富多彩的活动内容，为学生的兴趣发展提供了广大平台。校外教育的内容和特点，对从事校外教育工作的教师也有着特别的要求。教师应具备的素质，无论对教师自身还是对学生，乃至对校外教育事业都有重要意义。那么作为一名合格的校外教育工作者应该具有哪些素质呢？

一、教师师德

教师师德直接关系到教育教学质量。我们不像学校里的老师一样每天都能和学生见面，学生的流动性相对较强，基本上是一面之缘，所以我们要更加珍惜上课时间，认真上好每一节课。教师要在教育教学的过程中，应把教育教学的内容质量、师生互动、学生反馈放第一位，校外教育的主体是学生。校外教育与学校教育相比，缺乏强制性和必须性。它没有法律规定必须学习，可选择性很强，而这个选择权在于学生，因此我们要充分调动学生的积极性，否则学生就是一节课坐在那边，毫无体验感。作为教师一定要有士的品德、守的情怀，从专业的角度做有利于学生的事情。教师平时也要有意识地加强自己的道德修养，可以从以下几个方面入手：

（1）课余时间多看书。树立科学的世界观和人生观，认真学习中华民族传统的道德理论。

（2）多向优秀教师学习。优秀教师的身上，集中体现了教师职业道德所倡导的优秀品质。

（3）课后自我反思。总结课堂上的不足。

二、教师的专业要求

合格的校外教育工作者不仅要对学校里的教育内容有一定了解，还要精通营地内的各种课程，做到一专多能，哪里有缺口，就往哪里上；也要做到熟悉各门课程标准，做到心中有数。在上任何一门课时，我们都有配合团队，对于一个团队也有一定的要求：

（1）服装规范化。这样能体现出一个团队的专业性和凝聚力。

（2）语言规范化。老师上课时避免说方言，导致学生听不懂，影响课程进度。

（3）行为规范化。“身正为范”，我们老师的一言一行时刻影响着学生。

三、良好的身心素质

身体素质是人们生活中不可缺少的活动基础。作为校外教育工作者的我们经常顶着烈日在户外进行教学，良好的身体素质是必要的，它是正常教学的基本保障；心理素质也是必要的，当在工作中有困难和坎坷时，良好的心理素质便能帮助我们克服它们，从而直面挑战、越挫越勇。

四、必要的多媒体操作技术

在教育现代化的背景下，越来越多的教学内容是以多媒体的方式呈现的，掌握必要的多媒体操作技术能够使我们的教学更加有效、便捷，学生也能够更加直观地学习。

五、总结

以上就是我作为一名资历尚浅的校外教育工作者认为校外教育教师应具备的素质。我想从我做起，树立教师的良好形象。“衣带渐宽终不悔，为伊消得人憔悴”，我希望能够为校外教育事业贡献自己点滴的努力。

参考文献

［1］王美蕲．校外教育教师应具备的素质［J］．学理论，2015（12）：235-236.

［2］连翠娥．校外教育中教师的需求初探［J］．中国校外教育，2014（5）：1.

建学生喜欢的拓展活动，育全面发展的可塑之才

陈海雷

摘　要： 为培育学生全面发展，本文以东方绿舟受学生喜欢的拓展活动为例，借助问卷数据和访谈材料直击拓展活动的本质。本文在探讨东方绿舟拓展活动必要性及本质的基础上，提出构建学生喜欢的拓展活动之对策，包括从学生的身心发展特征、兴趣爱好出发；明确设置拓展活动的目标和内容；认真汲取学生意见，提高学生参与度；采用多元教学方式，丰富活动的教学形式。

关键词： 东方绿舟；拓展活动；对策；全面发展

在新课程改革的背景下，相较于以往的应试教育，人们越来越意识到素质教育的必要性和重要性。不管是学校教育，还是校外教育，都已经把学生的全面发展作为教育教学的出发点和落脚点。于 2001 年建成、2002 年 1 月正式对外开放的上海市青少年校外活动营地——东方绿舟（以下简称东方绿舟）每年接待上海市高一新生或中职学生超过 10 万人，被称为“上海市中学生大型国防教育基地、青少年校外活动营地、大型校外活动场所和上海素质教育的试验田”。

历经近 20 年的拓展活动受到青少年学生的普遍欢迎，东方绿舟凭借自身优质硬件教育资源，通过问卷调查和访谈等方式不断完善学生喜欢的活动以构建成优质课程进行教学，更好地培养学生团队意识、责任担当、勇往直前的精神，提高学生实践、创新能力，为上海落实“科教兴国”战略和推进素质教育发挥了应有的功能。

一、东方绿舟的拓展活动及必要性

东方绿舟作为目前中国最大的青少年校外活动营地，对学生的全面发展起着举足轻重的作用。作为与学校教育协同发展的校外教育，应具有较为鲜明的校外教育特色、亮点，而拓展活动则是东方绿舟的特色代表。东方绿舟的拓展活动是基于国内设施最完备的素质拓展基地实施教学的，素质拓展基地主要有生存挑战区、心理训练区、体能锻炼区和科学探索区，不同区具有代表性的拓展活动有定向越野、穿越电网、防空警报、礼让通行、徒手营救、无线电测向等。

东方绿舟的拓展活动不仅满足学生对野趣的需求，也注重学生的全面发展。传统教学中，学生长期在“围墙”中获取知识，往往对“围墙”之外的世界很向往，而东方绿舟的拓展活动充分补充和延伸着学校教育。为促进学生的全面发展，东方绿舟的拓展活动以“自主、体验、合作、创新”为教育主题，注重学生在体验活动中的思考与反思，冲击着当代学生缺乏忧患意识、抗挫意识、生活自理能力以及社会适应能力，注重培养学生的自立、自强的意识和实践、创新的能力，着重提高学生的综合能力。

二、受学生喜欢的拓展活动之本质

2002 年 1 月对外开放的东方绿舟，其拓展活动是在没有多少活动资料或活动蓝本参照的情况下，凭借一线教师根据以往的教学经验和在新课程改革的基础上自主研发的，实践后的调查数据证实东方绿舟拓展活动设置的标准满足大多数学生的爱好、兴趣和需求。

2002—2019 年的问卷调查和访谈数据显示，来东方绿舟的大多数学生从不同程度上表达了对拓展活动的喜欢与热爱。下面以 2019 年的问卷调查和访谈数据为例，其中一位男生说：“我在学校的学习基本上都是坐在座位上，除了上厕所，几乎没有活动，但通过参加校外教育不同类型的拓展活动，我感到很有意思也很有兴趣，特别是在徒手营救的活动中，虽然需要很大的力气才能完成任务，但是我却很开心，也深刻体会到了集体荣誉感。”学生对东方绿舟拓展活动安排满意度调查见表 1，学生对东方绿舟拓展活动设置满足自身的兴趣爱好调查见表 2，学生参加东方绿舟拓展活动的现状调查见表 3。

表 1 学生对东方绿舟拓展活动安排满意度调查

满意度	非常满意	比较满意	一般	不太满意	非常不满意	总计
人数 / 人	553	446	159	22	20	1 200
百分比 /%	46.1	37.2	13.2	1.8	1.7	100.0

表 2 学生对东方绿舟拓展活动设置满足自身的兴趣爱好调查

满意度	很满足	满足	一般	不太满足	不清楚	总计
人数 / 人	623	498	59	13	7	1 200
百分比 /%	51.9	41.5	4.9	1.1	0.6	100.0

表 3 学生参加东方绿舟拓展活动的现状调查

满意度	全部参加	部分参加	不清楚	都没参加	总计
人数 / 人	978	213	6	3	1 200
百分比 /%	81.5	17.8	0.5	0.2	100.0

从表 1 可以看出，在被调查的 1 200 名学生中，有 999 名学生对为东方绿舟拓展活动安排比较满意（“非常满意”和“比较满意”合计），占调查总人数的 83.3%，但还有 16.7% 的学生对拓展活动安排不太满意。由表 2 可以看出，有 93.4% 的学生认为东方绿舟拓展活动设置满足自身的兴趣、爱好和需求，只有 6.6% 的学生在是否满足自身的兴趣爱好上认为东方绿舟的拓展活动设置一般。不管是学生对拓展活动安排的满意度，还是对拓展活动设置满足自身的兴趣爱好，绝大多数学生认为东方绿舟的拓展活动是深受喜爱和欢迎的。正是因为绝大多数的学生对东方绿舟拓展活动的安排比较满意，也认为东方绿舟拓展活动设置满足自身的兴趣、爱好和需求，因此在对学生参加东方绿舟拓展活动现状的调查中，1 200 名学生中有 1 191 名学生“全部参加”或“部分参加”调查，占调查总人数的 99.3%，只有 0.7% 的学生对东方绿舟拓展活动的参与甚少。

为何东方绿舟的拓展活动能一直受到学生的喜欢和欢迎，并且学生参与度极高呢？经笔者深入观察，东方绿舟对拓展活动的设置以及以学生发展为本的教学理念，使得拓展活动的有效性和灵动性吸引着学生。拓展活动的有效性在于教学过程中的针对性，换句话说，老师在教学中会结合当前高中学生在学习过程中常出现的问题进行实际拓展活动的开展，以驱动实际的校外教育教学向着正确的方向发展。如在“礼让通行”拓展活动中，活动老师先通过一组热身活动观察班级的特征，是团结一致还是一盘散沙？对于团结一致的班级，活动老师会按照常规教学引导学生自主活动体验中保持团结一致；对于一盘散沙的班级，活动老师会增加自主活动体验的难度，让学生进行有效沟通、群策群力完成任务，学生由此理解团结一致的必要性，并在体验中加以运用。

其实，东方绿舟的拓展活动之所以深受喜欢，不仅归功于东方绿舟拥有完备的素质拓展基地、优质的拓展活动资源，还在于拓展活动以学生发展为本。东方绿舟主动了解学生的身心发展特点、兴趣爱好，根据对学生的访谈内容，及时将学生对东方绿舟拓展活动的意见和建议进行收纳，并加以反馈，不断完善拓展活动。当然，这也离不开活动老师在拓展活动中富有机智、幽默风趣的教学风格。

正是东方绿舟现有的优质教育资源及先进的教学理念，让东方绿舟的拓展活动深受学生的喜欢和热爱。对拓展活动的喜欢和热爱让学生在身体强健的基础上培养挑战、担当的精神，提高实践、创新的能力，以促进学生的全面发展。

三、建学生喜欢的拓展活动之对策

东方绿舟的拓展活动深受学生之爱，在校外教育中取得了良好的教学效果。深究其因，在于学生在拓展活动中不断接受挑战、丰富阅历、发展思维、拓宽视野，产生主动学习、积极进取、勇于创新的主观意愿和持续动力，形成学生自主发展的动态结构。其实，构建学生喜欢的拓展活动并不是难事，基于东方绿舟近20年的教学经验，有其策略可言。

（一）从学生的身心发展特征、兴趣爱好出发

学生是教学的主体，只有充分发挥学生能动性，才能最大限度地调动学生积极性，促进学生综合发展。若忽视学生的身心发展特点、兴趣爱好，那么学生将很难积极参与到活动中，收效甚微。为此，要开展学生喜欢的拓展活动，首先要从学生的身心发展特征、兴趣爱好入手。如高中学生善于直面挑战，又喜欢规划全局，基于这一点，东方绿舟将“徒手营救”纳入拓展活动中，深得学生喜欢，给学生留下深刻

的印象。

（二）明确设置拓展活动的目标和内容

任何一项拓展活动，即一门课程。在教学中，课程目标及内容都有明确的设置。总体而言，拓展活动在目标上，要注重学生的情感、态度和价值观的协调发展；在内容上，要引导学生通过合作获取直接经验和即时信息。如“无线电测向”活动，其目标旨在锻炼学生身体素质的基础上，培养学生的独立思考和分析判断能力，促进学生全面发展。在内容上主要设置不同方位测向的隐蔽，引导学生在科学、有效地测听和安全首位前提下奔跑，根据任务卡上的信息获得信号源来捕获“狐狸”。

（三）认真汲取学生意见，提高学生参与度

诚然，拓展活动以学生发展为本，促进学生全面发展，老师应把学生放在活动的主体位置上，针对活动后的问卷和访谈反馈，认真汲取学生意见，把追求学生的可持续发展作为活动的价值诉求，提高学生参与拓展活动的热情。如“定向越野”活动中，有学生反馈每小组 2 张定向地图难以满足组内人数超 5 人及以上的需求。在此后教学中，学生参与热情高涨很大程度上缘于定向地图数量的增加。

（四）采用多元教学方式，丰富活动的教学形式

“教学有法，教无定法。”活动的开展过程正如课程实施阶段，老师可根据教学内容采取适当的教学方式。而拓展活动也不过如此，在教学环节，老师可根据活动的特点和内容，选取比较恰当的教学方式，以达到预期的教学效果。如“穿越电网”活动中，老师通过“示范—练习—演练”的多元教学方式，实施拓展活动，可以丰富拓展活动的教学形式。

四、总结

受学生喜欢的拓展活动建设是一个长期的动态过程，并不是一蹴而就的。东方绿舟的拓展活动基于营地优质的硬件资源，依数据而定。营地决策者以及一线教师不断钻研，根据学生的需求和兴趣，开发了一系列受学生喜欢的拓展活动，逐步完

善拓展活动课程体系，力求为学生的全面发展提供实现路径。当然，素质教育的发展离不开校外教育的参与，校外教育依旧要发挥好协同发展的作用，开发培育全面发展可塑之才的拓展活动，以落实上海“科教兴国”战略。

参考文献

[1] 平杰，舒盛芳，黄一鸣，等.上海市高中学生户外运动实施的效果——以上海市东方绿舟国防教育为例[J].体育科研，2012，33(3)：85-90.

[2] 熊宝昌.新课改背景下校外素质拓展活动的开展策略[J].西部素质教育，2019，5(14)：64.

[3] 江铭初，姚军.中小学拓展型课程：建学生喜欢的科目，创真实灵动的课堂[J].上海课程教学研究，2017(6)：75-77.